D1723825

Aus Finnland in die Schweiz

Einwanderungen von 1944–1998

Krister Björklund

Aus Finnland in die Schweiz

Einwanderungen von 1944–1998

Werd Verlag
Zürich 1999

Die deutschsprachige Ausgabe dieses Buches wurde ermöglicht durch die Unterstützung der Vontobel-Stiftung, der Schweizer Kulturstiftung Pro Helvetia und des Finnischen Unterrichtsministeriums.

Aus dem Finnischen von Gabriele Schrey-Vasara

Titelbilder: Leena Pulfer und Krister Björklund
Layout: Anne Virtanen

Exklusiv-Vertrieb der deutschen Ausgabe: Werd Verlag, Zürich

ISBN 3-85932-289-3

Vammalan Kirjapaino Oy
Vammala, Finland 1999

Inhalt

Geleitwort des Präsidenten der Republik Finnland Martti Ahtisaari

Quantitativ sind in den Jahren 1944–1996 recht wenige Finnen in die Schweiz übergesiedelt: rund 10 000 Menschen sind in diesem Zeitraum in das Alpenland gezogen. Nach Nordamerika und Schweden sind in großen Migrationswellen fast eine Million Finnen ausgewandert. Trotz ihres geringen quantitativen Umfangs hatte jedoch die Migration der Finnen in die Schweiz dort vielfältige Auswirkungen. Das zeigen die zahlreichen Organisationen, die die freundschaftlichen Beziehungen zwischen den beiden Ländern pflegen und die finnische Kultur fördern. Zu nennen sind hier beispielsweise Offiziers-, Stipendiaten-, Bibliotheks-, Schul-, Volkstanz- und Chor-Organisationen.

Die Finnen wurden in der Schweiz herzlich aufgenommen, wie ich aus der persönlichen Erfahrung meiner Tätigkeit in Genf bestätigen kann. Die aufsehenerregenden Reportagen der Neuen Zürcher Zeitung (NZZ) über den Winterkrieg hatten nicht nur humanitäre Unterstützung aus der Schweiz zur Folge, sondern lösten auch eine Welle der Sympathie aus, die bis heute anhält. Von Bedeutung war auch, daß Marschall Mannerheim seine letzten Lebensjahre ab 1947 in der Schweiz verbrachte. Mannerheim starb 1951 in Lausanne. Er ist, soweit bekannt, der einzige finnische Präsident, für den im Ausland ein Denkmal errichtet wurde; der einzigartige Obelisk befindet sich in Montreux in der Schweiz.

Das vorliegende Buch, das auf einer am Migrationsinstitut durchgeführten Untersuchung beruht, ergänzt unsere Auffassungen von der Migration der Finnen und zeichnet ein anschauliches Bild nicht nur von der Zahl der Auswanderer, sondern auch vom Leben und Wirken der Finnen in der Schweiz. In der heutigen Schweiz leben schätzungsweise 7000 Finnen der ersten und zweiten Generation, vorwiegend in den deutschsprachigen Regionen und insbesondere in der Umgebung von Zürich. Auch in den französischsprachigen Gebieten leben Finnen, besonders in der Genfer Region, wo die Finn-EFTA früher ihre Zentrale hatte. Die im Rahmen der vorliegenden

Untersuchung per Post durchgeführte große Umfrage zeigt, daß der größte Teil der Finnen und Finninnen sich gut in die schweizerische Gesellschaft integriert hat, ohne dabei seine Wurzeln zu vergessen. Viele Finnen beteiligen sich engagiert an der Arbeit von Vereinen wie der Schweizerischen Vereinigung der Freunde Finnlands (SVFF). Die SVFF hat ebenso wie die Vereinigung der Freunde der Schweiz in Finnland (Sveitsin Ystävät Suomessa, SYS) bereits seit Ende der vierziger Jahre zur Festigung der kulturellen Beziehungen zwischen Finnland und der Schweiz beigetragen. Die Finnen der zweiten Generation haben eigentlich zwei Heimatländer, denn viele von ihnen verbringen den Sommerurlaub im eigenen Sommerhaus in Finnland. Die Kontakte verlaufen in beiden Richtungen: Rückwanderer nach Finnland halten häufig die Verbindung zur Schweiz aufrecht und kehren für unterschiedlich lange Perioden zurück, um dort zu arbeiten, andere reisen mehrmals im Jahr dienstlich aus der Schweiz nach Finnland.

Ich möchte der Schweizerischen Botschaft und insbesondere Botschaftsrat Dr. Max Schweizer meinen Dank aussprechen für die Anregung, die Migration zwischen Finnland und der Schweiz zu erforschen. Ich gratuliere dem Migrationsinstitut und seinem Forscher Krister Björklund zu diesem neue Einsichten vermittelnden Buch. Die Erforschung der Migration vermittelt uns ein tieferes Verständnis der Verbindungen zwischen unseren Ländern, zwischen Finnland und der Schweiz. Zugleich öffnet das Verständnis dieser historischen und gegenwärtigen Verbindungen den Blick auf eine zunehmend multikulturelle Welt, in der Toleranz und Achtung der Vielfalt von besonderer Bedeutung sind.

Helsinki, im Juni 1998

Martti Ahtisaari
Präsident der Republik Finnland

Geleitwort von Herrn Bundespräsident
Flavio Cotti

Die "Vereinigung der Freunde der Schweiz in Finnland" (Sveitsin Ystävät Suomessa = SYS) feierte am 15. August 1998 in Helsinki ihr 50jähriges Bestehen. Die Leitung der festlichen Aktivitäten stand unter der Aegide ihres neuen Präsidenten, Brigaden General Hannu Luotola, der kürzlich Oberst Jarmo Myyrä abgelöst hatte. Zu diesem denkwürdigen Anlass reiste eine grössere schweizerische Delegation, die viele Landesteile vertritt, in den Norden. Angeführt wurden Vertreterinnen und Vertreter von ihrem Zentralpräsidenten, Peter Meier, welcher der Schwesterorganisation der Jubilarin, der "Schweizerischen Vereinigung der Freunde Finnlands" (SVFF), vorstand.

Es ist mir ein besonderes Anliegen, diesen beiden Organisationen für ihre grossen Verdienste um die freundschaftlichen Beziehungen zwischen den beiden Ländern zu danken. Als Aussenminister bin ich mir der Bedeutung, welcher der privaten Initiative im Rahmen von guten bilateralen Beziehungen zukommt, bewusst. Es ist mir deshalb eine grosse Freude und Ehre, der Jubilarin im Namen des Schweizerischen Bundesrates die besten Glückwünsche zu entsenden.

Am "50. Geburtstag" der SYS wurde als Festgeschenk dem finnischen Publikum erstmals eine unter dem Buchtitel "Suomalaiset Sveitsissä" (Finninnen und Finnen in der Schweiz) erschienene Forschungsarbeit vorgestellt. Ich gratuliere dem Autor, Krister Björklund, zu seiner gründlichen Studie über die finnische Migration in die Schweiz von 1944 bis 1996 und für die Untersuchung des Lebens und des Befindens seiner Landsleute bei uns. – Mit Befriedigung habe ich davon Kenntnis genommen, dass sich die meisten finnischen Staatsbürgerinnen und Staatsbürger in der Schweiz sehr wohl fühlen, dabei aber auch ihr Heimatland nicht vergessen.

Die Erforschung und die Pflege des Auslandfinnentums obliegt dem "Institute of Migration" (Siirtolaisuusinstituutti/Migrationsinstitutet) in Turku/Åbo, das selbst über eigene Museumsräumlichkeiten verfügt. Dieses Institut hat eine Anregung unserer Botschaft in Helsinki, das Thema der Auslandfinnen in der Schweiz auf den erwähnten Geburtstag hin zu erforschen, sofort aufgegriffen. Das Projekt wurde daraufhin zielgerichtet angepackt und professionell umgesetzt. Dazu gehörte auch die Beschaffung der notwendigen finanziellen Ressourcen; Unterstützungsbeiträge gewährten Privatpersonen und Firmen. Neben dem finnischen Unterrichtsministerium (Opetusministeriö/ Undervisningsministeriet) hat auch das Eidgenössische Departement für auswärtige Angelegenheiten (EDA) einen kleinen Beitrag leisten können. – Ich möchte dem Leiter des Migrationsinstituts, Direktor Olavi Koivukangas, besonders aber dem für das Vorhaben verantwortlichen Vizedirektor, Kalevi Korpela, für ihr Engagement meine Anerkennung ausdrücken. Ich darf anfügen, dass wir Schweizer unsere finnischen Freunde um ihre Institution beneiden.

Es liegt mir an dieser Stelle daran, abschliessend auch all den übrigen, so zahlreichen Personen zu danken, die "hüben und drüben", zum Teil schon seit Jahrzehnten, am Teppich der Freundschaft wirken. Die ersten Bande haben Auswanderer des letzten Jahrhunderts geknüpft. In der nun vorliegenden Studie von Krister Björklund stehen die finnischen Migranten der letzten Jahrzehnte, die ganz wesentlich zum freundschaftlichen Verhältnis der beiden Länder beigetragen haben, im Vordergrund.

Bern, im Juni 1998

Flavio Cotti
Bundespräsident

Vorwort des Verfassers

Als ich die vorliegende Untersuchung begann, wußte ich nicht viel über die Schweiz oder die dort lebenden Finnen. Ich war um die Mitte der siebziger Jahre in der Schweiz gewesen, hatte die schöne Natur und die sauberen Städte bewundert und wußte, daß dort viele finnische Krankenschwestern leben. Ich sah das Land mit den Augen eines Touristen und beneidete meine Landsleute, die dorthin migriert waren.

Als ich dann für die Arbeit an dieser Untersuchung kreuz und quer durch die Schweiz reiste, um Finnen zu interviewen, fand ich immer neue Landsleute in so gut wie jedem Teil des Landes, in den großen Städten ebenso wie in kleinen, entlegenen Bauerndörfern. Ab und zu sah ich an vorbeifahrenden Autos eine kleine finnische Flagge, die neben das schweizerische Nummernschild geklebt war und verriet, daß der Fahrer Finne oder mit einer Finnin verheiratet war. Ich verbrachte viele Abende und sogar Wochenenden bei schweizerisch-finnischen Familien, wo ich freundlich aufgenommen und vorzüglich bewirtet wurde. Meist fühlte ich mich eher wie ein Freund der Familie als wie ein unbeteiligter Forscher.

Im Rahmen eines kurzen Vorworts ist es unmöglich, all denen namentlich zu danken, die mir bei meiner Arbeit behilflich waren. Deshalb möchte ich an dieser Stelle allen Beteiligten gemeinsam meinen herzlichen Dank aussprechen. Die Unterstützung, die ich erhielt, überstieg alle meine Erwartungen.

Mein besonderer Dank gilt Botschaftsrat Dr. Max Schweizer, der die Anregung zu dieser Untersuchung gab und mir in vielfältiger Weise behilflich war, sowie Pirkko und Theo Landis-Laitiala, von denen ich unersetzliche Hilfe und eine Vielzahl von Grundinformationen erhielt. Kikka Zürcher, Anja Franz, Asko Myllys und viele andere Aktive der SVFF und anderer finnisch-schweizerischer Organisationen haben weder Zeit noch Mühen gescheut, um mir behilflich zu sein. Ich danke auch allen meinen persönlichen Freunden in der Schweiz, die mich mit dem Alltagsleben der Schweizerfinnen bekannt machten.

Die vorliegende Untersuchung entstand am Migrationsinstitut in Turku, und ich möchte allen meinen Kollegen für die inspirierende Atmosphäre danken, in der ich dort arbeiten durfte. Mein besonderer Dank gilt Jouni Korkiasaari.

Die Stipendiatsstiftung der Schweizerischen Vereinigung der Freunde Finnlands, das Eidgenössische Departement für Auswärtige Angelegenheiten, das Finnische Unterrichtsministerium, die Kaarle-Hjalman-Lehtinen-Stiftung sowie Finnair und Swissair ermöglichten durch ihre finanzielle Unterstützung die Entstehung der Untersuchung. Ihnen allen herzlichen Dank.

Turku, im Juni 1999

Krister Björklund

Einleitung

Bis 1980 war die Zahl der Auswanderer aus Finnland größer als die der Einwanderer. Einmal erreichte diese Migrationsbewegung sogar ein solches Ausmaß, daß die Einwohnerzahl des Landes zurückging. Die Migration, vor allem nach Nordamerika und Schweden, ist eingehend erforscht worden, und die Anzahl der Untersuchungen und Berichte zum Thema gebietet Respekt. Erstaunlicherweise hat sich die Migrationsforschung jedoch kaum mit den Finnen befaßt, die in außerskandinavische Länder Europas gezogen sind. Der wichtigste Grund dürfte darin liegen, daß es sich bei der Migration nach Mitteleuropa nahezu ausschließlich um eine Nachkriegserscheinung handelt und daß der Anteil dieser Auswanderer an der Gesamtmigration relativ klein ist. Als Hunderttausende nach Schweden übersiedelten, konzentrierte sich die Aufmerksamkeit auf sie, und die anderen Auswanderer erschienen wie ein Tropfen im Meer. Heute hat sich die Situation verändert, und es ist leichter als je zuvor, in ein anderes europäisches Land überzusiedeln. Da die Arbeitslosenrate in Finnland hoch ist, gibt es viele potentielle Abwanderer. Freilich stehen auch im Ausland praktisch nur für gut ausgebildete, über Spezialkenntnisse verfügende Menschen Arbeitsplätze zur Verfügung.

In dieser Situation ist es interessant, sich mit denjenigen zu befassen, die in der Nachkriegszeit nach Mitteleuropa abgewandert und dort heimisch geworden sind. Die nach dem Krieg in die Schweiz gezogenen Finnen, die Gegenstand der vorliegenden Untersuchung

15

sind, unterscheiden sich in mancherlei Hinsicht von denjenigen, die in die großen Migrationsländer übersiedelten; die größte Gruppe stellen gut ausgebildete Frauen. Gründe für die Umsiedlung waren sowohl Abenteuerlust als auch die Suche nach besseren Verdienstmöglichkeiten. In vielen Fällen wurde der ursprünglich als vorübergehend geplante Aufenthalt in der Schweiz länger und länger und resultierte schließlich in endgültiger Ansiedlung. Große Anpassungsprobleme traten praktisch nicht auf, und die Finnen haben mühelos ihren Platz in der schweizerischen Gesellschaft gefunden. Die Frauen haben sich oft durch die Ehe mit einem Schweizer gesellschaftlich integriert, die Männer über ihre Arbeit. Der Grund für die scheinbar leichte Anpassung der Migranten dürfte generell in ihrem relativ jungen Migrationsalter und ihrem hohen Bildungsstand zu sehen sein. Es ist jedoch nicht alles Gold, was glänzt – auch in der Schweiz nicht –, und die Anpassung an eine neue Gesellschaft hatte ihren Preis.

Über die in die Schweiz gezogenen Finnen weiß man nicht sehr viel, selbst über die Migrationsströme zwischen Finnland und der Schweiz liegen keine genauen Angaben vor. Die einzige größere wissenschaftliche Untersuchung über die Schweizerfinnen ist die soziologische Examensarbeit von Anja Dobler-Mikola über die finnischen Frauen in der Schweiz aus dem Jahr 1979. Ihre Ergebnisse lassen sich jedoch nicht auf alle Schweizerfinnen verallgemeinern, und zudem ist seit den siebziger Jahren viel geschehen.

Die vorliegende Untersuchung will über folgende Punkte Aufschluß geben:

- Migrationsströme zwischen Finnland und der Schweiz in den Jahren 1944–1998;
- Ausgangsregionen und -ortschaften in Finnland und Ankunftsregionen in der Schweiz;
- Hintergrund und Motive der Umsiedlung;
- wie wurde versucht, die finnische Identität aufrechtzuerhalten, welche Kontakte zum Herkunftsland wurden gepflegt;
- welcher Art war die soziale Vernetzung und welche Vereins- und sonstige gemeinsame Tätigkeit wurde im Kreis der Schweizerfinnen gepflegt;

* Akkulturation und Anpassung an die schweizerische Gesellschaft bei den Einwanderern der ersten und zweiten Generation
  sowie ihr Beitrag zu dieser Gesellschaft.

Als diese Zielsetzungen bei der Planung des Forschungsprojekts formuliert wurden, war nicht abzusehen, in welchem Umfang sie tatsächlich zu erreichen waren. Basisinformationen lagen praktisch nicht
vor, sondern mußten Stück für Stück in der Schweiz und in Finnland zusammengetragen werden. Die Daten, die allmählich zusammenkamen, ermöglichten es, jeden der genannten Punkte zu beleuchten,
einige freilich besser als andere. Das vorliegende Buch folgt in seinem Aufbau im wesentlichen der oben angeführten Zielstruktur, deren
erster Teil sich auf gesellschaftliche Faktoren der Makroebene be-
zieht, während im zweiten Teil der Schwerpunkt auf individuellen
Faktoren liegt. Der theoretische Bezugsrahmen der vorliegenden
Untersuchung wurde in der Absicht entwickelt, beide Ebenen miteinander zu verknüpfen.

Theoretische Ausgangspunkte

Die Umsiedlung in die Schweiz erreichte ihren Höhepunkt in einer Zeit
reger Auswanderung auch in andere Länder; sie kann auf die gesellschaftlichen Verhältnisse sowohl in Finnland als auch in der Schweiz
zurückgeführt werden. Auch individuelle und soziale Faktoren spielen
eine Rolle: die meisten der in die Schweiz Umgesiedelten sind Frauen,
und die Akkulturation vollzog sich oft in einer ethnischen Mischehe.
Die theoretischen Ausgangspunkte liegen weder auf der Makroebene,
auf der die Übersiedlung als bloße Reaktion auf wirtschaftliche, soziale und geographische Veränderungen betrachtet würde, noch auf der
Mikroebene, auf der die individuelle Entscheidung der einzelnen Migranten zu betrachten wäre. Den theoretischen Bezugsrahmen bildet
vielmehr die Chronogeographie, die als Verbindung der Analyse von
Makro- und Mikroebene gelten kann. Die Migrationsbewegung wird
als Wechselwirkung zwischen Mensch und Umwelt analysiert, als Gewebe
der sog. Lebenspfade. Auch der Akkulturationsprozeß wird mit Hilfe
dieses Bezugsrahmens betrachtet.

Zum Begriffsapparat

In der geographischen Migrationsforschung spielt der Beschluß, fort-
zuziehen oder am Ort zu bleiben, eine wesentliche Rolle. Im allgemeinen hat sich die Forschung auf den Fortzug konzentriert; die Frage,
warum Menschen in der Regel an ihrem Wohnort bleiben, wurde
nicht gestellt. Der Verbleib am Ort wird als normal angesehen, während der Fortzug als abweichendes und erklärungsbedürftiges Phä-
nomen gilt. Auch der Verbleib ist jedoch nicht statisch, sondern kann
in kleinerem zeitlichen und räumlichen Maßstab eine beträchtliche
Mobilität beinhalten. Der Unterschied zwischen Migration und An-
sässigbleiben ist unter Umständen undeutlich, man denke beispielsweise an Projekttätigkeit im Ausland. Dies spiegelt sich in der Fül-
le der Begriffe wider.

Migration wird meist als permanente Abwanderung in ein weit
vom urspünglichen Wohnort entferntes Gebiet definiert. Ein Umzug
über eine kurze Strecke wird als lokale Mobilität und ein kurzfristi-
ger Umzug als vorübergehender Umzug bezeichnet. Die Migrationsforschung konzentriert sich auf die grenzüberschreitende Mobilität,
wobei die Migranten eine Minderheit und die innerhalb der Landesgrenzen Verbleibenden die Mehrheit darstellen. Migration bedeutet
in der Regel eine große Veränderung der unmittelbaren Lebensum-
welt. Migration unterscheidet sich insofern von der Wanderungsbe-
wegung innerhalb eines Landes, als sich die gesamte Lebenssituation des Migranten verändert.[1] Das gleiche kann freilich auch für
den Umzug innerhalb des Landes gelten, wenn es innerhalb der Staats-
grenzen mehrere ethnische Kulturen mit weitreichender Selbstverwaltung gibt. Die Schweiz ist aufgrund ihrer Mehrsprachigkeit und
der Selbstverwaltung der Kantone in dieser Hinsicht ein Grenzfall.

Die Terminologie im Bereich der Migration ist bunt und heterogen. Der Beirat für Migrationsfragen hat in einem Gutachten die
mit dem Umzug über die Landesgrenzen verknüpften Begriffe folgendermaßen definiert:[2]

Unter *Migration* versteht man die freiwillige Übersiedlung von
Personen oder Gruppen aus einem Land in ein anderes. Ein befri-
steter oder vorübergehender Aufenthalt im Ausland fällt normaler-

weise nicht unter diesen Begriff. In der Praxis ist der Unterschied jedoch oft schwer zu treffen, und ein ursprünglich vorübergehender Aufenthalt kann in eine permanente Übersiedlung münden.

Migranten sind sowohl Aus- als Einwanderer. Ein *Auswanderer* ist eine Person, die in ein anderes Land zieht, um sich dort bleibend niederzulassen. Statistisch gehören zu dieser Gruppe alle, die eine Auswanderungserklärung vorgelegt haben, d. h. diejenigen, die beabsichtigten, sich mindestens ein Jahr im Ausland aufzuhalten. Ein *Einwanderer* ist der Definition des Beirats zufolge ein ins Land kommender, von Geburt ausländischer Staatsbürger; in den Statistiken werden jedoch auch die Rückwanderer zu den Einwanderern gerechnet. *Rückwanderer* sind eine in das Ausgangsland zurückkehrende Person und die sie begleitenden Familienmitglieder. In Finnland wird dieser Begriff traditionell auf ehemalige und jetzige finnische Staatsbürger angewandt.

Auslandsfinnen sind im Ausland lebende jetzige oder ehemalige finnische Staatsbürger oder deren Nachkommen, die sich als Auslandsfinnen empfinden. Unter *Auslandsfinnen der ersten Generation* versteht man im Ausland lebende, aber in Finnland geborene Personen; bei *Auslandsfinnen der zweiten Generation* ist mindestens ein Elternteil in Finnland geboren.

Daneben gibt es Gruppen, auf die die o. a. Begriffe nicht ohne weiteres anzuwenden sind, z. B. Projektmitarbeiter, im Ausland studierende Personen, Praktikanten und Au-Pairs, Personen mit Zweitwohnsitz in Finnland u. ä. In der vorliegenden Untersuchung werden unter *Schweizerfinnen* alle Finnen und Finninnen oder Personen finnischer Abstammung verstanden, die mindestens ein halbes Jahr ununterbrochen in der Schweiz gelebt haben.

Die chronogeographische Perspektive

Wenn ein Migrant ein Land verläßt, um sich in einem anderen niederzulassen, trifft er auf Beschränkungen in Bezug auf Wohnen, Arbeit, soziale, wirtschaftliche und politische Rechte. Wenn die Migration zwischen zwei (oder mehr) Ländern bedeutenden Umfang annimmt, wirkt sich dies auch auf die zwischenstaatlichen Beziehungen und häufig auch auf die einschlägige Gesetzgebung aus. Die Anpassung an ein neues Land ist in gewissem Maße immer abhängig von solchen strukturellen Faktoren, die mit individuellen Faktoren in Wechselwirkung stehen.

Migration wird oft als große einmalige Entscheidung angesehen, die durch die Verhältnisse am Ausgangs- und Zielort bestimmt wird; häufig handelt es sich jedoch um das Resultat mehrerer strategischer Entscheidungen, die als unterschiedliche Pfade in Zeit und Raum den Lebenslauf bestimmen. Die Gründe einer Migrationsbewegung können sowohl in den gesellschaftlichen Hintergrundfaktoren als auch in den Motiven der einzelnen Migranten gesucht werden, doch Migrationsuntersuchungen legen den Schwerpunkt häufig auf einen der beiden Komplexe.

Die geographische Migrationsforschung hat sich traditionell stärker als die Sozialwissenschaften auf umgebungsbezogene Faktoren konzentriert. Migration wurde lange Zeit vorwiegend auf der Makroebene als Anpassung der Bevölkerung an soziale, wirtschaftliche und physische Veränderungen untersucht. Auf der Mikroebene wiederum dominierten neoklassische ökonomische Theorien; sie verwendeten Modelle mit Schub- und Anziehungsfaktoren, die auf der Hypothese beruhen, daß Migranten, die über die Situation im Ausgangs- und Zielland gut informiert sind, ihre Entscheidung unter dem Aspekt des wirtschaftlichen Nutzens treffen.[3] Die von dem Geographen Torsten Hägerstrand entwickelte Chronogeographie bewegt sich zwischen diesen Untersuchungsebenen. Auf dieser Zwischenebene lassen sich sowohl strukturelle als auch individuelle und soziale Faktoren, wie Alter, Geschlecht, Werte und Einstellungen, soziale Netze usw., besser berücksichtigen.

Der zentrale Begriff der Chronogeographie, *Lebenspfad* (trajectory), bezeichnet die unsichtbare Spur, die der Mensch bei seiner Bewegung in Zeit und Raum hinterläßt. Die Pfade der Menschen (wie auch die der Gegenstände) bilden gemeinsam ein heterogenes Geflecht. Die Lebenspfade können von den Einzelnen nicht frei gewählt werden, sondern werden durch bestimmte Grundfaktoren limitiert: physisch durch die Unteilbarkeit des menschlichen Körpers, durch die begrenzte Lebenszeit des Menschen und durch die eingeschränkte

Fähigkeit, an mehr als einer Tätigkeit oder Aktivität gleichzeitig teilzunehmen. Bewegung im Raum ist auch Bewegung in der Zeit, und die Aufnahmekapazität von Raum und Zeit ist begrenzt; zwei Menschen können nicht gleichzeitig denselben Raum einnehmen. Der territoriale und terrestrische Raum ist beschränkt, ob man nun einen Bauernhof, eine Stadt, ein Land oder die ganze Erde betrachtet. Außerdem ist die Dauer jeder Aktivität oder jedes Projekts begrenzt, und jede Situation beruht auf einer vorhergehenden.[4] Zusätzlich wird die Beweglichkeit in Zeit und Raum durch die folgenden, mit gesellschaftlichen Institutionen verknüpften Faktoren eingeschränkt und gelenkt:[5]

Kapazitätsbeschränkungen ergeben sich aus den verfügbaren Hilfsmitteln, etwa der Möglichkeit, verschiedene Verkehrsmittel zu benutzen; beispielsweise kann man mit dem Flugzeug schneller große Strecken zurücklegen als mit dem Zug. Schnelle Verkehrsmittel und das Telefon erleichtern die Aufrechterhaltung eines geographisch weitgespannten sozialen Netzes. Dank guter Verkehrs- und Kommunikationsmittel können Migranten auch aus entfernten Ländern eine ständige Verbindung zu ihrem Herkunftsort aufrechterhalten. Kapazitätsbeschränkungen sind auch die biologischen Bedürfnisse des Menschen.

Vereinigungsbeschränkungen bestimmen über die Begegnung von Menschen und Gegenständen in Zeit und Raum. Damit eine bestimmte Tätigkeit, etwa die Erbringung von Dienstleistungen, möglich ist, müssen Menschen und Gegenstände an einer bestimmten Stelle zusammenkommen. Die Lebenspfade der Menschen vereinen sich beispielsweise zwischen neun und fünf Uhr an den Arbeitsplätzen zu *Bündeln*, um sich dann wieder zu trennen und mit den Lebenspfaden anderer Menschen, etwa der Familienmitglieder, neue Bündel in den Wohngebieten zu bilden. Das tägliche Leben der Menschen verläuft im Rahmen dieser Beschränkungen.

Lenkungsbeschränkungen beziehen sich auf die örtlichen und zeitlichen Dimensionen der Macht. Regeln, Normen und Gesetze variieren zeitlich und örtlich; innerhalb dieser Gebiete haben Individuen und Gruppen bestimmte Rechte und Pflichten. Diese Befugnisbereiche wurden zur Aufrechterhaltung eines bestimmten sozialen Systems geschaffen, und manche sind Außenstehenden sogar verschlossen. Auf der Mikroebene kann es sich z. B. um ein Arbeitszimmer handeln, auf der Makroebene um einen Staat.

Von zentraler Bedeutung für die Chronogeographie ist der Prozeßcharakter der Realität; Zeit und Raum sind als Gesamtheit zu betrachten. Die Tätigkeit der Menschen besteht aus Ereignisreihen in ihrer physischen Umgebung, und wenn eine bestimmte Ereignisreihe sich wiederholt, kann sie zum Muster werden, an dem sich eine künftige Tätigkeit orientiert. Die Verwendung von Raum, Zeit und Materie durch den Menschen zur Erreichung eines bestimmten Ziels wird mit dem Terminus *Projekt* bezeichnet. Verschiedene Projekte geraten miteinander in Konflikt, wenn sie den gleichen zeitlichen und räumlichen Ort beanspruchen; daher sind Befugnisbereiche wichtig für das Funktionieren der Gesellschaft. Die Untersuchung von Projektkonflikten kann Aufschluß geben über gesellschaftliche Werte und Machtverhältnisse.

Wenn ein bestimmtes Projekt, etwa der Umzug ins Ausland, ausreichende allgemeine Verbreitung gewinnt, kann es sich zu einer Raum-Zeit-Strategie entwickeln. Dies geschah zum Beispiel in der Zeit des "Amerikafiebers" Anfang des 20. Jahrhunderts und bei der Auswanderungswelle nach Schweden in den siebziger Jahren. Wenn man in Übereinstimmung mit den hier referierten Überlegungen keinen qualitativen Unterschied zwischen Migration und anderen Bewegungen in Zeit und Raum macht, stellt sich die Frage, unter welchen Bedingungen Auswanderung und unter welchen Binnenwanderung oder Verbleib am Ort als Strategie gewählt wird.

Die Antwort ist sowohl in individuellen als auch in strukturellen Faktoren zu suchen. Der englische Soziologe Anthony Giddens hat in seiner sog. Strukturationstheorie das gleiche Thema behandelt und dabei versucht, Strukturen und Handelnde miteinander in Verbindung zu setzen. Seiner Auffassung nach ist die Gesellschaftsstruktur keine feste, wie auf einem Foto zu betrachtende Erscheinung; vielmehr verweist Giddens unter strukturellen Aspekten auf Regeln und Ressourcen, die Zeit und Ort an gesellschaftliche Systeme binden.[6]

Diese Systeme sind sowohl Bedingung als auch Produkt der Tätigkeit der Handelnden. Giddens unterscheidet die Begriffe Struktur und System. Gesellschaftliche Strukturen existieren nicht "unmittelbar" außerhalb von Zeit und Ort, sondern als strukturelle Eigenschaften gesellschaftlicher Systeme. Diese Systeme bestehen aus den etablierten Beziehungen zwischen Einzelnen und Gruppen, d. h. aus Institutionen, die in sozialer Wechselwirkung ständig erneuert werden. Neues baut jedoch auf Altem auf, und bestimmte strukturelle Eigenschaften bleiben immer erhalten. Alles geschieht im Strom der Zeit, und die Strukturen sind sowohl Voraussetzungen für das Handeln der Einzelnen als auch dessen Produkte.[7] Die Art der Strukturen kann Migration fördern oder erschweren, und sie verändert sich nicht von einem Tag zum anderen. Es braucht eine zeitlich und räumlich kritische Masse individueller Migrationsentscheidungen, bevor Strukturen und Systeme sich wandeln. Mit anderen Worten: das von den Lebenspfaden gebildete Geflecht und damit auch die Befugnisbereiche ändern sich, damit die Projekte möglich werden. Auch die technische Infrastruktur wirkt sich auf diesen Prozeß aus. Sie steht in Verbindung mit den o. a. Beschränkungen.

Migration bedeutet für den Einzelnen eine einschneidende Veränderung des Handlungsraums. Er muß lernen, sich den neuen Strukturen und Beschränkungen seines Lebens einzufügen, und es dauert seine Zeit, bis er fähig ist, im neuen Geflecht der Lebenspfade zu navigieren. Es ist nicht leicht für ihn, mit den Fertigkeiten, die er aus seinem alten Heimatland mitbringt, sein Projekt zu verwirklichen, sondern er muß über eine lange Zeit Neues lernen, bevor er seine neue Lebenssituation beherrscht. Dieser Prozeß kann mit dem Begriff der Akkulturation bezeichnet werden.

Akkulturation

Akkulturation ist ein zentraler Begriff bei der Untersuchung von Migranten in ihrer neuen Umgebung. Er wurde 1936 von Redfield, Linton und Herskovitz zur Deskription des Prozesses eingeführt, bei dem verschiedene Kulturgemeinschaften in dauernde Berührung kommen, was zum Wandel des Kulturmusters einer oder beider Gruppen führt,[8] vereinfacht gesagt: zur Anpassung an eine fremde Kultur. Der Begriff ist recht unscharf; in den Sozialwissenschaften, etwa der Sozialpsychologie und Anthropologie, wird er verwendet, um die allmähliche Verschmelzung der Migranten mit der dominierenden Kultur zu beschreiben. Akkulturation wird in der Regel als einseitiger Prozeß untersucht, obwohl sie im Grunde in beiden Richtungen verläuft – Kommunikation vollzieht sich ja immer wechselseitig, und Einwanderergruppen, insbesondere dann, wenn sie groß genug sind, hinterlassen ihre Spuren in der dominierenden Kultur. Die Akkulturationsforschung betrachtet sowohl die Ebene der Gruppe, also die Anpassung einer Minderheit an die sie umgebende Kultur, als auch die individuelle Ebene. Die Akkulturation auf Gruppenebene beinhaltet wirtschaftliche, soziale, kulturelle und politische Veränderungen, während sich auf der individuellen Ebene das Verhalten, die Werte und Einstellungen und die Identität verändern.

In letzter Zeit hat die von J. W. Berry[9] entwickelte Theorie der individuellen Akkulturation Zuspruch gefunden. Ihre Grundlage ist ein Vierfeldmodell, in dem die Akkulturationsstrategien von zwei grundlegenden Einstellungen abhängen: davon, ob man seine ethnische Identität und seine kulturellen Besonderheiten für erhaltenswert hält, und davon, ob man mit anderen Gruppen und der Mehrheitsbevölkerung in Interaktion treten will. Mit Hilfe dieser beiden Einstellungen definiert Berry vier Akkulturationsmuster. Die *Integration* gilt allgemein als wünschenswerteste Alternative. Der Migrant bewahrt seine eigene kulturelle und ethnische Identität, paßt sich jedoch auch der Kultur der neuen Gesellschaft an. Bei der *Assimilation* bewahrt der Migrant seine eigene Kultur nicht, sondern verliert seine Identität und verschmilzt mit der Mehrheitsbevölkerung. *Separation* bedeutet, daß man sich von der neuen Gesellschaft isoliert und im "eigenen Kreis" bleibt. Das vierte Muster ist die *Marginalisation*, bei der der Migrant sowohl gegenüber der dominierenden Kultur als auch gegenüber seiner eigenen Bezugsgruppe zum Außenseiter wird. Dies kann auf gesellschaftliche Diskriminierung in Form von Lenkungsbeschränkungen zurückgehen, die den Einwanderer daran hindern, seine Projekte zu verwirklichen.

Berrys Akkulturationsmodell ist wegen seiner Simplizität beliebt, die andererseits aber auch kritisiert wird. Die Akkulturationsmodelle können jedoch in Raum und Zeit variieren, etwa Separation im häuslichen Bereich, Assimilation am Arbeitsplatz und Integration bei der Freizeitbeschäftigung. Auf einer längeren Zeitachse lassen sich verschiedene Stufen der Akkulturation beobachten. So unterscheiden z. B. Sue & Sue[10] fünf Hauptstufen. Auf der ersten Stufe bemüht sich der Migrant um Konformität mit der dominierenden Kultur, die eigene Kultur tritt in den Hintergrund. Die zweite Stufe ist durch widersprüchliche Reaktionen geprägt, man steht sowohl der dominierenden als auch der eigenen Kultur kritisch gegenüber. Daraus kann als dritte Stufe Ablehnung der dominierenden und Konzentration auf die eigene Kultur folgen. Die vierte Stufe ist eine Phase der Selbsterforschung; der Migrant setzt seine eigene Kultur in Beziehung zur dominierenden Kultur. Auf der letzten erkennt er die guten und schlechten Seiten beider Kulturen und weiß beide zu schätzen.

Akkulturation kann als Prozeß in Zeit und Raum verstanden werden, in dem Einzelne, Gruppen und Strukturen in Wechselwirkung stehen. Wenn ein Einwanderer z. B. keine Arbeit findet, konzentrieren sich sein Lebenspfad und seine Projekte stärker auf den häuslichen Bereich, und er gerät leichter in Isolation, die zur Separation führen kann. Wenn die Separation zur Strategie einer ganzen Einwanderergruppe wird, sind territoriale Segregation oder Orientierung auf das frühere Heimatland die möglichen Folgen. Insofern kann sich die Akkulturation auf der Makroebene auf die Gestaltung der gesamten Einwanderungspolitik und sogar auf die Beziehungen zwischen Herkunfts- und Zielland auswirken.

In Bezug auf die Einwanderung verfolgen die einzelnen Gesellschaften in ihrer Einstellung zu neuen Minderheiten unterschiedliche Strategien, die sich im Lauf der Zeit ändern, wenn man versucht, die Einwanderungspolitik den wechselnden Gegebenheiten anzupassen. Eine auf alle Einwanderergruppen anwendbare allgemeine Politik zu schaffen, ist schwierig, da die Bezugsrahmen, die die Migranten mit sich bringen, sich der jeweils ausgeübten Politik auf unterschiedliche Weise einfügen. Die Tätigkeit des Ziellandes und die dort herrschenden Einstellungen können einzelne Gruppen favorisieren und auf andere diskriminierend wirken, obwohl man sich prinzipiell um Unparteilichkeit bemüht.

Die Ausländerpolitik der Schweiz

Grundlage der Ausländerpolitik der Schweiz ist das Bundesgesetz über Aufenthalt und Niederlassung der Ausländer aus dem Jahr 1931. 1963 ergriff der schweizerische Staat erstmals Maßnahmen, um den Zuzug von Gastarbeitern in bestimmten Berufsgruppen zu beschränken, und sieben Jahre später wurde eine generelle Obergrenze für die Einwanderung erlassen, die jährlich aufgrund der Migrationsstatistiken des Vorjahrs neu festgesetzt wurde. 1970 wurde das Bundesamt für Ausländerfragen gegründet, dessen Hauptaufgabe die Ausländerpolitik war.

Die Ausländerpolitik wurde 1986 durch eine Verordnung über die Beschränkung der Anzahl der Ausländer konkretisiert. Ein Novum dieser Verordnung war das Integrationsziel; man bemühte sich um Maßnahmen, die Ausländern die Anpassung an die schweizerische Gesellschaft erleichtern sollten.[11] Anfang der neunziger Jahre bereitete man sich auf die neuen Herausforderungen vor, die sich aus der Schaffung des Europäischen Wirtschaftsraums ergeben würden, und der Bundesrat erstellte einen Bericht über Inhalt und Schwerpunkte der Ausländerpolitik. Als die Schweiz 1992 in einer Volksabstimmung, zum Teil aus Furcht vor Ausländerüberflutung, den Beitritt zum Europäischen Wirtschaftsraum ablehnte, mußte die Einwanderungspolitik der neuen Situation angepaßt werden. Man wollte nicht zu stark von der Praxis der EU-Länder abweichen. Man erleichterte daher 1993 die Einwanderung von Experten und Geschäftsleuten, indem man für diese Gruppen die Vorschrift über die Bevorzugung von Schweizern aufhob, vereinfachte den grenzüberschreitenden Pendlerverkehr und erleichterte den Zuzug der Familienmitglieder von Personen, die sich mit einjähriger Arbeitserlaubnis im Land aufhalten.[12] Bürger aus EU- und EFTA-Staaten besaßen eine Sonderstellung; beispielsweise war es für sie leichter, die Staatsbürgerschaft zu erlangen, und ab 1994 erhielten nur Saisonarbeiter aus diesen Ländern eine Aufenthaltsgenehmigung.

Die schweizerische Ausländerpolitik kann als dualistisch charakterisiert werden. Einerseits bemüht man sich um eine Balance im quantitativen Verhältnis von Stammbevölkerung und Einwanderern, indem man die Aufenthaltsgenehmigung streng reguliert, andererseits benötigt die Wirtschaft qualifizierte Arbeitskräfte, die im eigenen Land nicht ausreichend zur Verfügung stehen. Der Anteil der Immigranten an der beschäftigten Arbeitskraft ist traditionell hoch, etwa 25 Prozent der Gesamtarbeitskraft, aber in den neunziger Jahren sind z. B. durch Familienzusammenführungen und als Flüchtlinge zahlreiche Ausländer zugezogen, die nicht den traditionellen Arbeitskräften zuzuordnen sind, so daß Integrationsfragen immer wichtiger werden. Seit 1994 bildet die Integrationspolitik einen Schwerpunkt der Tätigkeit des Bundesamts für Ausländerfragen, und 1995 wurde eine Antirassismuskommission gegründet, die Diskriminierung verhindern soll.

In der Schweiz wird der Ausdruck "Arbeitserlaubnis" offiziell nicht verwendet, vielmehr berechtigt die Aufenthaltsgenehmigung zur Annahme einer Arbeit. Wenn ein schweizerischer Arbeitgeber einen Ausländer einstellen möchte, muß er (mit einigen Ausnahmen) die Stelle zunächst in der Schweiz ausschreiben; der Ausländer erhält die Stelle nur, wenn sich kein Schweizer findet. Für jeden Kanton sind Ausländerkontingente festgesetzt, und bei der Entscheidung über die Aufenthaltsgenehmigung berücksichtigen die Behörden verschiedene Umstände, etwa die Ausländeranzahl im Kanton, die wirtschaftliche Lage in der Region und den Arbeitskräftebedarf.

Ausländer, insbesondere solche, die erst seit kurzem im Land leben, haben nicht die gleichen Rechte wie die Stammbevölkerung. Die einzelnen Ausländergruppen haben zudem einen unterschiedlichen Status. Das System der Aufenthaltsgenehmigung schränkt die Mobilität innerhalb des Landes ein, und Ausländer sind nicht wahlberechtigt. Der kürzeste Weg zur Integration in die Gesellschaft ist die Ehe mit einem Schweizer, durch die man in kürzerer Zeit ein soziales Netz und die gleichen Rechte und Pflichten wie gebürtige Schweizer erlangt. Charles Williams schrieb 1854 in seinem Buch The Alps, Switzerland, Savoy And Lombardy:

Die Menschen sind ihrem eigenen Land sehr eng verbunden und halten es offenbar für das Paradies auf Erden. Sie halten eifersüchtig an ihren Privilegien fest und gewähren sie Fremden überaus selten.[13]

27

Forschungsmethode und Material

Das empirische Material der vorliegenden Untersuchung besteht aus Statistiken, die bei Behörden in der Schweiz und in Finnland gesammelt wurden, aus einer großen brieflichen Umfrage unter den Schweizerfinnen, aus persönlichen Interviews und aus Angaben, die den Publikationen verschiedener schweizerisch-finnischer Organisationen entnommen wurden.

Die Migrationsströme zwischen Finnland und der Schweiz in den Jahren 1944–1998, die Ausgangsregionen und -ortschaften in Finnland und die Ankunftsregionen in der Schweiz wurden aufgrund der in Finnland und der Schweiz gesammelten offiziellen Statistiken analysiert. In Finnland mußten die älteren Angaben manuell aus der Paßkartei des Statistischen Zentralamts herausgezogen und existierende, aber unveröffentlichte Statistiken beim gleichen Amt als Sonderausdruck bestellt werden. Das Bundesamt für Ausländerfragen in der Schweiz stellte sowohl veröffentlichte Statistiken als auch unveröffentlichte Tabellen zur Verfügung.

Neben den Statistiken wurde Umfrage- und Interviewmaterial gesammelt. Im ersten Stadium wurde ein knapper, allgemein gehaltener Fragebogen an die damals bekannten finnischen Vereine versandt. Im zweiten Stadium wurde eine umfangreiche briefliche Umfrage an die Schweizerfinnen erstellt, und im dritten Stadium wurden Interviews geführt, hauptsächlich in der Schweiz, einige aber auch in Finnland.

Die erste Schwierigkeit bei der brieflichen Umfrage war das Auffinden der Adressen. Eine umfassende Adreßkartei der Schweizerfinnen existiert nicht. Die Informationen der Finnischen Botschaft in der Schweiz über die dort ansässigen Finnen sind sehr lückenhaft, denn die Botschaft besitzt nur Angaben über Personen, die sich aus eigener Initiative dort melden, einen Paß oder andere Dokumente beantragen oder aus besonderem Anlaß, z. B. wegen Heirat oder Geburt eines Kindes, Kontakt mit der Botschaft aufnehmen. Es blieben daher nur die Adressenverzeichnisse der Schweizerische Vereinigung der Freunde Finnlands und der anderen finnischen Organisationen in der Schweiz, z. B. der kirchlichen Arbeit, der finnischen

Schulen und verschiedener Hobbyvereine. Auch diese sind nicht zentral zusammengefaßt, sondern jede Ortsgruppe führt ihr eigenes Register. Da manche Vereine Außenstehenden ihre Mitgliederkartei nicht zugänglich machen wollen, wurden die Vereine gebeten, die Fragebögen selbst an ihre Mitglieder zu verschicken. Das Migrationsinstitut sandte im Herbst 1997 fast 3800 Fragebögen an verschiedene Vereine in der Schweiz, denen Finnen angehören, weitere 191 Fragebögen wurden direkt an Adressen versandt, die im Schneeballsystem vor Ort ermittelt worden waren. Die Summe der Mitglieder aller beteiligten Vereine ist größer als die der versandten Fragebögen, denn in den kleineren Vereinen sortierte der Vorsitzende oder der Sekretär die schweizerischen Mitglieder aus. In den größeren Vereinen wurde der Fragebogen allen Mitgliedern zugestellt – es war unmöglich, unter hunderten von Mitgliedern die Finnen herauszusuchen. Die großen Vereine legten den Fragebogen ihren Vereinsmitteilungen bei, einige kleinere Vereine schickten ihn separat an ihre Mitglieder.

Dem Fragebogen lag ein Rückumschlag mit der Anschrift des Migrationsinstituts bei, das Porto ging jedoch zu Lasten des Antwortenden. Die Rückgabe wurde bis Ende November 1997 erbeten, was einigen Befragten sehr wenig Zeit ließ, im Extremfall sogar nur einige Tage. Daß für die Antwort unterschiedlich viel Zeit zur Verfügung stand, lag an den Versandterminen der Vereine; mehrere Dutzend Antworten trafen nach Ablauf der ursprünglichen Frist ein.

Zusätzlich wurden schweizerfinnischen Schlüsselpersonen Fragebögen zur Verteilung bei finnischen Veranstaltungen und an Freunde, Bekannte und andere Finnen überlassen. Die Adressaten wurden aufgefordert, bei Bedarf selbst zusätzliche Exemplare zu kopieren, und diejenigen Schweizer, die beim allgemeinen Versand einen Fragebogen erhalten hatten, wurden gebeten, ihn an einen Finnen weiterzuleiten. Im Verlauf der Untersuchung wurde der Fragebogen überall verteilt, wo Finnen anzutreffen waren, in Sonderfällen sogar in Restaurants und Straßenbahnen. Dadurch wurde versucht, auch die Finnen zu erreichen, die keinem Verein angehören. Aufgrund der weitverzweigten Verteilung läßt sich nicht mit Bestimmtheit sagen, wieviele Fragebögen im Umlauf waren und wieviele Finnen erreicht werden konnten. Ein Interviewpartner berichtete, er habe den Fragebogen von verschiedenen Seiten insgesamt viermal erhalten, während ein anderer beleidigt war, weil ihm der Fragebogen nicht namentlich zugesandt, sondern bei einer Veranstaltung gegeben worden war.

Insgesamt 979 Fragebögen wurden ausgefüllt und an das Migrationsinstitut geschickt. Nur drei Antworten mußten ausgeschieden werden. Der Prozentsatz der Beteiligung läßt sich anhand der verschickten und zurückgegebenen Fragebögen nicht abschätzen, da nicht bekannt ist, wieviele den Fragebogen tatsächlich erhielten, aber nicht beantworteten. Wahrscheinlich gab es zahlreiche Überschneidungen im Versand, andererseits wurden dadurch zweite Aufforderungen ersetzt.

Obwohl die Repräsentativität beim Versand nicht gewährleistet war, konnte sie durch den Vergleich der Antworten mit dem statistischen Profil der Grundgesamtheit überprüft werden und erwies sich als überraschend groß, wie an späterer Stelle deutlich wird. Freilich wäre eine vollständige Entsprechung zwischen den in die Schweiz ausgewanderten und den dort zu einem bestimmten Zeitpunkt lebenden Finnen ohnehin nicht zu erreichen, da ein Teil der Migranten nach Finnland zurückgekehrt oder aus der Schweiz in ein drittes Land gezogen ist. Auch die Sterblichkeit hat die Gruppe der ursprünglichen Migranten etwas reduziert. Die Repräsentativität wird ferner dadurch verringert, daß die Teilnahme an Befragungen sich selektiv auswirkt. Diejenigen, denen es gut geht, beantworten Umfragen bereitwilliger als diejenigen, die mit ihrer Lebenssituation unzufrieden sind. Viele Untersuchungen haben gezeigt, daß u. a. Frauen mittleren Alters, Menschen mit Familie und solche mit höherer Bildung am aktivsten an Befragungen teilnehmen,[14] und dies gilt eindeutig auch für die vorliegende Untersuchung. Da der Fragebogen überwiegend durch die Vereine und bei finnischen Veranstaltungen verteilt wurde, war es sehr schwierig, Schweizerfinnen zu erreichen, die keinerlei Umgang mit ihren Landsleuten pflegen oder deren Veranstaltungen besuchen, obwohl mit Beharrlichkeit und Glück auch einige von ihnen angesprochen werden konnten.

Während der gesamten Zeit der Arbeit an der Untersuchung wurden Interviews geführt, manchmal wurden Informationen in einem zweiten

Interview ergänzt. Da die Fragebögen anonym zurückgesandt wurden, war es nicht möglich, die Interviewpartner aufgrund der Umfrageantworten auszuwählen; alle interviewten Schweizerfinnen hatten jedoch ihrer eigenen Aussage nach an der Befragung teilgenommen. Etwa die Hälfte der Interviewpartner wurde hauptsächlich auf Empfehlung der Schlüsselpersonen der finnischen Vereine ausgewählt. Sie lebten meist schon sehr lange in der Schweiz und wußten viel über die dortigen Finnen und ihre Tätigkeit. Die andere Hälfte wurde mehr oder weniger blind unter denjenigen ausgesucht, die kein Ehrenamt in einem der Vereine ausüben und nicht zum "Insiderkreis" gehören. Insgesamt wurden 71 Menschen interviewt: Schweizerfinnen, ehemalige Schweizerfinnen, Schweizer in Schlüsselpositionen und drei Finnen, die viel mit der Schweiz zu tun haben, obwohl sie nie dort gelebt haben. Die Interviews wurden in der Regel bei den Gesprächspartnern zu Hause geführt, aus praktischen Gründen aber auch in Cafés. Grundlage des Gesprächs waren Fragen nach den Hintergrundvariablen und ein lockeres Gerüst von Fragen, die sich auf die Gründe für die Migration und auf das Leben in der Schweiz bezogen. Die Gesprächsdauer variierte von weniger als einer Stunde bis zu einem ganzen Nachmittag und in einigen Fällen einem ganzen Wochenende. In den längeren Interviews kamen Freuden und Sorgen gleichermaßen zur Sprache, während in den kürzeren als negativ oder brisant empfundene Dinge häufig ausgeklammert oder auch manchmal überbetont wurden. Weitere Erkenntnisse sammelte der Verfasser in teilnehmender Beobachtung, indem er im Frühjahr 1998 als Hilfsbetreuer einer Spielgruppe für schweizerfinnische Kinder in Zürich tätig war und an möglichst vielen finnischen Veranstaltungen in der ganzen Schweiz teilnahm.

Finnen in der Schweiz vor 1950

Vor dem Zweiten Weltkrieg waren nicht viele Finnen in der Schweiz ansässig, und die beiden Länder hatten wenig Berührung miteinander. Einzelne Kontakte zwischen Finnland und der Schweiz gab es jedoch bereits vor Jahrhunderten. Der früheste historische Beleg für eine Verbindung zwischen den beiden Gebieten und Kulturen betrifft eine Predigtsammlung von Jakob von Lausanne, die Bischof Hemming Anfang des 14. Jahrhunderts nach Finnland brachte. Mit großer Wahrscheinlichkeit reisten Finnen um jene Zeit in die Schweiz oder passierten sie auf dem Weg nach Italien. 1437 hielt sich Bischof Olavus Magni zur Zeit des Konzils in Basel auf. Es gibt Angaben über Kontakte einzelner finnischer Adliger zur Schweiz, aber davon abgesehen können im 17. und 18. Jahrhundert keine finnischen Namen mit der Schweiz in Verbindung gebracht werden.[1]

Reisende und Berühmtheiten

Das Interesse an der Schweiz erwachte erst in der Epoche der Romantik im 19. Jahrhundert, als sich die Naturbegeisterung des Bürgertums auf die Gebirgslandschaften richtete. Der berühmteste finnische Besucher der Schweiz in jener Epoche war J. V. Snellman, der über seine Reise in die Schweiz im Frühsommer 1841 ein Tagebuch schrieb. Auch zum Studium reisten Finnen in die Schweiz, wie der spätere Tabakfabrikant Fredric Rettig, der nach seiner Rückkehr sein Haus in Turku im Schweizerstil einrichtete. Töchter wohlhabender Familien studierten ebenfalls in der Schweiz. Eine der bekanntesten war Hedvig von Haartman, die in der Schweiz Französisch studiert hatte. Sie gründete in Finnland eine Division der Heilsarmee und übersiedelte in den neunziger Jahren des 19. Jahrhunderts nach Zürich, wo sie die Leitung der deutschsprachigen Schweizerischen Heilsarmee übernahm. Die Heilsarmee wurde wie das Internationale Rote Kreuz zu einem Band zwischen Finnland und der Schweiz.[2]

Nach den Reiseberichten zu schließen machten die Naturschönheiten der Schweiz auf die meisten Reisenden einen tiefen Eindruck. So schreibt Arvid Lydecken im Juni 1912 aus Caux in einem Brief an Helmi Krohn:

Oben in den Alpen weiden die Kühe. Jede trägt eine anders gestimmte Glocke, und der Klang dieser Glocken ist bezaubernd. Die großen Felder sind von Narzissen und verschiedenen Blumen bedeckt, unten in den Tälern schweben weiße, weiche Wolken. Man hätte Lust, sich auf dieser wundersamen Watte zu lagern und vom Wind forttragen zu lassen. - Die Berggipfel sind schneebedeckt und schimmern wie große Edelsteine.[3]

Nicht allen gefiel die Schweiz gleichermaßen; der Schriftsteller Joel Lehtonen schätzte sie nicht besonders, wie sein Brief aus Gruyère aus dem Jahr 1908 vermuten läßt:

... ein paar Ausflüge ins Gebirge gemacht, mehr als 3000 Meter hoch, wo eine ewige Schneehölle herrscht, und Helvetia dort drunten wie ein Maulwurfsbau, mit seinen Schluchten, seinen Städtchen, seinen reichen Dörfern, seinen braven, bürgerlichen Einwohnern (...) nächsten Sonntag fahre ich nach Genf (übrigens eine schrecklich langweilige Stadt, wie alle Städte in der Schweiz) mit Heikki Biaudet,[4] der in G. irgendwelche Forschungen über religiöse Schwärmereien betreibt.[5]

Der Schriftsteller Mika Waltari reiste in den Jahren 1939 und 1950 in die Schweiz. Die Eindrücke seiner ersten Reise verarbeitete er in dem Roman *Johannes Angelos* und in dem Schauspiel *Paracelsus Baselissa* [Paracelsus in Basel]. Über seine zweite Reise schrieb er zwei Berichte für die Zeitschrift Suomen Kuvalehti: *Lempeä rauhallinen Luzern* [Sanftes, friedliches Luzern] und *Sempach, historian ihme* [Sempach, ein Wunder der Geschichte].[6]

Insgesamt kann man sagen, daß vor dem Zweiten Weltkrieg hauptsächlich Angehörige der finnischen Oberschicht in die Schweiz reisten, um die Ruhe und Schönheit des Landes zu genießen. Nach dem Krieg nahmen die persönlichen Kontakte zu, was unter anderem den Finnlandfreunden in der Schweiz zu verdanken ist, die das Schicksal Finnlands im Krieg mit großer Sympathie verfolgt hatten. Auf das Finnlandbild in der Schweiz wirkt sich bis heute die Erinnerung an Marschall Mannerheim aus, der von 1947 bis 1951 in der Schweiz lebte.

Mannerheim[7]

Mannerheim hatte bereits 1943 insgeheim eine Kur in der Schweiz gemacht. Er versuchte sein Inkognito zu wahren, doch die Schweizer erkannten den berühmten Feldherrn natürlich trotz seines Pseudonyms. Während seines kurzen Aufenthalts machten das Land, seine Natur und die überall herrschende Ordnung ihm einen vorzüglichen Eindruck, und als er 1947 an einem schweren Magengeschwür erkrankte, war es naheliegend, zur Behandlung und Pflege dorthin zurückzukehren, eine Entscheidung, die auch der schwedische Arzt des Marschalls unterstützte. Das erste Reiseziel war Crans in der französischsprachigen Schweiz. Während des dreiwöchigen Aufenthalts in Crans verbesserte sich Mannerheims Gesundheitszustand. Er zog nun in das Sanatorium Val-Mont in dem kleinen Dorf Glion sur Territet in der Nähe von Lausanne. Von dieser schloßartigen alten Privatklinik am Berg blickt man über den Genfersee, an dessen gegenüberliegendem Ufer die französischen Alpen aufragen. Für den pflege- und ruhebedürftigen Mannerheim waren der Ort und sein Klima hervorragend geeignet.

Mannerheim bei der Ankunft in Lausanne am 7.2.1947. – *Foto: Lehtikuva Oy (Associates Press Photo).*

Mannerheim war in der Schweiz ein hochgeschätzter Gast, und die Zeitungen berichteten häufig über ihn, obwohl er sich von der Öffentlichkeit weitgehend fernhielt. Stig Jägerskiöld zitiert einen Brief, in dem Mannerheim einen Pressebericht erwähnt: *"...ein meiner Meinung nach sowohl eleganter als auch niveauvoller Text in einer Lausanner Zeitung, und letzten Endes vielleicht doch nicht so übertreibend, wie ich im ersten Moment dachte. Nach allem, was ich höre, war Finnland während des Krieges unerhört beliebt, und bei intelligenten und warmherzigen Menschen galt unser Land als Vorbild."*

Der zweieinhalbmonatige Aufenthalt im Sanatorium tat Mannerheim gut, und als er Ende April nach Finnland zurückkehrte, sehnte er sich schon bald wieder nach Val-Mont. Er war jedoch nicht vollständig genesen, und im Dezember wurde er in höchster Eile nach Stockholm geflogen und operiert. Nach der schweren Operation hielt er sich zunächst kurz in Finnland auf und reiste im März 1948 wieder in die Schweiz, nach Lausanne und Lugano. Finnland erlebte damals die sog. Jahre der Gefahr, die Sowjetunion forderte den Abschluß eines Verteidigungspakts, und Gerüchte über einen unmittelbar bevorstehenden Putsch trugen ebenfalls zu der angespannten Situation bei. Als Mannerheim nach einem Gespräch mit Präsident Paasikivi über die Lage Finnlands in die Schweiz abreiste, hieß es in der ausländischen Presse, der Marschall sei ins Exil gegangen. Die Westmächte hätten es gern gesehen, daß Mannerheim nach Finnland zurückgekehrt wäre oder wenigstens öffentlich zur finnischen Situation Stellung bezogen hätte, doch er blieb unbeirrt in Val-Mont, schrieb an seinen Memoiren und hütete sich, politische Stellungnahmen abzugeben.

Im Juni reiste Mannerheim erneut nach Finnland, um seine Stimme bei der Parlamentswahl abzugeben; bei gleicher Gelegenheit ließ er sich erneut in Stockholm behandeln. Eine plötzliche Verschlechterung seines Gesundheitszustands verhinderte jedoch seine baldige Rückkehr nach Val-Mont, obwohl er ungeduldig darauf wartete, die Arbeit an seinen Memoiren fortsetzen zu können. Erst im Herbst 1948 konnte Mannerheim in die Schweiz zurückkehren, wo er, unterbrochen durch kurze Reisen nach Finnland, seine letzten Lebensjahre verbrachte. Val-Mont wurde sein fester Wohnsitz.

1948 stellte Mannerheim einen Assistenten ein, Oberst Aladár Paasonen, mit dem er bis zu seinem Tod an der Niederschrift seiner Erinnerungen arbeitete. Paasonen war Abwehrchef beim Hauptquartier der finnischen Armee gewesen und hatte sich nach dem Krieg vor der Alliierten Kontrollkommission in Finnland verbergen müssen. Er war zunächst nach Schweden entkommen und hatte sich dann in Frankreich und schließlich in Spanien aufgehalten, wo ihn Mannerheim anwarb. In der Schweiz hielt Paasonen seine Identität geheim und trat unter dem Mädchennamen seiner Frau als Dr. Andres Barta auf. Paasonen brachte die Memoiren nach Diktat Mannerheims zu Papier. Der Marschall hielt sich vom gesellschaftlichen Leben weitgehend fern und lehnte Einladungen zu vielen wichtigen Veranstaltungen höflich ab. Er schloß am Ort jedoch einige Bekanntschaften. Paasonens Tochter Aino Paasonen erinnert sich an Mannerheims Jahre in der Schweiz:

Einer der wichtigsten Freunde war Jean-Louis Perret, der an der Universität Helsinki französische Literatur gelehrt hatte. (...) Er machte Mannerheim mit dem Schweizer General Guisan bekannt, der ihm von Anfang an sehr freundlich begegnete. (...) Die von Zeit zu Zeit eintreffenden Einladungen zum Essen bereiteten dem Marschall große Freude. Wenn er in Lutry eintraf, wo die Perrets wohnten, spähten die Menschen aus dem Fenster, um einen Blick auf den alten, schlanken Helden zu erhaschen, der im Cape und mit einem Stock in der Hand durch das Dorf ging.[8]

Im September 1950 reiste Mannerheim zu Besprechungen über die Veröffentlichung seiner Memoiren nach Finnland. Bei naßkaltem Wetter zog er sich auf seinem Gutshof Kirkniemi eine Lungenentzündung zu und konnte erst zu Weihnachten nach Val-Mont zurückkehren. Von dieser Krankheit erholte er sich nicht mehr. Im Januar verschlechterte sich sein Zustand, und am 28. Januar 1951 verstarb er im Kantonsspital in Lausanne.

Die Gedenkrede auf Mannerheim, die der Schriftsteller Edzard Schaper bei einer Veranstaltung in Zürich hielt, brachte den Schweizer

Bei der Mannerheim-Gedenkfeier sang 1991 der blau-weiß gekleidete Finnische Chor Basel unter Leitung des Musikers Jarmo Vainio. – *Foto: Leena Pulfer.*

Finnlandfreund Dr. Gubert von Salis auf den Gedanken, ein Denkmal zu Ehren des großen Feldherrn und der kleinen Nation zu errichten. Die Schweizerische Vereinigung der Freunde Finnlands setzte zu diesem Zweck bereits 1951 ein Komitee ein. Ein Wettbewerb wurde ausgeschrieben, den der Zürcher Bildhauer Franz Fischer mit seinem Entwurf, einer an einen Schiffsbug erinnernden Felsplatte, gewann. Der Stein für die Skulptur wurde aus dem Granit des St. Gotthard gebrochen, aus einer mehr als hundert Meter hohen Felswand im Kanton Tessin. Aus dem sechzig Tonnen schweren Fels entstand eine sieben Meter hohe Skulptur mit einem Gewicht von zwölfeinhalb Tonnen, die in einem Park am Genfersee aufgestellt wurde.[9] 145 Geldgeber trugen zum Gelingen des Vorhabens bei.

Der Monolith hat auf beiden Seiten drei waagerecht verlaufende Vertiefungen. An der vom See her gesehen rechten Seite ist das finnische Wappentier, der Löwe, an der linken Seite das Mittelstück von Mannerheims Familienwappen und sein Marschallstab abgebildet. Texte in französischer, deutscher, lateinischer, finnischer und schwedischer Sprache wurden eingemeißelt; der finnischsprachige Text stammt von dem Dichter Aaro Hellaakoski. Die Skulptur wurde am 14. Mai 1955 in Montreux-Territet in Anwesenheit einer hochrangigen schweizerischen und finnischen Delegation enthüllt. General Henri Guisan hielt die Festrede; als Vertreter Finnlands nahm u. a. Mannerheims Nachfolger als Oberbefehlshaber, General E. Heinrichs, an der Feier teil.

Seither wird jährlich im Rahmen einer Gedenkfeier ein Kranz an dem Denkmal niedergelegt. Es ist inzwischen Brauch geworden, anläßlich dieser Veranstaltung den finnischen Militärs, die sich als Gäste der schweizerisch-finnischen Stipendiatsstiftung in der Schweiz aufhalten, den Ehrentitel "Mannerheim-Stipendiat" zu verleihen. Das Denkmal ist für viele Schweizerfinnen zu einem "Heiligtum" geworden, das sie besuchen und an dem sie einen blauweißen Blumenstrauß niederlegen.

Rolf Nevanlinna

In den kulturellen und wissenschaftlichen Beziehungen zwischen Finnland und der Schweiz kam der Mathematik lange eine Sonderstellung zu. Das war vor allem das Verdienst von Rolf Nevanlinna, der in den Jahren 1946–1963 als Professor für Mathematik an der Universität Zürich tätig war. Ein Schüler Nevanlinnas, der begabte Mathematiker Lars Ahlfors, war bereits 1944 als Professor an die Universität berufen worden, blieb jedoch nur drei Semester in Zürich und nahm dann einen Ruf an die Universität Harvard an.[10]

Nevanlinna und Ahlfors hatten durch ihre Beiträge zur mathematischen Funktionentheorie internationale Bekanntheit erlangt; Nevanlinna war eine führende Autorität in seinem Fach. Zürich war Nevanlinna nicht unbekannt, er hatte bereits im Winter 1928–29 eine Gastprofessur an der ETH innegehabt, und 1930 hatte man ihm dort einen Lehrstuhl angeboten, den er jedoch ablehnte, weil er seine Arbeit in Finnland nicht aufgeben wollte. In seinen Memoiren schrieb er darüber: "...gegen einen Umzug ins Ausland sprach vor allem, daß ich meine minderjährigen Kinder nicht in fremder Umgebung, als Bürger eines fremden Staates aufwachsen lassen wollte."[11] Das Finnentum war Nevanlinna wichtig. Als die Universität Zürich ihm 1946 erneut einen Lehrstuhl anbot, war er eher bereit, sich in der Schweiz niederzulassen. In seinen Memoiren schildert er die Ereignisse um seine Abreise folgendermaßen:

Die Nachkriegszeit in Finnland war für Wissenschaftler nicht günstig. Unser Land blieb noch auf lange Zeit isoliert, die Verbindungen ins Ausland waren dürftig und Reisen wegen des Valutamangels schwierig. Unter diesen Umständen war das Angebot verlockend, hatte doch meine Forschungstätigkeit gerade einen neuen Aufschwung genommen (...). Ich wollte jedoch nicht ohne weiteres eine feste Stellung im Ausland annehmen. Ich antwortete, ich sei bereit, für ein Jahr als Gastprofessor zu kommen, womit man in Zürich einverstanden war. Die Universität Helsinki stimmte einer Beurlaubung zu, aber Paß und Ausreisegenehmigung fehlten. Sie waren nicht ganz leicht zu beschaffen. Ich mußte viele Male auf der Provinzialverwaltung mit Gouverneur Melt sprechen, bevor ich die Genehmigung erhielt.[12]

Rolf Nevanlinna 1965 in seinem Arbeitszimmer. – *Foto: Bildarchiv der Åbo Akademi (A. Pietinen).*

41

Im Sommer 1947 entschloß sich Nevanlinna, in Zürich zu bleiben, und legte im Herbst desselben Jahres sein Amt an der Universität Helsinki nieder. Er blieb jedoch in Verbindung zu seiner alten Universität, reiste jeweils nach Semesterschluß nach Finnland und hielt auch dort noch Vorlesungen. Seinen Schülern ist er als charismatischer und anspornender Lehrer in Erinnerung geblieben. Nevanlinna wollte Forschung und Lehre nicht getrennt sehen, seiner Meinung nach gehörten beide zusammen.

Nevanlinnas Vorlesungen boten einen ausgesprochenen Genuß. Sie waren wohl vorbereitet, äußerst klar im Gedankengang, bis in die Einzelheiten ausgefeilt, und doch wirkten sie spontan. Er hielt sie ohne irgendwelche Notizen – auch nicht in der Mappe auf dem Tisch; es war schon gar keine Mappe da.[13]

Nevanlinna hatte gute Beziehungen zur Schweizerischen Vereinigung der Freunde Finnlands und zu ihrem Gründer und Vorsitzenden Dr. Gubert von Salis; in späteren Jahren schlug er der finnischen Seite vor, von Salis ehrenhalber den Professorentitel zu verleihen. Sein Vorschlag wurde angenommen, und von Salis wurde der erste ausländische Träger eines finnischen Professorentitels.

Die Gründung der Stipendiatsstiftung der Freunde Finnlands eröffnete vielen Finnen die Möglichkeit, ein Studiensemester in der Schweiz zu verbringen, und Nevanlinna konnte seine finnischen Schüler zur Weiterarbeit an ihrer Dissertation nach Zürich einladen. Auf diese Weise entstanden zahlreiche Kontakte zwischen Nevanlinnas finnischen und schweizerischen Schülern. Auch in umgekehrter Richtung fanden Besuche statt; so lud Nevanlinna z. B. in den sechziger Jahren einige seiner besten Schüler in sein Sommerhaus am Lohja-See ein, woraus sich eine ganz unerwartete neue Bindung an die Schweiz ergab. Einer seiner Schüler verliebte sich nämlich dort in die Tochter des Hauses, und die Romanze führte später zur Ehe.[14]

1949 wurde Nevanlinna zum Mitglied der Akademie Finnlands gewählt. Daher stellte er im Sommer des gleichen Jahres ein Rücktrittsgesuch von seiner Stellung als Ordinarius an der Universität Zürich. Die Universität wollte ihren berühmten Professor nicht verlieren und fand eine Lösung, indem sie ihn zum Honorarprofessor ernannte. Dieses Arrangement erlaubte Nevanlinna, seine Vorlesungen in Zürich fortzusetzen und seine Rechte als Fakultätsmitglied zu behalten. Er war nun in Finnland und in der Schweiz gleichermaßen verankert.

Anfang der fünfziger Jahre gründete ein ehemaliger Schüler Nevanlinnas in Zürich ein Abendseminar, um denjenigen, die wegen ihrer Berufstätigkeit nicht mehr an Veranstaltungen während des Tages teilnehmen konnten, Gelegenheit zu geben, Mathematik zu betreiben. Nevanlinna war von der Idee angetan und beteiligte sich gern. Einmal wöchentlich kam man zusammen, um den Vortrag eines der Teilnehmer zu hören; anschließend setzte man das Gespräch im Café Odeon fort.[15]

1963 trat Nevanlinna im Alter von 68 Jahren nach siebzehnjähriger Tätigkeit an der Universität Zürich in den Ruhestand und zog zurück nach Finnland. Seine früheren Kollegen, Schüler und Freunde in der Schweiz hatten den Wunsch, die persönliche Verbindung aufrechtzuerhalten, und beschlossen, in zweijährigem Abstand sog. Nevanlinna-Kolloquien zu veranstalten, zu denen man Rolf Nevanlinna als Gast einladen würde. Man setzte zu diesem Zweck ein Kuratorium ein, suchte Donatoren und konnte weniger als ein Jahr nach seinem Rücktritt bereits das erste Kolloquium veranstalten. Zu seinem siebzigsten Geburtstag im nächsten Jahr fand das zweite Kolloquium statt, auf dem Nevanlinna selbst den Eröffnungsvortrag hielt. Weitere Kolloquien folgten in regelmäßigen Abständen, und im Oktober 1975 feierte man auf dem achten Kolloquium Nevanlinnas 80. Geburtstag. Diesmal hielt Professor Ahlfors vor einer großen Hörerschaft den Eröffnungsvortrag. Das zehnte Kolloquium im Jahr 1981 wurde zugleich zu einer Gedenkfeier für Rolf Nevanlinna, der im Vorjahr gestorben war.

Weitere Schweizreisende der Nachkriegsjahre

Nach dem Krieg linderten umfangreiche materielle Hilfssendungen aus der Schweiz den allgemeinen Mangel in Finnland. Die Unterstützung beschränkte sich jedoch nicht auf Hilfsgüter, vielmehr wurde im Rahmen dieser Tätigkeit vielen Finnen die Möglichkeit geboten, die Schweiz zu besuchen.

Freilich konnten damals nur wenige "normale" Finnen in die Schweiz reisen, und ohne den Einsatz der Schweizerischen Vereinigung der Freunde Finnlands und besonders Gubert von Salis' wäre ihre Zahl noch kleiner gewesen. Von Salis hatte bereits während des Krieges in der Schweiz Geld und Nahrungsmittel für Finnland gesammelt. Nach Kriegsende wollte er möglichst vielen Finnen in der damaligen schweren Zeit einen Aufenthalt in der Schweiz ermöglichen. Eine seiner Ideen war, junge Finnen für einige Zeit auf Bauernhöfen in der Schweiz arbeiten zu lassen. Er hielt sich im Herbst 1948 in Finnland auf, wo er Banken und Versicherungsgesellschaften aufsuchte und junge Angestellte für einen mehrwöchigen "freiwilligen Landdienst" in der Schweiz anwarb. Von diesem Unternehmen sollten beide Seiten profitieren: die Finnen hatten Gelegenheit, die Schweiz kennenzulernen, und die schweizerische Landwirtschaft brauchte Arbeitskräfte. Als die jungen finnischen Angestellten in der Schweiz eintrafen, wurden sie mit Freiwilligen aus anderen Ländern auf Bauernhöfe im ganzen Land verteilt.

Torsten Almqvist, der spätere Gründer der Schweizerisch-Finnischen Handelsvereinigung, berichtet über seine damaligen Erfahrungen:

Nach unserem Eintreffen in Zürich wurden wir auf verschiedenen Bauernhöfen untergebracht; ich kam mit einem deutschen Studenten auf einen kleinen Hof mit rund 10 ha Ackerland, Schweinen und ein paar Pferden. Nach den ersten drei Tagen fürchtete ich, daß ich den Aufenthalt nicht überleben würde, denn die Arbeit begann schon um fünf Uhr in der Früh. Nach einer Weile wurden wir zum Frühstück gerufen, das aus gekochter Milch und trockenem Brot bestand. Dann ging es zurück aufs Feld, in die glühende Hitze. Hoch am Berg schnitt ich Weinreben und sah zum ersten Mal im Leben ein Flugzeug in der Luft von oben. Abends um neun war der Arbeitstag zu Ende. Damals begriff ich, warum der Schweizerfranken so stark war: er war das Ergebnis harter Arbeit.

Diese landwirtschaftliche Tätigkeit war keine Ausnahme; vielmehr luden auch andere Finnlandfreunde in der Schweiz Finnen ein, unter anderem nach Schaffhausen. In dem vom Krieg gebeutelten Europa

44

war die Schweiz eines der wenigen Länder mit einer stabilen und funktionsfähigen Gesellschaft; für die wenigen Finnen, die das Land besuchen konnten, war dies ein eindrucksvolles Erlebnis. Der Kontrast zu den am Krieg beteiligten Ländern war groß. Die Dichterin Aila Meriluoto schreibt über ihre Reise in die Schweiz im Frühjahr 1947:

Ansonsten bestand Deutschland vom Zugfenster aus gesehen hauptsächlich aus schreienden Kindern mit offenen Mündern und ausgestreckten Händen, denen die Reisenden Päckchen mit Essen und Zigaretten zuwarfen. Die Schweiz tauchte schließlich wie eine goldene Insel in der Trostlosigkeit Europas auf, sie war das Land der blühenden Bäume.[16]

Viele der damaligen Schweizreisenden blieben der Schweiz ihr Leben lang freundschaftlich verbunden und förderten die Beziehungen zwischen beiden Ländern. In dieser Hinsicht war ihre Bedeutung groß, denn der Durchschnittsschweizer wußte von Finnland damals nicht viel mehr, als daß es den Winterkrieg geführt hatte. Der Kreis der Schweizerischen Vereinigung der Freunde Finnlands war damals noch sehr klein, und teils aus politischen Gründen wurden auch keine Anstrengungen unternommen, in größerem Maß neue Mitglieder zu werben. Die Finnen, die sich in der Schweiz aufhielten, wurden jedoch von der Vereinigung maßgeblich unterstützt. Die finnischen Schweizreisenden der vierziger Jahre waren gewissermaßen "Wegbereiter" für die eigentliche Migration, die in den fünfziger Jahren begann. Den späteren Migranten kamen die herzlichen Beziehungen zugute, die unmittelbar nach dem Krieg angeknüpft wurden.

Das Kinderdorf Pestalozzi

In Trogen im Kanton Appenzell besteht seit mehr als fünfzig Jahren das internationale Kinderdorf Pestalozzi. Es wurde unmittelbar nach dem Krieg als Zuflucht für Kinder gegründet, die unter dem Krieg in Europa hatten leiden müssen; später wurden hier notleidende Kinder aus aller Welt aufgenommen. In den vergangenen fünfzig Jahren haben über hundert finnische Kinder hier Unterstützung und Zuflucht gefunden.

Der Schweizer Pädagoge Johann Heinrich Pestalozzi gründete 1769 auf dem Neuhof eine Erziehungsanstalt für arme Kinder, die dort Kenntnisse erwerben sollten, die es ihnen ermöglichten, sich ihren Lebensunterhalt zu verdienen. Grundgedanke seiner zahlreichen pädagogischen Pläne war die Menschenliebe. Er wollte allen Kindern, unabhängig von Herkunft und Rang, eine Ausbildung ermöglichen. Pestalozzis Lehren wurden auch in Finnland bekannt und beeinflußten die Gestaltung des finnischen Schulwesens. Vor dem Zweiten Weltkrieg wurde das schweizerische Schulsystem in Finnland als Vorbild angesehen. Der Schulinspektor J. K. Tyrni übersetzte 1915 Pestalozzis Buch "Wie Gertrud ihre Kinder lehrt" ins Finnische und machte damit die Lehren des Pädagogen einer breiteren Öffentlichkeit bekannt. In den zwanziger Jahren erschienen zudem drei Pestalozzi-Biographien in finnischer Sprache.[17]

Nach dem Zweiten Weltkrieg erhielten Pestalozzis Ideen eine neue Dimension, als der Zürcher Philosoph Walter Robert Corti 1944, von Pestalozzis Gedanken ausgehend, in einem Artikel in der Schweizer Zeitschrift "Du" vorschlug, ein Dorf zu errichten, in dem unter den Folgen des Krieges leidende Kinder aufgenommen werden sollten. Der Aufsatz und die erschütternden Bilder von leidenden Kindern löste in der Öffentlichkeit ein starkes Echo aus und führte zur Gründung eines Vereins, der das von Corti vorgeschlagene "Tal der Kinder" verwirklichen sollte. Als das Dorf Trogen ein Grundstück stiftete – zwar nicht im Tal, sondern auf einem Hügel -, war der Anfang gemacht. Die Organisation "Pro Juventute", die die Verantwortung für das Projekt übernahm, bat jede Gemeinde in der Schweiz, einen Baum zu fällen und den Ertrag dem Kinderdorf zur Verfügung zu stellen. Der Ertrag aus dieser Aktion wurde für die Baukosten verwendet. Gleichzeitig brachten einige engagierte Finnlandfreunde, vor allem Edi Külling und August Götz, die Möglichkeit ins Gespräch, in dem neuen Dorf ein eigenes Finnland-Haus zu bauen.

Die Schaffhauser Industrie, das Gewerbe und die Schulen unterstützten das Vorhaben. Eine komplette Hausausstattung wurde in emsiger Freizeitarbeit und durch Lehrlinge in den Industrie- und Gewerbebetrieben fertiggestellt. Das Material bezahlte die Kasse aus dem Baumerlös. Die Aktion und der Eifer der verschiedensten Helfer bewogen die Verbände der Schweizerischen PTT und des Zollpersonals, die Hypotheken für das Haus aus ihrem Verbandsvermögen zu übernehmen. Das Finnland-Haus, das den Namen "Jukola" erhielt, wurde das bestausgerüstete Haus des ganzen Dorfes.[18] Wie alle Häuser des Kinderdorfs wurde auch Jukola von einer großen Schar junger Freiwilliger aus der Schweiz und anderen Ländern erbaut.

Der Grundstein des Kinderdorfs wurde 1946 gelegt.[19] Die ersten Kriegswaisen kamen aus Frankreich und Polen, die ersten finnischen Kinder trafen im Frühjahr 1948 ein.[20] Der erste Hausvater

Angeführt von Pentti Taavitsainen, betreten die ersten finnischen Kinder das Jukola-Haus. – *Foto: Pestalozzi-kylän Ystävät ry.*

47

von Jukola war der bekannte Skispringer und Sportlehrer Pentti Taavitsainen, der mit seiner Familie und zwölf Kriegswaisen in das Haus
einzog. Im Jahresbericht des Pestalozzi-Dorfs aus dem Jahr 1948
heißt es:

Obwohl man im hohen Norden nicht nach Tagen, sondern nach
Wochen und Monaten rechnet, bildete sich überraschend
schnell eine Gruppe von zwölf finnischen Kindern, die mit
ihren jungen Hauseltern und ihrem Lehrer am 23. Mai nach
langer Reise in Basel eintrafen.

Eines dieser Kinder, die spätere langjährige Sekretärin des Vereins
"Pestalozzikylän Ystävät ry" [Freunde des Pestalozzi-Dorfs] Riitta
Wegelius, berichtet aus der Erinnerung:

Wir fuhren mit dem Zug durch Deutschland, und bei uns Kin-
dern hinterließ es einen bleibenden Eindruck, wie die spin-
deldürren Deutschen auf den Bahnhöfen immer zu unserem
internationalen Zug rannten. In der Schweiz gab man uns
Apfelsinen, viele von uns hatten so etwas noch nie gesehen.
Einer, er hieß Pekka, biß gleich in die Schale, wahrschein-
lich hat er nach der Erfahrung bis heute keine Apfelsine mehr
angerührt. Wir fuhren nach St. Gallen und stiegen den Berg
hinauf ins Dorf, wo wir schon erwartet wurden. Wir erreg-
ten ziemliches Aufsehen, weil wir aus Finnland kamen. Die
dachten, wir wären Lappen, und dann stellte sich heraus, daß
wir ganz normale Europäer waren. Na, und dann haben wir
uns dort eingelebt, und ich muß sagen, es ist schon seltsam,
daß man immer fragt, ob wir kein Heimweh hatten, und wir
alle finden, daß wir keins hatten. Wir waren eine so große
und homogene Gruppe, daß wir kein Heimweh hatten. Wir
verbrachten viel Zeit mit den anderen Kindern im Dorf, es
war ganz toll. Dann lernten wir deutsch, drei von uns ka-
men auf die Sekundärschule. Das Leben im Dorf war so an-
regend, man hatte schon damals, achtundvierzig, bedacht, daß
wir inspirierende Musik brauchten, Theater, alles mögliche

*handwerkliche Arbeiten mit Leder, Holz und Papier, Haus-
wirtschaft. Die Kinder wurden ans Leben herangeführt. Da
waren so viele tragische Fälle, Kinder, die aus Luftschutz-
kellern und anderswo ausgegraben worden waren. Manche
wußten nur ihren Vornamen, nicht den Nachnamen, nicht den
Geburtstag. Wir finnischen Kinder waren alle in einer glück-
licheren Lage, denn wir hatten ein Zuhause und eine Familie. (...)*

*Es war eine glückliche Zeit, für uns ist Jukola immer noch
unser Zuhause, und wir haben es als Sakrileg empfunden,
daß es Jukola nicht mehr gibt (...) Wir alle aus der Gruppe
sind wie Brüder und Schwestern. (...)*

*Wir haben sehr gute Verbindungen zur Schweiz, wir freun-
deten uns mit Schweizer Kindern an, und wir alle hatten Ferien-
familien, bei denen wir in den Ferien wohnten. Zu ihnen fanden wir guten Kontakt, und die Kinder dieser Familien sind
bis heute wie Geschwister für uns.*

Taavitsainen freundete sich mit den Gründern von Jukola an und lud
1953 zwei der Familien, die beim Bau des Hauses geholfen hatten,
nach Finnland ein. Diese beiden Familien, Metzger und Külling, riefen nach ihrer Rückkehr in die Schweiz in Schaffhausen die Spiel-
zeugaktion "Kinder helfen Kindern" ins Leben. In der Freizeitwerkstätte
in Schaffhausen wurde nun abends und samstags Holzspielzeug her-
gestellt, und im Oktober 1955 erhielt der Verein "Rajaseudun ystäväin
Liitto r.y." [Bund der Freunde der Grenzregion] über 1000 Spiel-
zeuge zur Verteilung an finnische Kinder. Die große Dankbarkeit
der Finnen veranlaßte die Schweizer, im folgenden Jahr eine weitere Sendung zu schicken. Der Kreis der Finnlandfreunde in Schaffhausen wuchs stetig, und es entstanden immer neue Kontakte zwischen Finnen und Schweizern. So schickte zum Beispiel Fritz War-
tenweiler, der als Lehrer an den Sommerkursen finnischer Volkshoch-
schulen mitwirkte, Stipendiaten in die Schweiz, wo Edi Külling sie
in Empfang nahm.[21]

49

In den fünfziger Jahren kam es zu Veränderungen im Pestalozzi-Dorf, man gründete eine Stiftung, die die Trägerschaft übernahm, und nahm auch Schweizer Kinder aus schwierigen sozialen Verhältnissen auf. Allmählich kehrten die europäischen Kinder in ihre Heimatländer zurück, und ab 1960 wurden Flüchtlingskinder aus der Dritten Welt aufgenommen.

Finnische Kinder haben bis in unsere Tage im Pestalozzi-Dorf gelebt. Anfangs wurden Waisen aufgenommen, seit den fünfziger Jahren auch "Sozialwaisen", Kinder aus zerbrochenen und problembeladenen Familien und aus Kinderheimen. Als Hauseltern waren insgesamt neun Ehepaare tätig, als letzte Tarmo und Sirkka-Liisa Metelinen. Tarmo Metelinen war selbst im Dorf aufgewachsen, er war 1955 dort aufgenommen worden und 1963 nach Finnland zurückgekehrt. Als Hausvater war er sehr beliebt, weil er das Haus von früher kannte. Im Interview einer Zeitschrift vom Juni 1985 berichtete er:

Meine Vorgeschichte ist eine große Hilfe für mich. Wir wußten, was uns erwartet. Manche Hauseltern sind voller Idealismus hergekommen und mußten dann feststellen, daß in der Praxis manches anders aussieht.[22]

Im Lauf der Jahre stießen die Hauseltern auch auf Probleme, es war nicht immer leicht, eine große Kinderschar zu erziehen. Von Zeit zu Zeit verstießen immer wieder einmal ältere Jungen wie typische finnische Schulbuben gegen die Hausordnung: sie rauchten, tranken Schnaps oder rissen aus, um im nahen St. Gallen ins Kino zu gehen. Auch zwischen den Hauseltern und der Leitung der Dorfstiftung kam es gelegentlich zu Konflikten; manchmal mußte man sogar das finnische Sozialministerium um Vermittlung bitten.[23]

Man legte Wert darauf, die finnische Lebensweise zu pflegen. Schon zu Beginn der fünfziger Jahre wurde neben Jukola eine als Geschenk aus Finnland erhaltene Sauna errichtet, die so eifrig benutzt wurde, daß der Ofen in regelmäßigen Abständen erneuert werden mußte. Es war wie ein Hohn des Schicksals, daß die Sauna an Weihnachten 1955 wie ihr Vorbild in Aleksis Kivis Roman in

Finnische Kinder bei der Schneeballschlacht vor dem Jukola-Haus. Im
Bild rechts die Sauna. – *Foto: Pestalozzi-kylän Ystävät ry.*

Brand geriet; das Feuer konnte jedoch rechtzeitig gelöscht werden.
Im Lauf der Jahre erhielt Jukola viele Spenden aus Finnland. Zum
30. Jubiläum stifteten zahlreiche finnische Firmen dem Haus finnische Möbel.

Das Leben in Jukola war zugleich Erziehung zur Internationalität, die Kinder kamen im Alltag mit anderen Nationalitäten und Re-
ligionen in Berührung. Anfangs war das nicht leicht; die deutschen
und die polnischen Jungen hatten vor ihrer Ankunft im Dorf schon
im Krieg gekämpft, und als sie nun im Dorf aufeinandertrafen, haßten
sie sich von ganzem Herzen. Die Polen versuchten sogar einmal,
das Haus der Deutschen anzuzünden. Mit der Zeit half die Atmosphäre im Dorf ihnen jedoch, ihren Haß zu überwinden.[24] Der letzte Hausvater von Jukola schrieb aus Anlaß des 40jährigen Jubilä-
ums:

*Nach der ersten Kindergruppe haben mehrere Generationen
finnischer Kinder hier eine Heimat gefunden und sind in einer Großfamilie aufgewachsen, in ständigem Kontakt mit der*

51

internationalen Umgebung im Kinderdorf, wo man es wie von selbst lernt, anderen unabhängig von ihrer Herkunft, Kultur, Hautfarbe oder Religion mit Rücksicht und Respekt zu begegnen. Während der gesamten Geschichte des Kinderdorfs war es eines der Erziehungsprinzipien, bei der an sich vom kulturellen Hintergrund der Kinder ausgehenden Erziehung auch die Kultur der Schweiz einzubeziehen. Insofern kann man von einer bikulturellen, teils vielleicht auch von einer multikulturellen Erziehung sprechen.[25]

Bei aller Internationalität geriet die finnische Kultur keineswegs in Vergessenheit, wie u. a. der Brief des Hausvaters Reijo Ollinen an den Kinderschutzbeauftragten des finnischen Sozialministeriums von Januar 1966 veranschaulicht:

Das Weihnachtsfest in Jukola verlief vergnüglich und nach finnischer Tradition. Zuerst gingen wir in die Weihnachtssauna (der neue Ofen war noch nicht eingetroffen, erst heute kam jemand, um ihn aufzustellen). Der Hausvater las das Weihnachtsevangelium vor, danach setzten sich alle an den festlich gedeckten Tisch. Es gab vielerlei Leckereien: Kartoffel-, Möhren- und Rübenauflauf, Reisbrei, weihnachtlichen Rote-Beete-Salat, und als Krönung einen saftigen, rotbraunen und schön verzierten Schinken. Nach der schmackhaften Mahlzeit kam der schon sehnsüchtig erwartete Weihnachtsmann. Es wurde gemeinsam gesungen und gespielt, und es war gemütlich.[26]

Offiziell wurden neue finnische Kinder vom Ministerium für Soziales und Gesundheit in Zusammenarbeit mit den Sozialämtern der Kommunen und den Kinderheimen ausgewählt und entsandt, doch das wichtigste Bindeglied zwischen Finnland und der Schweiz war in dieser Hinsicht der Verein der Freunde des Pestalozzi-Dorfs, der Anfang der achtziger Jahre gegründet wurde, um Jukola und die von dort nach Finnland zurückkehrenden Jugendlichen zu unterstützen. Der Verein erhielt vom Finnischen Spielautomatenverband Mittel zur

Weiterleitung an das Dorf; zusätzlich unterstützten die Heimat-
gemeinden der Kinder durch Vermittlung des Vereins die Erziehung
der finnischen Kinder in der Schweiz. Anfangs wurden nur die Schul-
bücher und ein Teil der Urlaubsreisen bezahlt. Die auf private Spenden angewiesene Pestalozzistiftung finanzierte alles andere. In den
achtziger Jahren gingen die Kommunen dann dazu über, dem Dorf
den Betrag zu überweisen, den sie für die Unterbringung der Kinder in Finnland hätten aufwenden müssen. Ein wichtiger Grund für
die Verschickung der Kinder in die Schweiz war, daß sie aus sozialen Gründen in jedem Fall in einer anderen Ortschaft untergebracht
werden mußten.

Die finnischen Kinder kamen aus minderbemittelten Familien. Sie
mußten zwischen 7 und 11 Jahren alt sein, mindestens durchschnittliche
schulische Erfolge aufweisen und durften keine wesentlichen psy-
chischen Störungen oder Behinderungen haben. Die Kinder absolvierten zuerst die Primarstufe der finnischen integrierten Gesamt-
schule, d. h. die Klassen 1–6; der Unterricht wurde von den Hauseltern erteilt. Danach folgte die Sekundärstufe mit deutschsprachi-
gem Unterricht nach dem schweizerischen Lehrplan. Diese Schule
wurde von allen Kindern des Dorfes gemeinsam besucht, und die
Lehrer waren Schweizer. Nach dem Schulabschluß kehrten die Kinder
zur weiteren Ausbildung in ihr Heimatland zurück.[27] In Jukola sind
rund hundert finnische Kinder aufgewachsen, die ältesten sind heute
schon über sechzig. Fast alle Kinder sind nach dem 9. Schuljahr nach
Finnland zurückgekehrt und haben unterschiedliche Berufe erlernt.
Im Prinzip hätten die Finnen auch in der Schweiz bleiben können;
sie hätten jedoch nicht automatisch die Aufenthaltsgenehmigung erhalten. Ein in der Schweiz erworbener Studienabschluß wäre unter
Umständen in Finnland nicht anerkannt worden, und es hätte sich
als schwierig erweisen können, als Ausländer in der Schweiz Arbeit zu finden. Die meisten fügten sich nach ihrer Rückkehr sehr
gut in die finnische Gesellschaft ein, vor allem die ältere Generation war überdurchschnittlich erfolgreich, und sie gehören heute zu
denjenigen, die die Kontakte zwischen der Schweiz und Finnland fördern. Die ehemaligen Kinderdörfler haben sich ihre Bindungen an
das Dorf und ihr Interesse für sein Schicksal bewahrt; die meisten

von ihnen sind heute Mitglieder des finnischen Vereins der Freunde des Pestalozzi-Dorfs.

Schon in den fünfziger Jahren wurde in Finnland erstmals überlegt, ob man weiterhin Kinder in die Schweiz schicken solle, und in den achtziger Jahren wurde dies immer ernsthafter in Frage gestellt. Verschiedene politische Kräfte empfanden es als peinlich, daß Finnland als einziges westeuropäisches Land weiterhin Kinder ins Pestalozzi-Dorf schickte, da Finnland doch selbst in der Lage war, den Notleidenden im eigenen Land zu helfen. Trotz der Proteste des Vereins der Freunde des Pestalozzi-Dorfs wurde die Unterbringung finnischer Kinder im Dorf Ende der achtziger Jahre eingestellt. 1992 verließen die letzten finnischen Hauseltern Jukola, das seither von Kindern aus anderen Ländern bewohnt wird.

Die Schweizerfinnen im Licht und im Schatten der Statistik

In der Geschichte der finnischen Auswanderung lassen sich zwei große Wellen unterscheiden. Die eine begann in den sechziger Jahren des 19. Jahrhunderts und setzte sich bis in die dreißiger Jahre des 20. Jahrhunderts fort; damals emigrierten die Finnen hauptsächlich nach Nordamerika. Die zweite Welle setzte in den fünfziger Jahren ein und dauerte bis in die siebziger Jahre an; sie richtete sich vor allem nach Schweden. In europäische Länder außerhalb Skandinaviens gab es keine eigentliche Massenauswanderung, die Migration in diese Länder kann vielmehr als selektiv bezeichnet werden. Das beliebteste Zielland war Deutschland, an zweiter Stelle stand Großbritannien und an dritter die Schweiz.

Obwohl die in europäische Länder gezogenen Migranten bisher recht wenig erforscht wurden und auch die statistischen Angaben lückenhaft sind, erlaubt das verfügbare Material einige allgemeine Schlußfolgerungen. Diese Migranten unterscheiden sich in einigen zentralen Punkten von denjenigen, die in die sog. großen Migrationsländer, etwa Schweden und Nordamerika, zogen: Zum überwiegenden Teil handelte es sich um junge Menschen mit guter Ausbildung, und die Frauen waren deutlich in der Mehrheit. (Eine Ausnahme bilden die Rentner, die regelmäßig den Winter in den Mittelmeerländern, gewöhnlich in Spanien, verbringen.) Sie haben zudem häufig Ausländer geheiratet; meist fanden sie ihren Ehepartner im neuen Heimatland. Zusammen mit den dank der guten Ausbildung vorhandenen Sprachkenntnissen hat dies die Anpassung an das neue Land erleichtert. Dies ist natürlich ein recht stereotypes Bild, und die traditionelle Vorstellung, bei den Migranten handle es sich um junge Krankenschwestern oder Studentinnen, die nach der Hochzeit Hausfrauen wurden, ist irreführend; unter den Auswanderern sind Vertreter und Vertreterinnen der verschiedensten Berufe – Geschäftsleute, Künstler und Handwerker ebenso wie Hausfrauen und Krankenschwestern.

Warum sind im Lauf der Geschichte Menschen aus Finnland ausgewandert? Gründe für die Migrationsbewegung kann man sowohl bei gesellschaftlichen Hintergrundfaktoren als auch bei den individuellen Motiven der Migranten suchen. Wenn man die Emigration in der Nachkriegszeit betrachtet, kristallisiert sich als gesellschaftlicher Hintergrundfaktor der große Strukturwandel heraus. Die Land- und Forstwirtschaft verlor in Finnland in den fünfziger und sechziger Jahren ihren Rang als Haupterwerbszweig, den nun Industrie, Handel und Dienstleistung einnahmen. Infolgedessen zogen die Menschen vom Land in die Städte und aus dem Norden in den Süden Finnlands. Als die geburtenstarken Jahrgänge in den sechziger Jahren ins Erwachsenenalter kamen, standen trotz des starken Wirtschaftswachstums nicht genügend Arbeits- und Studienplätze zur Verfügung. Gleichzeitig herrschte in Schweden Arbeitskräftemangel, und der höhere Lebensstandard lockte hunderttausende Finnen in den Nachbarstaat. Nach dem Krieg nahm die Migration bis in die erste Hälfte der fünfziger Jahre gleichmäßig zu und wechselte danach immer deutlicher im Rhythmus der schwedischen Konjunktur, um schließlich in die Massenemigration der sechziger und siebziger Jahre zu münden. Damals fand man auch bei mangelnder Ausbildung, Berufserfahrung oder Sprachkenntnis Arbeit; als jedoch später in den siebziger Jahren die Anforderungen in Schweden stiegen, wurde es für ungeschulte Arbeitskräfte immer schwieriger, dort eine Stelle zu finden. In den großen Migrationsjahren war die Auswanderung eindeutig mit der Verschlechterung der Erwerbsmöglichkeiten in Finnland verknüpft. Die positive wirtschaftliche und bevölkerungsmäßige

Entwicklung in den achtziger Jahren führte zu einem starken Rückgang der Migration. Es gab keine bedeutenden gesellschaftlichen Gründe für die Abwanderung mehr, ein Teil der Migranten kehrte sogar nach Finnland zurück. Der Zeit des wirtschaftlichen Aufschwungs in der zweiten Hälfte der achtziger Jahre folgte die Rezession Anfang der neunziger Jahre, die eine Massenarbeitslosigkeit auslöste. Der Auswanderungsdruck in Finnland wuchs, doch die Möglichkeiten, in andere europäische Länder zu emigrieren, verringerten sich. Um im Ausland Arbeit zu finden, mußte der Migrant eine Ausbildung und Fachkenntnisse besitzen, nach denen Nachfrage bestand. So stieg denn auch in den neunziger Jahren die relative und absolute Zahl der Auswanderer mit mittleren und höheren Abschlüssen. Der EU-Beitritt führte zu einem weiteren Anstieg der Abwanderung gut ausgebildeter Arbeitskräfte.

Unabhängig von der Konjunktur gibt es jedoch immer Emigranten. Diese Migrationsbereitschaft ist weniger durch gesellschaftliche Hintergrundfaktoren zu erklären als durch die individuellen Bedürfnisse und Ziele der Menschen. Hinter der Entscheidung zur Migration können auch gesellschaftliche Verhältnisse stehen, entscheidend sind jedoch die von der gesellschaftlichen Entwicklung weniger abhängigen persönlichen Motive.

Sofern die Migration aus Finnland in andere als die großen Migrationsländer, wie z. B. Schweden, führte, darf man annehmen, daß diese persönlichen Gründe überwogen. Die geographische Entfernung, die Kulturunterschiede und die fremde Sprache bilden eine hohe Schwelle, und die persönlichen Motive spielen eine große Rolle. Neben der Hoffnung auf einen höheren Lebensstandard hatten andere Gründe starken Einfluß auf den Migrationsbeschluß. Über diese Gründe können nur die Migranten selbst Aufschluß geben, in den offiziellen Statistiken tauchen sie nicht auf.

Die Migration in die Schweiz gehört zu dieser Kategorie, auch wenn ihr Umfang durch gesellschaftliche Faktoren in der Schweiz und in Finnland beeinflußt wurde. Vor allem die strukturellen Faktoren im Gesundheitswesen hatten in den sechziger und siebziger Jahren eine wichtige Rolle gespielt. Damals schlossen zahlreiche Fachkräfte des Gesundheitswesens ihre Ausbildung ab, fanden jedoch in Finnland nicht ohne weiteres eine Anstellung. In der Schweiz wie auch in Deutschland herrschte dagegen in diesem Bereich Personalmangel, und finnische Pflegekräfte wurden gern eingestellt. Die persönlichen Motive verknüpften sich mit den strukturellen Gründen; viele hatten sich von Anfang an für den Pflegeberuf entschieden, weil er ihnen den Weg ins Ausland eröffnete; die finnische Krankenschwesterausbildung war eine international anerkannte Qualifikation. Für den Entschluß zur Migration brauchte es nur noch ein wenig Abenteuerlust, zumal die Gehälter in der Schweiz erheblich über dem finnischen Niveau lagen.

In den neunziger Jahren veränderte sich die Situation; die Schweiz verschärfte ihre Einwanderungspolitik, und heute ziehen vorwiegend Spitzenkräfte verschiedener Branchen in das Land. Finnische Pflegekräfte wurden dagegen in der zweiten Hälfte der neunziger Jahre zunehmend nach Norwegen, England und Schweden abgeworben.

Die Schweizerfinnen in den Statistiken 1944–1967

Über die in die Schweiz gezogenen und zur Zeit dort lebenden Finnen liegen keine genauen statistischen Angaben vor. Nicht einmal ihre Gesamtzahl ist bekannt, und statistisch zuverlässige Detailbeschreibungen sucht man erst recht vergebens. Dies gilt nicht nur für die Schweizerfinnen, sondern für alle finnischen Migranten. In den meisten Zielländern der finnischen Migranten sind die Statistiken lückenhaft oder nicht zugänglich. Die Schweiz gehört glücklicherweise zu den wenigen Ländern, in denen Ausländer heutzutage statistisch sehr genau erfaßt werden, doch die Statistiken betreffen nur diejenigen, die eine andere als die Schweizer Staatsangehörigkeit haben; naturalisierte Schweizer werden nicht nach ihrer Herkunft registriert. Die finnischen Migrationsstatistiken sind kritisch zu betrachten, da sie nur die Zahl der Emigranten und der Rückwanderer erfassen. Die im Ausland lebende finnischstämmige Bevölkerung läßt sich jedoch zahlenmäßig nicht der Differenz von Aus- und Rückwanderung gleichsetzen, da die Migrationen über einen langen Zeitraum stattgefunden haben und ein Teil der Auslandsfinnen im Untersuchungszeitraum in ein Drittland gezogen oder gestorben ist.

Häufig fehlen bei diesen Zahlenangaben auch die Auslandsfinnen der zweiten Generation.

Leider sind die finnischen Migrationsstatistiken für einige Zeitabschnitte zudem sehr lückenhaft und sogar irreführend. Als nach dem Zweiten Weltkrieg Ferienreisen und andere vorübergehende Auslandsaufenthalte häufiger wurden, war es sehr schwierig, die Migranten von diesen anderen Reisenden zu unterscheiden; bis 1983 mußte der Umzug in ein Land außerhalb Skandinaviens nicht einmal gemeldet werden. Die offiziellen Statistiken über die im Ausland lebenden Finnen weisen zu niedrige Zahlen aus, vor allem, wenn man die Auslandsfinnen der zweiten Generation berücksichtigt. Für Schätzungen über die Anzahl der finnischen Migranten in aller Welt mußten andere Statistiken, etwa Bevölkerungs-, Geburten- und Sterblichkeitsstatistiken, herangezogen werden. Die vorliegende Untersuchung konnte auf diese Quellen weitgehend verzichten, da die Migration in die Schweiz im wesentlichen erst in den sechziger Jahren begann und die Umfrage eine zuverlässigere Schätzung ermöglicht.

In Finnland wurden in der gesamten Nachkriegszeit Statistiken über die Migration in europäische Länder außerhalb Skandinaviens geführt, allerdings nicht länderweise aufgegliedert. Erst ab 1968 liegen Statistiken speziell über die Abwanderung in die Schweiz vor. Die Angaben für die Jahre 1944–1967 wurden für die vorliegende Untersuchung manuell aus dem Register der Paßanträge im Statistischen Zentralamt herausgezogen.

Bei der Ausstellung des Passes wurde im allgemeinen das Zielland auf der Karteikarte eingetragen, auf manchen Karten findet sich jedoch nur der Vermerk "ins Ausland". Der Kartei lassen sich nur Annäherungswerte entnehmen, da diejenigen, die einen Paß beantragten, um in die Schweiz zu reisen, nicht unbedingt sofort danach abreisten. Manche gaben ihre Migrationspläne möglicherweise ganz auf. Es ist zudem nicht bekannt, wie viele über ein drittes Land in die Schweiz gelangten. Vom Ende der vierziger bis in die frühen fünfziger Jahre finden sich insgesamt nur knapp 70 Personen, die einen Paß für die Ausreise in die Schweiz beantragten, darunter Kleinkinder, die mit ihren Eltern auswanderten. Für die Jahre 1944–47 findet sich keine einzige Paßbewilligung für die Schweiz, obwohl im fraglichen Zeitraum nachweislich Finnen in die Schweiz reisten. Freilich handelt es sich vorwiegend um besondere Personengruppen: Wissenschaftler und Studenten, Gäste der SVFF und andere. Die wenigen, die damals in die Schweiz reisten, ließen sich mit einigen Ausnahmen nicht dort nieder. Die geringe Zahl der Schweizreisenden ist u. a. darauf zurückzuführen, daß Reisen ins entferntere Ausland in der Notzeit nach dem Krieg nur wenigen möglich waren.

Der erste im Register belegte Paß für die Schweiz wurde 1948 ausgestellt. Im gleichen Jahr reisten jedoch auch andere Finnen dorthin; so fuhren beispielsweise damals die ersten Kinder und Lehrkräfte ins Kinderdorf Pestalozzi, und junge Beamte machten ein kurzes Praktikum in der Landwirtschaft. Eine Gruppe, die bereits früher Bekanntschaft mit der Schweiz geschlossen hatte, waren die Uhrmacher und Goldschmiede. Als einer der ersten machte sich bereits 1935 Erik Elfström auf den Weg, um in der Uhrenfabrik Eterna zu arbeiten; nach seiner Rückkehr eröffnete er in Helsinki ein Uhrengeschäft. Bald nach dem Krieg fuhren viele finnische Uhrmacher und Goldschmiede in die Schweiz.

Man reiste damals in der Regel mit dem Zug, doch so kurz nach Kriegsende war das Reisen mühsam. Ein finnischer Uhrmacher, der seit 1948 in der Schweiz lebt, berichtet:

... 1948 reiste ich dann mit dem Zug durch das zerbombte Deutschland in die Schweiz, es dauerte furchtbar lange, denn wir fuhren im Zickzack, weil viele Bahnhöfe noch in Trümmern lagen. Wir kamen nach Basel, und ich wohnte einige Zeit im Hotel. Wir hatten bei der Abreise von der Dänischen Zentralbank nur 50 Franken pro Nase bekommen, und davon ging die Hälfte für das Hotel drauf. Wir fuhren dann mit dem Zug von Basel weiter zur Uhrenfabrik, wo man uns einen Vorschuß gab.

Das vordringlichste Problem bei Reisen in die Schweiz waren die Devisen, die die Finnische Zentralbank sehr spärlich bewilligte. Die zugestandene Summe reichte meist nicht weit; zudem forderte die

Bank die Bürgschaft einer Privatperson oder Behörde in der Schweiz, die bestätigte, daß der Unterhalt dort gesichert war.[1] Schwierig gestaltete sich auch die Reise des 1944 als Professor an die Universität Zürich berufenen Mathematikers Lars Ahlfors, die zu einer viermonatigen Odyssee wurde; er blieb zunächst in Uppsala stecken, flog von dort nach England, wartete lange auf eine Gelegenheit, den Kanal zu überqueren und gelangte schließlich nach Paris, wo ihm das Geld ausging. In Zürich traf er erst Ende März ein, obwohl man ihn schon im Oktober erwartet hatte.[2] Selbst der international berühmte Professor Rolf Nevanlinna hatte Probleme, Schweizerfranken zu bekommen:

Ohne Devisen konnte ich nicht reisen, und so beantragte ich eine kleine Summe bei der Finnischen Zentralbank. Zu diesem Zweck mußte ich beim Zentralbankpräsidenten Urho Kekkonen vorsprechen. Ich kann nicht behaupten, daß er mich besonders freundlich empfangen hätte, aber immerhin wurde die Sache geregelt.[3]

1949 finden sich Angaben über vier Personen im Paßregister, und diese Angaben sind bereits Vorboten der späteren Migration; alle vier waren junge, gut ausgebildete unverheiratete Frauen, eine Krankenschwester, zwei Studentinnen und eine Büroangestellte, alle aus Helsinki. 1950 wurde die Migration dem Paßregister nach lebhafter; 16 Migranten sind nachweisbar, darunter 12 Frauen. Fünf hatten eine Ausbildung in Krankenpflege. In den nächsten vier Jahren beantragten insgesamt 77 Personen – 52 Frauen und 25 Männer – einen Paß für die Schweiz, darunter u. a. Uhrmacher und ihre Familien, Krankenschwestern, Kinderpflegerinnen usw. Kennzeichnend für diese Gruppe war ihre gute Ausbildung. In der zweiten Hälfte der fünfziger Jahre wurden 145 Ausreisende registriert, zwei Drittel von ihnen waren Frauen. Gut zwanzig Migrantinnen waren in der Krankenpflege tätig, während viele der Männer eine technische Ausbildung, meist zum Ingenieur, absolviert hatten.

Von 1960 bis 1967 beantragten 130 Personen einen Paß, davon 76 Frauen und 54 Männer; die beiden Geschlechter waren also nun etwas gleichmäßiger vertreten. Das Berufsspektrum dieser Migranten war sehr vielfältig; eine große Gruppe (45) bildeten die Studenten, insbesondere die Medizinstudenten. Auch der Dienstleistungssektor war gut vertreten.

Für die Jahre 1944–1967 ließen sich insgesamt 373 zur Ausreise in die Schweiz bewilligte Pässe nachweisen. Die Migranten kamen aus ganz Finnland, in ihrer Mehrheit (knapp 250) jedoch aus Südfinnland. 155 kamen aus Helsinki. Zu Beginn des Zeitraums lebte die überwiegende Mehrheit der Antragsteller in Helsinki, während in den sechziger Jahren immer mehr Migranten aus anderen Landesteilen als Südfinnland kamen. Woher sie ursprünglich stammten, läßt sich nicht feststellen, da der Geburtsort nicht unbedingt mit dem letzten Wohnort in Finnland identisch ist. Es steht jedoch außer Frage, daß die Gesamtzahl der Migranten höher war als aufgrund der ausgestellten Pässe zu vermuten wäre.

Generell kann man feststellen, daß die Migranten in den vierziger Jahren Sonderfälle waren; bei denjenigen, die damals in die Schweiz reisten, handelte es sich häufig um Personen, die von Schweizern eingeladen oder im Rahmen der schweizerischen Hilfsaktionen unterstützt wurden, sich vorübergehend in der Schweiz aufhielten oder ein kurzes Praktikum absolvierten. In den fünfziger Jahren zogen die stabilen Verhältnisse und der hohe Lebensstandard in der Schweiz wohlhabende Finnen an, und als sich in den sechziger Jahren immer mehr Menschen die Möglichkeit zur Migration eröffnete, machten sich vor allem die Fachkräfte im Gesundheitswesen auf den Weg. Zu Beginn des hier behandelten Zeitraums reisten die Finnen generell kaum ins außerskandinavische Europa. Das beliebteste Auswanderungsziel neben Schweden war Nordamerika. In andere europäische Länder als nach Schweden zogen in den Jahren 1941–1950 insgesamt nur 811 Personen; erst im folgenden Jahrzehnt belebte sich die Migration.[4]

Die Migration der geburtenstarken Jahrgänge

Als die nach dem Krieg zur Welt gekommenen geburtenstarken Jahrgänge in den sechziger Jahren das Erwachsenenalter erreichten, nahm die Auswanderung stark zu. Die Schweiz wurde nicht zum Ziel der Massenauswanderung; die dorthin führende Migration war sehr selektiv und betraf vor allem die gut ausgebildete Bevölkerung. Relativ betrachtet war der Zuwachs jedoch bemerkenswert.

Für die Zeit ab 1968 liegen beim Statistischen Zentralamt fertige Statistiken vor, die sich jedoch qualitativ unterscheiden. Die Zahlen für 1968–1970 betreffen die "nicht im Land wohnhaften finnischen Staatsbürger" und sind nicht exakt, da offenbar nicht alle Ausgereisten sofort als "nicht im Land wohnhaft" registriert wurden. Die Angaben für die Jahre 1972–79 schildern die Auswanderung und sind genauer, enthalten aber alle aus Finnland in die Schweiz Ausgewanderten, also auch Nichtfinnen, sofern solche unter ihnen waren. Bei der überwiegenden Mehrheit handelte es sich jedoch um finnische Staatsbürger, im Höchstfall waren unter den Auswanderern etwa zwanzig Ausländer. Ab 1980 werden die finnischen Auswanderer in die Schweiz in den veröffentlichten Statistiken separat angeführt. Auch diese Zahlen sind jedoch nur approximativ. Erst ab 1987 stehen differenziertere Migrationsstatistiken zur Verfügung. Sie wurden beim Statistischen Zentralamt auf Anforderung in separaten Computerläufen erstellt.

Die über Skandinavien hinausführende Auswanderung wurde erst am 1.7.1983 meldepflichtig. Vor diesem Zeitpunkt liegen keine genauen Angaben darüber vor, da keine gesetzliche Meldepflicht bestand. Auch danach wurden nur diejenigen statistisch erfaßt, die erklärten, Finnland für mindestens ein Jahr verlassen zu wollen. Vor 1983 erhielt man in drei Fällen Angaben: wenn ein Auswanderer sich aus eigener Initiative abmeldete; wenn ein im Ausland wohnhafter finnischer Staatsbürger der Meldebehörde beispielsweise seine Heirat oder die Geburt eines Kindes anzeigte und aus den eingereichten Dokumenten hervorging, daß der Betreffende im Ausland gemeldet war; oder wenn bei der Eintragung in die Einwohnerliste festgestellt wurde, daß ein finnischer Staatsbürger seinen festen Wohnsitz im Ausland hatte.[5] Aus Finnland fortgezogene finnische Staatsangehörige wurden nicht aus dem Standesregister gestrichen, sondern als "abwesend" registriert. In den Statistiken fehlen außerdem auch diejenigen, die über ein Drittland in die Schweiz gezogen waren. Es liegt auf der Hand, daß man aus den in Finnland gesammelten Statistiken keine sicheren Schlüsse ziehen kann, da sie auf allzu lückenhaften Angaben beruhen.

Das folgende Diagramm wurde aufgrund der aus dem Paßregister entnommenen und vom Statistischen Zentralamt erhaltenen Angaben zusammengestellt. Es zeigt die Migranten in die Schweiz, nach dem Geschlecht aufgeteilt, in der gesamten Nachkriegszeit sowie zum Vergleich die Migration in alle Länder im selben Zeitraum.

Das Diagramm zeigt einige Migrationsspitzen um die Mitte der fünfziger Jahre, Ende der sechziger, in der zweiten Hälfte der siebziger,[6] Mitte der achtziger und Mitte der neunziger Jahre, als sich ein neuer Anstieg der Migration abzeichnete. Auffällig ist der hohe Anteil der Frauen. Der Anteil der Männer ist in den neunziger Jahren deutlich gestiegen. Bis zu einem gewissen Grad entspricht das

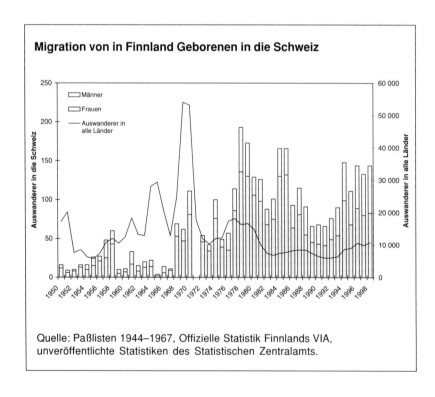

Migration von in Finnland Geborenen in die Schweiz

Quelle: Paßlisten 1944–1967, Offizielle Statistik Finnlands VIA, unveröffentlichte Statistiken des Statistischen Zentralamts.

64

Migrationsprofil dem der Gesamtmigration, doch die Spitzen vor dem Ende der sechziger Jahre stimmen nicht überein. Dies ist wahrscheinlich auf die statistische Erfassung zurückzuführen. Die Angaben sind als bloße Annäherungswerte zu verstehen, wie der Vergleich mit den verfügbaren schweizerischen Ziffern deutlich zeigt.

Die Schweizer Statistiken sind eine erheblich bessere Informationsquelle als die finnischen, da die Einwanderung genau registriert wurde. 1973 wurde das "Zentrale Ausländerregister" eingerichtet, das sehr präzise Angaben liefert. Die Statistiken beruhen auf den Aufenthaltsbewilligungen, enthalten also keine Angaben über diejenigen, die die Schweiz ohne Aufenthaltsbewilligung besucht haben, oder über die Bewegungen von Finnen mit Schweizer Staatsangehörigkeit. Wenn man die Wanderungsbilanz nach den schweizerischen Statistiken einbezieht werden die Spitzen und Tiefstände deutlich erkennbar.

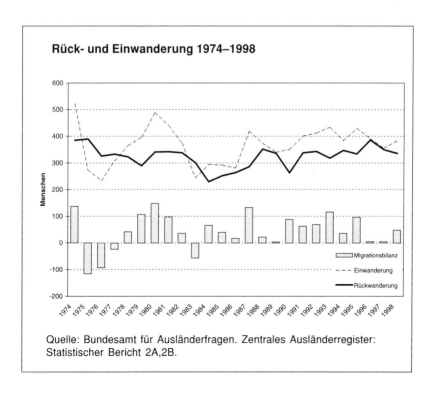

Rück- und Einwanderung 1974–1998

Quelle: Bundesamt für Ausländerfragen. Zentrales Ausländerregister: Statistischer Bericht 2A,2B.

Der Unterschied zwischen den Statistiken beider Länder ist beträchtlich. Auch die Schweizer Statistiken zeigen aus den oben genannten Gründen zu niedrige Ziffern, doch das Migrationsprofil mitsamt seinen Spitzen entspricht in etwa dem, das sich aus den finnischen Statistiken ergibt, obwohl die absoluten Zahlen weit auseinanderliegen. Die Abwanderung der Finnen aus der Schweiz hält sich recht gleichmäßig bei etwa dreihundert pro Jahr.

Aus den Statistiken kann man schließen, daß die finnische Einwanderung in die Schweiz in den sechziger Jahren stark anstieg. 1969 betrug die Zahl der Migranten 713, und 1972 wurde mit 836 Einwanderern der Höchststand erreicht. Damals kamen besonders viele Krankenschwestern, wie auch aus den Worten einer Interviewten hervorgeht: "Ich bin 1969 in die Schweiz gezogen, als es in Finnland nicht möglich war, Arbeit zu finden – damals waren hier furchtbar viele finnische Krankenschwestern."

1973 erreichte die Anzahl der mit einer Aufenthaltsbewilligung in der Schweiz lebenden Finnen den Spitzenwert 1 658, um dann rasch zu sinken. Der tiefste Stand war 1976 mit 1 186 zu verzeichnen. Es dauerte neunzehn Jahre, bevor dieser Rückgang wieder ausgeglichen war. In den Jahren 1975–1977 zogen mehr Finnen aus der Schweiz fort, als sich dort niederließen. Die Situation änderte sich jedoch bald, als in Finnland die Rezession einsetzte, und 1980 wies die Migrationsbilanz für die Schweiz einen Überschuß von fast 150 finnischen Einwanderern auf. Die nächsten Jahre bis etwa 1986 waren generell eine Zeit der Rückwanderung nach Finnland, und diese Tendenz galt auch für die Finnen in der Schweiz. In den folgenden Jahren verlief die Entwicklung ungleichmäßig, aber ab 1987 stieg die Anzahl der in der Schweiz lebenden Finnen. Ihren Höhepunkt erreichte sie 1998, als 2 041 Finnen mit längerfristigen Aufenthaltsbewilligungen in der Schweiz ansässig waren. Im selben Jahr stieg auch die Zahl der Einwanderer aus anderen Ländern mit 1 348 000 auf den bis dahin höchsten Stand. Die größte Migrationswelle um die Wende von den sechziger zu den siebziger Jahren zeichnete sich durch einen sehr hohen Frauenanteil aus. Davor und danach waren die Männer zwar ebenfalls in der Minderheit, aber weniger deutlich. Ein wichtiger Grund hierfür lag in den strukturellen Faktoren: die Krankenpflege, in der traditionell vorwiegend Frauen beschäftigt sind, bot den Finnen in der Schweiz mehr Arbeitsstellen als andere Branchen. In den siebziger Jahren lag der Anteil der Männer an den Schweizerfinnen bei etwa 25 Prozent, betrug aber im folgenden Jahrzehnt bereits rund 30 Prozent und stieg in den neunziger Jahren auf 35 Prozent. Dies ist vor allem auf den wachsenden Anteil der Geschäftsleute und Experten zurückzuführen.

Die Ausländersituation in der Schweiz

Die Entwicklung entspricht den allgemeinen Migrationstrends in Finnland ebenso wie in der Schweiz. Die schweizerische Immigrationspolitik ist traditionell restriktiv. Schon vor dem Ersten Weltkrieg stieg die Einwandererzahl so stark, daß man von drohender Überfremdung sprach. Die Anzahl der Ausländer war von 1850 bis 1910 von drei auf fast fünfzehn Prozent der Gesamtbevölkerung gestiegen. 1917 wurde die Mobilität der Arbeitskräfte eingeschränkt; seither unterliegen Einwanderung und Aufenthalt von Ausländern der behördlichen Kontrolle. Infolgedessen sank der Anteil der Ausländer bis 1941 auf gut fünf Prozent der Bevölkerung; die absolute Zahl lag nun unter 250 000. Nach dem Zweiten Weltkrieg und vor allem in den sechziger Jahren stieg die Anzahl der Ausländer wieder, was vor allem auf die relativ liberale Handhabung der Immigrationspolitik zurückging; das Land brauchte Arbeitskräfte. Besonders deutlich war der Anstieg Anfang der sechziger Jahre, während er sich in der zweiten Hälfte des Jahrzehnts verlangsamte.

Der quantitative Höchststand wurde 1974 erreicht, als über eine Million Ausländer in der Schweiz lebten. Die gesellschaftlichen Entscheidungsträger sahen die Schweiz jedoch nicht als Einwanderungsland an. Die schweizerische Immigrationspolitik verfolgte das Ziel, die Nachfrage nach Arbeitskräften zu befriedigen und die Einwanderung an den wechselnden ökonomischen Gegebenheiten auszurichten; die Einwanderer wurden nicht als Teil der Bevölkerung, sondern als Gastarbeiter behandelt.[7]

Als die Ölkrise einsetzte, wurde die Migrationsbilanz negativ – die Abwanderung von Ausländern war also größer als die Immigration – und von 1975 bis 1979 ging die Anzahl der Ausländer um 181 000, d. h. um siebzehn Prozent zurück. In den achtziger Jahren nahm die Einwanderung wieder zu, zunächst langsam, nach 1985 dann stark, und am Ende des Jahrzehnts überschritt die Zahl der Ausländer erneut die Millionengrenze. Der Anstieg verlangsamte sich in den neunziger Jahren, doch die Anzahl der Ausländer stieg dennoch zwischen 1989 und 1998 auf die Rekordzahl von 1 347 900. In dieser Zahl sind diejenigen enthalten, die mit einer längerfristigen Aufenthaltsbewilligung in der Schweiz leben; dagegen wurden weder Asylbewerber noch Mitarbeiter internationaler Organisationen einbezogen. Darüber hinaus leben in der Schweiz zahlreiche illegale Einwanderer, deren Zahl auf über hunderttausend geschätzt wird.

Die in der Schweiz lebenden Finnen in den Schweizer Statistiken

Offiziell werden die in der Schweiz lebenden Finnen aufgrund ihrer Aufenthaltsbewilligung statistisch erfaßt und als Jahresaufenthalter, Niedergelassene oder Saisonarbeiter klassifiziert. Die Saisonarbeiter stellen einen sehr kleinen Teil (etwa ein Prozent) der finnischen Einwanderer dar; die meisten halten sich mit einer Jahresbewilligung oder einer unbefristeten Bewilligung in der Schweiz auf. Nicht erfaßt werden die Mitarbeiter der internationalen Organisationen, das Personal der Botschaften samt ihren Familien, Personen mit einer auf weniger als ein Jahr befristeten Arbeitsbewilligung sowie diejenigen, die ohne Arbeitsbewilligung eingereist sind, wie ein Teil der Au-Pairs. Ihre Zahl ist nicht zu schätzen, da einige Kantone Au-Pairs, die in einer Familie aus dem gleichen Land tätig sind, keine Arbeitsbewilligung erteilen. Finnische Au-Pairs finnischer oder schweizerisch-finnischer Familien halten sich daher als Touristen in der Schweiz auf und reisen alle drei Monate aus oder leben illegal im Land. Auch die Finnen, die die Schweizer Staatsangehörigkeit erhalten haben, tauchen in den Statistiken nicht auf, selbst wenn sie die doppelte Staatsangehörigkeit besitzen, da sie natürlich keine Aufenthaltsbewilligung benötigen.

Die in der Schweiz lebenden Finnen nach der Art der Aufenthaltsbewilligung

Personen

Quelle: Bundesamt für Ausländerfragen. Zentrales Ausländerregister: Unveröffentlichte Statistiken.

Das Diagramm zeigt die in der Schweiz lebenden Finnen aufgrund der schweizerischen Ausländerstatistik. Diejenigen, die die Schweizer Staatsangehörigkeit erhalten haben, wurden ab 1980 kumulativ hinzugerechnet. Für die vorhergehenden Jahre fehlen entsprechende Statistiken; die Zahlen sind daher zu niedrig. Das Diagramm verdeutlicht die Entwicklung der Migration; im Lauf der Zeit traten längerfristige Aufenthaltsbewilligungen an die Stelle der kürzeren, und danach wurde häufig die Schweizer Staatsangehörigkeit gewährt. In den sechziger Jahren gab es nicht viele Niedergelassene, doch der starke Anstieg dieser Bewilligungen in den Jahren 1970–1980 zeigt, daß sich die fünf Jahre zuvor Gekommenen fest in der Schweiz ansiedelten. Aus dem Diagramm geht ferner hervor, daß die Zahl der längerfristigen Aufenthaltsbewilligungen gleichmäßig angestiegen ist, selbst in den Jahren 1974–76, als die Gesamtzahl der Schweizerfinnen sank, da die Einwanderung zurückging und gleichzeitig viele Finnen die Schweiz verließen. Vermutlich erhielten in den siebziger Jahren, nach der großen Migrationswelle, mehr Finnen die Schweizer Staatsangehörigkeit als in anderen Jahren. Statistiken stehen jedoch erst ab 1980 zur Verfügung. In den Jahren 1980–1989 erhielten insgesamt 404 Finnen und Finninnen die Schweizer Staatsangehörigkeit, während diese Zahl in den Jahren 1990–1998 auf 114 sank. Der Grund hierfür ist nicht die Änderung des Ehegesetzes 1992, sondern der Rückgang der Immigration bereits in den achtziger Jahren.

Ein ähnliches Bild ergibt sich auch aus der Analyse der Umfrage. Die aus der Erhebung gewonnenen Ziffern entsprechen recht weitgehend denen der Grundgesamtheit. Die Migrationswelle Ende der sechziger und Anfang der siebziger Jahre wird deutlich sichtbar, ebenso die gleichmäßigere Migration in den neunziger Jahren. Jahrzehnteweise gegliedert, sind die Interviewten folgendermaßen in die Schweiz eingewandert:

Die in der Untersuchung erfaßten Personen nach dem Migrationsjahr

Migrationsjahr	Frauen	Männer	Insgesamt
-1950	4	2	6
1951–60	42	8	50
1961–70	169	26	195
1971–80	354	20	374
1981–90	167	27	194
1991–96	118	31	149
Unbekannt	8	3	11
Insgesamt	*862*	*117*	*979*

Aus der Erhebung läßt sich schließen, daß die Naturalisierung vor allem bei den Frauen eine große Rolle spielte, was auf die Eheschließungen mit Schweizern zurückzuführen ist. Ihre Aufgliederung nach der Staatsangehörigkeit unterscheidet sich deutlich von der der Männer: mehr als die Hälfte der Frauen hat die Staatsangehörigkeit

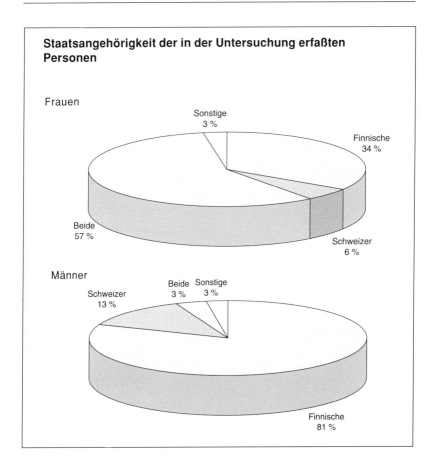

Staatsangehörigkeit der in der Untersuchung erfaßten Personen

Frauen
Sonstige 3 %
Finnische 34 %
Beide 57 %
Schweizer 6 %

Männer
Schweizer 13 %
Beide 3 %
Sonstige 3 %
Finnische 81 %

beider Länder, während die Männer in der Regel finnische Staatsangehörige sind.

Wenn man das Jahr der Einwanderung in die Schweiz zur Staatsangehörigkeit in Relation setzt, zeigt sich, daß die zwischen 1966 und 1975 ins Land Gekommenen am häufigsten die doppelte Staatsangehörigkeit besitzen, während die nach 1985 Eingewanderten meist finnische Staatsangehörige sind. Man darf daher annehmen, daß die Anzahl der Naturalisierungen in der Grundgesamtheit der Schweizerfinnen recht hoch ist. Daß sie höher ist als in den offiziellen Statistiken angegeben, dafür spricht die Tatsache, daß mehr als die Hälfte der

Umfrageteilnehmer entweder nur die Schweizer oder sowohl die finnische als auch die Schweizer Staatsangehörigkeit hat. Neunzehn von ihnen besitzen neben der finnischen die Staatsangehörigkeit eines anderen Landes, was auf die Ehe mit einem Partner zurückzuführen ist, der weder Finne noch Schweizer ist.

Die heutige Anzahl der Finnen in der Schweiz

Wie hoch ist die Gesamtzahl der Einwohner finnischer Herkunft in der Schweiz? Es ist nicht leicht, sie zu schätzen. Den Immigrationsstatistiken nach haben in der Nachkriegszeit insgesamt über 10 000 Finnen in der Schweiz gewohnt. Die Angabe ist jedoch ungesichert, da viele mehrmals zwischen Finnland und der Schweiz pendelten und daher in der Immigrationsstatistik mehrfach registriert sind.

Nach einer vorsichtigen Schätzung[8] des Forschungsbeauftragten Jouni Korkiasaari vom Migrationsinstitut in Turku gab es 1990 rund 4 500 Schweizerfinnen, von denen etwa 3000 in Finnland geboren waren. Die Gesamtzahl der in Finnland geborenen Schweizerfinnen ist sehr schwer abzuschätzen, doch die vorgeschlagene Ziffer ist vermutlich etwas zu niedrig angesetzt. Die Naturalisierungsstatistiken zeigen, daß in den Jahren 1980–1998 insgesamt 545 Finnen die Schweizer Staatsangehörigkeit erhielten. Man darf annehmen, daß die Anzahl der Naturalisierungen bereits in den sechziger Jahren zu steigen begann, als die Migration in die Schweiz zunahm und Finninnen, die einen Schweizer heirateten, automatisch die Schweizer Staatsangehörigkeit erhielten. Im Zeitraum 1944–1964 war die Anzahl der Naturalisierungen sehr wahrscheinlich niedriger. Diese Annahmen werden auch durch die Ziffern unterstützt, die bei der Umfrage ermittelt wurden; unter den bis 1965 Eingewanderten hatten 78 die Schweizer Staatsangehörigkeit erhalten, während unter den zwischen 1966 und 1975 Eingewanderten 269 Schweizer Staatsangehörige sind (davon 239 mit doppelter Staatsangehörigkeit). 1992 wurde das Schweizer Bürgerrechtsgesetz dahingehend modifiziert, daß Ausländerinnen bei der Heirat mit einem Schweizer nicht mehr automatisch die Schweizer Staatsangehörigkeit erhielten. Im Fall der Schweizerfinninnen wirkt sich dies jedoch kaum auf die Statistiken aus, da die Migration ihren Gipfelpunkt bereits überschritten hatte. Aufgrund der hier angeführten Daten darf man bei vorsichtiger Schätzung mit rund 2000 Naturalisierungen in der gesamten Nachkriegszeit rechnen. Den schweizerischen Statistiken zufolge lebten 1998 gut 2000 Finnen mit Aufenthaltsbewilligungen in der Schweiz; demnach wäre die Gesamtzahl der Migranten der ersten Generation rund 4000. Die auf den Angaben im finnischen Standesregister beruhende "Statistik der abwesenden Bevölkerung"[9] nennt für die Schweiz im Jahr 1996/97 die Ziffer 3 551. Diese Ziffer enthält vor allem bei den älteren Jahrgängen auch im Ausland verstorbene Personen sowie solche, die nicht mehr die finnische Staatsangehörigkeit besitzen.

Schwer zu schätzen ist auch, wieviele Finnen der zweiten Generation in der Schweiz leben. 1998 hielten sich insgesamt 292 Kinder unter 16 Jahren im Land auf, die nur finnische Staatsangehörigkeit hatten. Ein Teil von ihnen ist jedoch in Finnland geboren. Der Anteil der Frauen an den Schweizerfinnen beträgt etwa 70 Prozent, so daß man bei vorsichtiger Schätzung annehmen könnte, daß in der Schweiz zwei- bis dreitausend Finnen der zweiten Generation leben.

Diejenigen, die die Umfrage beantworteten, hatten insgesamt 1377 Kinder. Von diesen entstammen fast 900 schweizerisch-finnischen Ehen. Da sich knapp tausend Schweizerfinnen an der Umfrage beteiligten, erscheint es nicht weit hergeholt, wenn man annimmt, daß die Anzahl der Finnen der zweiten Generation in der Schweiz bei etwa dreitausend liegt. Demnach würden heute etwa 7000 Menschen finnischer Abstammung in der Schweiz leben.

Die größte Gruppe: Fachkräfte im Gesundheitswesen

Die Migrationsbewegung aus Finnland in die europäischen Länder außerhalb Skandinaviens unterscheidet sich insofern von der Migration nach Schweden und Übersee, als sie einen sehr hohen Frauenanteil aufweist; die statistischen Angaben über die "abwesende Bevölkerung" in den Jahren 1996–97 zeigen, daß der Anteil der Frauen an den Auslandsfinnen in Großbritannien am höchsten (72,9 Prozent) und in Portugal (52,2 Prozent) am niedrigsten ist. In der Schweiz liegt ihr Anteil verschiedenen Statistiken nach etwas unter 70 Prozent, ist also ein wenig niedriger als in Deutschland, wo die entsprechende Prozentzahl 71 beträgt. Die Verteilung der Geschlechter bei den Schweizerfinnen unterscheidet sich recht deutlich von der der anderen Einwanderer in die Schweiz, bei denen Männer und Frauen im allgemeinen gleichmäßig vertreten sind. So sind z. B. unter den gut 5000 Schweden (1996), die mit Aufenthaltsbewilligung in der Schweiz leben, fast genauso viele Männer wie Frauen. Dasselbe gilt für die Norweger und Dänen in der Schweiz.[10]

Am deutlichsten dominierten die Frauen die finnische Migration in die Schweiz in den Jahren 1968–1986, als ihr Anteil immer über 70, in einigen Jahren sogar über 80 Prozent lag. Die Angaben des Statistischen Zentralamts für 1987–1998[11] zeigen, daß der Anteil der Männer gestiegen ist; der Frauenanteil lag in diesen Jahren unter 65 Prozent. Dies stimmt weitgehend mit den schweizerischen Statistiken überein.

Der hohe Frauenanteil ist weitgehend auf die Berufsstruktur zurückzuführen. Einem weitverbreiteten Stereotyp zufolge handelt es sich bei der finnischen Auswanderung nach Deutschland und in die Schweiz um eine Migration der Krankenschwestern. Tatsächlich bilden Fachkräfte im Gesundheitswesen, insbesondere Krankenschwestern, die größte einzelne Gruppe unter den in die Schweiz gezogenen Finnen und Finninnen, obwohl sie nur ein Teil der Migrationsbewegung waren.

In der Schweiz bestand in den sechziger Jahren ein Mangel an Personal im Gesundheitswesen, und die damalige Immigrationspolitik begünstigte die Anwerbung ausländischer Arbeitskräfte. Die hauptsächlichen Gründe für den Arbeitskräftemangel waren die im Vergleich zu anderen Branchen rückständigen Arbeitsbedingungen, etwa die unregelmäßigen Arbeitszeiten. Schweizerische Arbeitskräfte zeigten wenig Interesse an diesem Berufsfeld; daher wurden großzügig Arbeitsbewilligungen für ausländische Fachkräfte im Gesundheitswesen erteilt. Die Schweizer Krankenhäuser rekrutierten bereits in den sechziger Jahren aktiv Krankenschwestern aus Finnland, und die verschärfte Immigrationspolitik in den siebziger Jahren galt nicht für diese Berufsgruppe. Die finnischen Krankenschwestern waren begehrte Arbeitskräfte. Für die finnischen Fachkräfte im Gesundheitswesen war ein Auslandsaufenthalt eine verlockende Alternative nach Abschluß der Ausbildung, hatten sie doch einen internationalen Beruf, der ihnen die Möglichkeit gab, ihre Fähigkeiten in fremder Umgebung zu erproben. Der nach dem Krieg geborenen Generation stand die Welt in ganz anderem Maße offen als der Generation ihrer Eltern. Viele reisten zunächst ohne Ausbildung ins Ausland, arbeiteten in einem Krankenhaus, kehrten nach Finnland zurück, um eine einschlägige Ausbildung zu absolvieren, und zogen dann wieder ins Ausland.

Die Abwanderung der Krankenschwestern war bis zu einem gewissen Grad auch eine Folge der Veränderungen im finnischen Gesundheitswesen. Es konzentrierte sich bis Mitte der sechziger Jahre auf die Fachkrankenpflege; die Vorbeugung und die Entwicklung der Grundpflege wurden als zweitrangig behandelt, und für die Krankenschwestern war es nicht leicht, eine feste Anstellung zu finden. Die Suche nach neuen Lösungen in den sechziger Jahren führte 1972 zur Verabschiedung des Gesetzes über die Volksgesundheit. Man errichtete neue kommunale Ärztezentren, entwickelte die Fachkrankenpflege weiter und schrieb auch neue Stellen aus. Die inhaltliche Entwicklung der Gesundheitsfürsorge wurde jedoch von der Lohnpolitik getrennt, was sich nachträglich als falsch erwies. Da die Lohnentwicklung im Gesundheitswesen nicht mit der allgemeinen Entwicklung Schritt hielt, entstand eine Situation, die die Auswanderung begünstigte.

Zahlreiche Krankenschwestern, Krankengymnastinnen und andere Fachkräfte im Gesundheitswesen zogen ins Ausland, um besser zu verdienen, neue Erfahrungen zu machen und eine Fremdsprache zu lernen. Die wichtigsten Zielländer waren Schweden, Deutschland, die Schweiz und England. Die Auswanderung im Bereich der Krankenpflege war das Ergebnis mehrerer Faktoren; als Schubkraft wirkten die Arbeitsmarktsituation und vor allem die niedrigen Gehälter in Finnland, als Anzugskraft der Arbeitskräftebedarf, die bessere Bezahlung und die interessantere Umgebung im Ausland. Zum Teil wurden im Ausland sogar Arbeitskräfte ohne einschlägige Ausbildung eingestellt. Der folgende Bericht einer Schweizerfinnin schildert die Situation:

Damals in den siebziger Jahren herrschte ein starker Mangel an Krankenhauspersonal. Deshalb warben die Schweizer in Skandinavien, vor allem in Finnland, Personal an. Ich war zuerst in Uznach und dann einige Jahre am Krankenhaus in Wil als OP-Schwester und Röntgenassistentin; ich hatte vor allem die Aufgabe, Unfallopfer zu röntgen. Als ich später in einem Industriebetrieb arbeitete und mich zur Programmiererin weiterbildete, rief das Krankenhaus an, ob ich nicht in der Röntgenabteilung aushelfen könnte. Ich unterrichtete neue, schon ausgebildete Kräfte in der Bedienung der Maschinen im Krankenhaus.

In Finnland besaß das Arbeitsamt das Monopol für die Stellenvermittlung, während in der Schweiz die SVAP (Schweizerische Vermittlungs- und Beratungsstelle für Personal des Gesundheitswesens) tätig war, über die sehr viele eine Stelle fanden. Die Abwanderung dieser geschulten Kräfte wurde in Finnland nicht unbedingt begrüßt; so weigerte sich etwa die Gewerkschaft des Pflegepersonals (TEHY) in den achtziger Jahren, in ihrer Zeitschrift Stellenanzeigen ausländischer Arbeitgeber abzudrucken, da man die ausgebildeten Krankenschwestern im eigenen Land halten wollte. Viele wanderten jedoch auch außerhalb des offiziellen Vermittlungssystems aus, aufgrund von Inseraten oder auf den Rat von Bekannten. In den für die vorliegende Untersuchung geführten Interviews berichten erstaunlich viele, daß sie zunächst mit einer guten Bekannten in die Schweiz reisten. Häufig war nur ein kurzer Aufenthalt geplant, aber wenn die Betreffenden in der Schweiz einen Freund fanden, wurde aus dem befristeten Aufenthalt eine feste Ansiedlung.

Zur Zeit der größten Migrationswelle um die Wende von den sechziger zu den siebziger Jahren war es leicht, in der Schweiz Arbeit zu finden, und auch die Arbeitsbewilligung wurde problemlos erteilt. Die jährliche Aufenthaltsbewilligung wurde verlängert, sofern die geforderte Qualifikation vorlag, und nach fünf Jahren erhielt man nahezu automatisch eine unbefristete Aufenthaltsbewilligung. In den Schweizer Krankenhäusern fanden neben Finninnen auch andere Ausländerinnen Arbeit, wenngleich die Südeuropäerinnen meist als

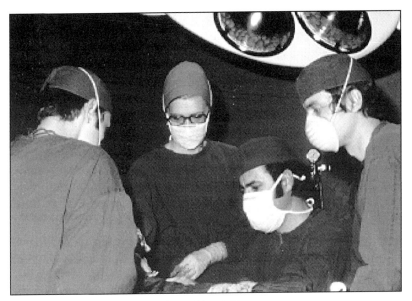

Finnen im Operationssaal. – Foto: Martti Strang.

Hilfskräfte ohne Berufsausbildung und die Nordeuropäerinnen als Fachkräfte tätig waren. Der Anteil der ausländischen Arbeitskräfte an den Krankenhäusern war und ist auch heute noch groß; in manchen Kliniken kommt die Hälfte des Personals aus dem Ausland. Die Migration der finnischen Krankenschwestern verringerte sich später, einerseits, weil die Arbeitsplätze in Finnland attraktiver wurden, andererseits, weil in der Schweiz das Kontingentsystem für Ausländer auch im Bereich des Gesundheitswesens strenger gehandhabt wurde. Zwar war der Personalbedarf an den Krankenhäusern weiterhin groß, doch man konnte nicht im bisherigen Umfang Ausländer einstellen.

Auch nach der Zeit der stärksten Migration, d. h. ab 1987, wanderten Fachkräfte im Gesundheitswesen aus Finnland ins Ausland und in die Schweiz ab. In der Zeit der sog. Kasinowirtschaft in den achtziger Jahren war die Emigration ausgebildeter Pflegekräfte relativ hoch, und die danach einsetzende Rezession verstärkte diesen Trend erheblich. 1994 stieg die Anzahl der Emigranten mit Pflegeberufen auf mehr als das Anderthalbfache. Die Rückwanderung finnischer Krankenschwestern, Fachkrankenschwestern, Ärzte und Ärztinnen betrug 1994 nur rund ein Viertel der Abwanderung.[12] Die hohe Arbeitslosigkeit veranlaßte auch im Gesundheitswesen viele Fachkräfte zur Migration, doch die Einwanderung in die Schweiz war nicht mehr so leicht wie in den starken Migrationsjahren. Der Beitritt Finnlands zum EWR und später zur EU erleichterte die Abwanderung von Pflegekräften nach Deutschland und Großbritannien; ein Kooperationsvertrag zwischen den Arbeitsämtern beider Länder fördert in letzter Zeit zudem die Emigration nach Norwegen, wo Mangel an Pflegepersonal herrscht.[13] Die Überalterung der Bevölkerung in ganz Westeuropa erhöht den Bedarf an Pflegepersonal. Von dieser Entwicklung ist auch die Schweiz betroffen, doch die Tatsache, daß die Schweiz nicht der EU beitrat, sowie die Festsetzung knapper Ausländerkontingente für die einzelnen Krankenhäuser haben die Migration finnischer Krankenschwestern in die Schweiz fast völlig zum Stillstand gebracht.Die Rekrutierung durch die SVAP ist im Bereich ausländischer Fachkräfte des Gesundheitswesens praktisch zum Erliegen gekommen.

Die finnische Grund- und Fachausbildung wird in der Schweiz voll anerkannt (die zusätzliche Anerkennung durch das Schweizer Rote Kreuz ist ein Vorteil, da sie einen kleinen Gehaltszuschlag bringt); umgekehrt gilt dies jedoch nicht. So ist z. B. die Fachausbildung in der Schweiz stärker praxisorientiert und wird neben der beruflichen Tätigkeit absolviert.[14] Dies kann ein Hindernis für die Rückwanderung darstellen, da Krankenschwestern, die in der Schweiz eine Fachausbildung erhalten haben, in Finnland keine entsprechende Stelle bekommen. Andererseits empfanden sich viele Krankenschwestern

Zürich - Schweiz

Das Stadtspital Triemli in Zürich ist ein Akut- und Ausbildungsspital mit 550 Betten. Das breite Spektrum an Fachgebieten und das vielseitige Fort- und Weiterbildungsangebot sind attraktiv für Fachpersonal der Pflege.

Wir suchen

Intensivschwestern/-pfleger
mit Fachausweis

Krankenschwestern/-pfleger
für Chirurgie und Medizin

Ausbildung und Berufserfahrung sowie ihre Bereitschaft sich in unsere Pflege einzuarbeiten sind nebst sehr gutem Deutsch in Wort und Schrift für die Beschäftigungsdauer von mindestens 12 - 18 Monaten wichtig.

Interessiert? Rufen Sie an?

als überqualifiziert für die Aufgaben, die sie in den Schweizer Krankenhäusern zu übernehmen hatten. Obwohl die Qualität der Krankenpflege in der Schweiz einen sehr guten Ruf hat, waren die Methoden und die technische Ausstattung in den Jahren der starken Migration zum Teil weniger entwickelt als in Finnland; ein weiterer, vielleicht wichtigerer Unterschied betrifft die Arbeitskultur. Die Krankenschwestern arbeiten in der Schweiz bei weitem nicht so selbständig wie in Finnland – der behandelnde Arzt bestimmt über alle Einzelheiten der Pflege, und das Pflegepersonal hat praktisch keine Entscheidungsbefugnis.

In den Interviews wurde häufig über Frustrationen berichtet, die die unterschiedliche Arbeitsweise verursacht:

Ich war verblüfft, als ich meine erste Stelle in einem hiesigen Krankenhaus antrat, ich fragte mich, in was für ein medizinisches Museum ich da geraten war. Ich glaube immer noch, wenn ich selbst ernsthaft krank würde, ginge ich lieber nach Finnland, als mich hier behandeln zu lassen...

Die allgegenwärtige Hierarchie ist irritierend; eine Physiotherapeutin darf dem Patientin keine Hilfsmittel geben, denn damit übernimmt sie die Befugnisse eines anderen Therapeuten, in dessen Verantwortungsbereich das fällt.

Wenn im gleichen Zimmer zum Beispiel die Patienten von Doktor Müller und Doktor Schwarz liegen, die die gleiche Operation hinter sich haben, kann die Pflege unterschiedlich sein. Wenn Dr. Müller angeordnet hat, daß der Patient nichts trinken darf, dann gibt ihm die Krankenschwester nichts, auch wenn er noch so großen Durst hat. Andererseits wird der Patient von Dr. Schwarz aus dem Schlaf gerissen und muß trinken, auch wenn er vielleicht gar nichts trinken will. Daran läßt sich nichts ändern, bevor der Arzt seinen Segen gegeben hat.

Diese unterschiedliche Pflegekultur hat sich sicher in gewissem Umfang selektiv auf die Migration ausgewirkt. Die meisten haben sich den neuen Arbeitsbedingungen angepaßt, während viele derjenigen, denen dies schwerfiel, die Schweiz wieder verließen.

Die Altersstruktur der Migranten

Zur Auswanderung entschließt man sich im allgemeinen in jungen Jahren; bei der Migration in die Schweiz tritt dies besonders deutlich hervor. In der Altersverteilung spiegelt sich zu einem gewissen Grad die große Migrationswelle der sechziger und siebziger Jahre wider; die damals in die Schweiz gezogenen Finnen sind heute etwa 40–50 Jahre alt. Die Zahlen sind mit Vorbehalt zu betrachten, da sie Migranten, die die Schweizer Staatsangehörigkeit erhalten haben, nicht berücksichtigen. Das Diagramm auf der folgenden Seite bestätigt jedoch die Auffassung, typische Schweizerfinnen seien in jungen Jahren eingewanderte Frauen. Allerdings ist infolge der Naturalisierungen vor allem bei den Frauen der Anteil der über 55jährigen in dieser Statistik niedriger als in Wirklichkeit. Bei der Altersverteilung der beiden Geschlechter sind keine großen Unterschiede zu beobachten; bei den Männern sind jedoch die älteren Jahrgänge etwas stärker vertreten, was ebenfalls darauf zurückzuführen ist, daß die Männer häufiger die finnische Staatsangehörigkeit besitzen.

Die Umfrage ergab genauere Informationen, und wenn man das Migrationsjahr zum Alter in Relation setzt, wird deutlich, daß in der lebhaftesten Migrationsphase junge Leute einwanderten. Die größte Altersgruppe unter den Schweizerfinnen bilden die 46–55jährigen; sie sind zwischen 1966 und 1975 eingewandert. Die zweitgrößte Gruppe kam in der folgenden Zehnjahresperiode in die Schweiz. In der Erhebung wird die gleiche Migrationsstruktur sichtbar wie in den allgemeinen Statistiken. Zum gleichen Ergebnis gelangte auch Dobler-Mikola 1979 in ihrer Untersuchung über die Schweizerfinnen. Die Angaben des Statistischen Zentralamts über die 1987–1996 in die Schweiz gezogenen Finnen weisen ebenfalls die 19–35jährigen als deutlich größte Gruppe aus, wobei innerhalb dieser Gruppe die 25–29jährigen mit 209 Migranten am stärksten vertreten sind. Auch in den Statistiken für 1996 war diese Altersgruppe mit Abstand die größte. Die Schweiz zieht junge Leute an, die so-

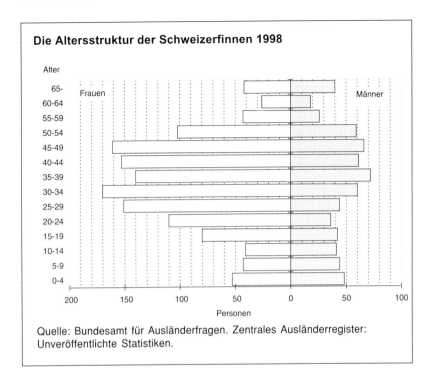

Die Altersstruktur der Schweizerinnen 1998

Quelle: Bundesamt für Ausländerfragen. Zentrales Ausländerregister:
Unveröffentlichte Statistiken.

Migrationsjahr der in der Untersuchung erfaßten Personen nach Altersklassen

	Migrationsjahr					
	–1950	1951–65	1966–75	1976–85	1986–97	unbekannt
Alter						
0–18	0	0	0	0	2	0
19–35	0	0	7	10	119	9
36–45	0	2	39	134	98	1
46–55	2	13	281	84	27	1
56–64	0	55	40	6	4	0
65–	4	30	9	0	2	0
Insgesamt	*6*	*100*	*376*	*234*	*252*	*11*

eben ihre Ausbildung beendet haben, was sich auch an der Bildungs-
struktur der Migranten ablesen läßt.

Von denjenigen, die den Fragebogen beantworteten, hatten mehr
als 90 Prozent weniger als 30 Jahre in Finnland gelebt, die meisten
23–24 Jahre. 53 Prozent leben seit mehr als 20 und 14 Prozent seit
mehr als 30 Jahren in der Schweiz; vier der Befragten sind sogar
schon 49 Jahre in der Schweiz ansässig. Dies entspricht dem Bild
der Statistiken: man kam als junger Mensch in die Schweiz, und die
meisten ließen sich bereits in den siebziger Jahren hier nieder.

Es ist interessant, die Altersstruktur der Schweizerfinnen mit der
der gesamten ausländischen Bevölkerung in der Schweiz zu vergleichen. Auch dieser Vergleich muß sich auf diejenigen beschränken, die mit einer Aufenthaltsbewilligung im Land leben. Von den
rund 1,3 Millionen Immigranten kommen 61,3 Prozent aus EU- und
EFTA-Ländern, 30,3 Prozent aus anderen europäischen Ländern und
8,4 Prozent aus Afrika, Amerika, Asien und Ozeanien (1996). In
allen Altersgruppen außer der der über 65jährigen sind die Männer
in der Mehrheit. Kinder und Jugendliche sind im Verhältnis stärker,
Angehörige der älteren Generation schwächer vertreten als unter
den Schweizerfinnen. Die Schweizerfinnen sind keine "typische"
Einwanderergruppe; ihre abweichende Altersstruktur ist im wesentlichen auf die Migrationswelle der sechziger und siebziger Jahre
zurückzuführen und läßt sich auch mit anderen Faktoren wie Ausbildung und Beruf in Verbindung bringen. Charakteristisch für die
Schweizerfinnen im Vergleich zu anderen Einwanderern ist ihre relativ gefestigte Stellung; viele von ihnen leben seit langem in der
Schweiz und haben sich in die Gesellschaft integriert.

Die Zahlen des Statistischen Zentralamts für die Jahre 1987–1996
zeigen, daß die in die Schweiz Ausgewanderten eine ähnliche Altersstruktur aufweisen wie die Gesamtheit der in die europäischen
Länder emigrierten Finnen. Zwischen einzelnen Ländern bestehen
freilich Unterschiede; so zogen z. B. in das traditionelle Zielland Schweden vor allem 20–24jährige, nach Spanien dagegen vornehmlich über
45jährige; bei diesen handelt es sich in erster Linie um Rentner. Die
Auswanderer nach Amerika weisen die gleiche Altersstruktur auf,
während bei den nach Asien ausgewanderten Finnen der Anteil der

Kinder bemerkenswert hoch ist; dies erklärt sich daraus, daß es sich in der Regel um einen befristeten Auslandsaufenthalt z. B. im Dienst eines finnischen Unternehmens handelt und die Migranten größtenteils Familie haben.

Der Aufbruch aus Finnland

Der Geburtsort der Migranten ist nicht unbedingt mit ihrem Ausgangsort in Finnland identisch. Häufig ist der Ausgangsort eine Zwischenetappe, speziell bei den gut ausgebildeten Migranten, die häufig nicht aus ihrem Heimatort ins Ausland ziehen, sondern aus der Stadt, in der sie studiert haben. Bei der Migration in das nichtskandinavische Europa ist Südfinnland das häufigste Ausgangsgebiet, während man nach Schweden und Amerika meist direkt aus dem Geburtsort zog. Andererseits ist es schwierig, den Begriff Heimatort zu definieren. Im allgemeinen versteht man darunter die Gegend, in der man seine Kindheit und Jugend verbracht hat, und das ist keineswegs immer der Geburtsort. Die Landflucht führte in den Nachkriegsjahren zu einer starken Binnenwanderung; die Eltern der späteren jungen Migranten hatten sich unter Umständen mit ihren Kindern weit vom ursprünglichen Wohnort niedergelassen. Deshalb wäre es irreführend, den Geburtsort als Heimatort anzusehen. Bei der Umfrage wurden die Teilnehmer daher gebeten, ihren Heimatort in Finnland anzugeben; diese Frage, die eine subjektive Einschätzung ermöglichte, diente dazu, den Ort festzustellen, mit dem sich der Befragte in seinem alten Heimatland identifizierte. Viele gaben zwei Orte an, den Geburtsort und den Ort, an dem sie am längsten gelebt hatten – es ist nicht immer leicht, seine regionale Identität festzulegen.

Gut ein Viertel der Teilnehmer, nämlich 225, stammte aus der Hauptstadtregion. Der nächsthäufige Heimatort war die Region Tampere, die viereinhalb Prozent der Befragten nannten. Knapp vier Prozent hatten in Turku und Umgebung gewohnt. Aus der Region Oulu kamen etwa drei Prozent. 39 Befragte, d. h. knapp vier Prozent der Erhebung, stammten aus Lappland. Insgesamt kamen gut 33 Prozent der Befragten aus den großen Städten Südfinnlands. Die sprach-

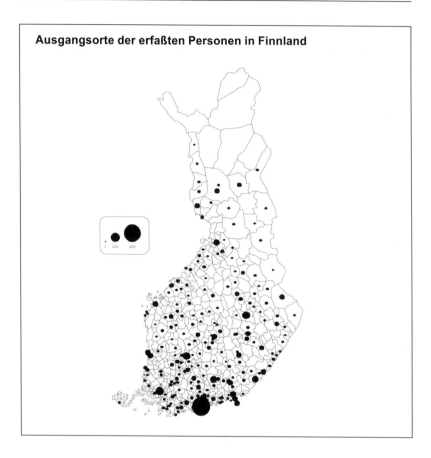

Ausgangsorte der erfaßten Personen in Finnland

liche Gliederung ist interessant: von den schwedischsprachigen Migranten stammten mehr als die Hälfte, nämlich 41, aus Helsinki. Wenn man die Ausgangsorte der Befragten auf der Karte betrachtet, treten die städtischen Gebiete deutlich in den Vordergrund: die Hauptstadtregion, Turku, Tampere, Lahti, Lappeenranta, Kuopio, Oulu und Rovaniemi. Die regionale Gliederung weicht nicht wesentlich von der ab, die Tuomi-Nikula für die nach Deutschland ausgewanderten Finnen feststellte. Charakteristisch für die Migrationsbewegung ist ihre regionale Häufung; wenn ein Ortsbewohner auswandert, wird für die anderen gewissermaßen die Schwelle niedriger,[15] eine Tatsache, die auch bei den Interviews deutlich wurde.

Drei Viertel der Befragten waren vor 1987 in die Schweiz migriert. Es ist daher interessant, die spätere Migration mit dem Ergebnis der Umfrage zu vergleichen. Die nach Provinzen gegliederten Angaben des Statistischen Zentralamts für 1987–1996 zeigen, daß von den 921 Migranten in diesem Zeitraum mehr als die Hälfte, nämlich 477, aus der Provinz Uusimaa kamen; an zweiter Stelle stand die Provinz Turku und Pori mit 117, an dritter Stelle die Provinz Lappland mit 47 Migranten. Es ist aber zu bedenken, daß die Statistiken die Situation erfassen, die unmittelbar vor der Migration herrschte, nicht aber den eigentlichen Heimatort; daher ist die Provinz Uusimaa mit größter Wahrscheinlichkeit überrepräsentiert. Das Gesamtbild ist jedoch identisch; die meisten Migranten kommen aus Südfinnland.

Die Migration in die Schweiz ist insofern mit der nach Deutschland zu vergleichen, als das Ziel vieler Migranten nicht ein bestimmtes Land, sondern das deutschsprachige Europa war; aus vielen Interviews ging hervor, daß man bei der Entscheidung zur Migration keinen großen Unterschied darin sah, ob man nach Deutschland oder in die Schweiz auswanderte. Viele zogen denn auch zuerst in eins der beiden Länder und später weiter in das andere, wenn ihnen dort eine attraktivere Stelle angeboten wurde. Das bestätigt auch die Umfrage, bei der 64 Personen, d. h. 6,5 Prozent der Teilnehmer, angaben, längere Zeit in Deutschland gelebt zu haben. Die Schweizerfinnen sind der Umfrage nach Kosmopoliten; 37 Prozent von ihnen haben im Lauf ihres Lebens einige Zeit in einem dritten Land außer Finnland und der Schweiz gewohnt. Als häufigstes Land wurde dabei Schweden genannt, als zweithäufigste Alternative ein anderes europäisches Land außer Skandinavien und den Nachbarländern der Schweiz. In einigen Fällen wollten die Betreffenden einfach nur ins Ausland ziehen und gelangten dabei mehr oder weniger zufällig in die Schweiz. Knapp 13 Prozent der Befragten haben außer in Finnland und der Schweiz in mehr als zwei anderen Ländern gelebt.

Die Zielgebiete in der Schweiz

In welche Regionen der Schweiz zogen die Finnen, und wo haben sie sich niedergelassen? Der Umfrage nach war für mehr als ein

Drittel der erste Zielort der Kanton Zürich. 13 Prozent kamen zuerst in die Region Basel, gut 10 Prozent nach Bern. Es ist durchaus natürlich, daß die Migranten vorwiegend in die großen Städte zogen, denn dort befinden sich in der Regel die Arbeitsplätze. Eine besondere Bedeutung hatten die großen Krankenhäuser, wie z. B. das Universitätsspital Zürich, das Inselspital Bern, die Kantonsspitäler und kleinere Einheiten in der ganzen Schweiz. Wichtig für die Ansiedlung der Finnen waren auch verschiedene Unternehmen, etwa ABB in Baden und Genf, die Banken in Zürich, die Uhrenindustrie, die Pharmaindustrie, wie Roche und Ciba in Basel, und vor allem in den letzten Jahren finnische Unternehmen wie Nokia, Metsä-Serla, Enso, Kone, UPM-Kymmene und andere.

Nach der Einwanderung wechselten viele den Wohnort innerhalb der Schweiz, zum Teil auch mehrfach, doch im Ganzen veränderte sich die regionale Verteilung praktisch nicht. Die offiziellen Statistiken und

Die Verteilung der in der Schweiz lebenden finnischen Staatsangehörigen auf die Kantone 1998

0-30

31-150

150-180

>180

Basel

Zürich

Bern

Quelle: Bundesamt für Ausländerfragen. Zentrales Ausländerregister: Unveröffentlichte Statistiken.

die Umfrage zeigen eine sehr ähnliche Verteilung der Ansiedlung; der Korrelationsfaktor beträgt 0,96, so daß die Umfrage in diesem Punkt als ausgesprochen repräsentativ gelten darf. Der einzige größere Unterschied betrifft Genf, wo die Teilerhebung zu klein ist.

Die meisten Finnen leben in der deutschsprachigen Schweiz, was aus der obigen Karte freilich nicht deutlich zu erkennen ist. Die größte Konzentration befindet sich in Zürich und Umgebung. 1998 lebten dort 705 finnische Staatsangehörige, d. h. 34 Prozent aller in der Schweiz ansässigen finnischen Staatsbürger. Etwa 20 Prozent der Schweizerfinnen wohnen in der französischsprachigen Schweiz, nur rund zwei Prozent im italienischsprachigen Tessin. Im teilweise rätoromanischen Graubünden leben ebenfalls zwei Prozent. Die Umfrage bot die Möglichkeit, den Wohnort genauer zu bestimmen; es zeigte sich, daß zwar die größte Konzentration im Kanton Zürich anzutreffen war, daß aber nur etwa 15 Prozent der Befragten, 146 Personen, in der Stadt Zürich wohnen. Im Stadtgebiet von Basel leben 5,5 Prozent und in Bern 4 Prozent der Befragten. 63,8 Prozent der Befragten wohnen in Orten mit weniger als 50 000 Einwohnern. Diese Zahl veranschaulicht die Niederlassung der Finnen in der Schweiz; viele, die sich seit langem im Land aufhalten, sind in kleinere Ortschaften gezogen, auch wenn sie unter Umständen weiterhin in einem größeren Siedlungszentrum arbeiten.

Bei den Wohnorten der Frauen bzw. der Männer sind keine großen regionalen Unterschiede festzustellen; auffällig ist jedoch, daß der Frauenanteil in den drei großen Städten am höchsten ist. Auch die Berufstätigkeit der Frauen ist in den größten Städten am höchsten. Der relative Anteil der Männer ist in der Mittelschweiz und in Neuchatel am höchsten. Hinsichtlich der sprachlichen Aufgliederung der Schweizerfinnen sind keine regionalen Unterschiede festzustellen, die schwedischsprachigen Finnen wohnen ebenso konzentriert im Zürcher Gebiet wie die finnischsprachigen. Im Vergleich zu den anderen in der Schweiz ansässigen Skandinaviern ist die Konzentration der Finnen im Kanton Zürich hoch; so leben dort z. B. nur 21 Prozent der 5 000 Schweden. Bei den Ausländern insgesamt beträgt der entsprechende Anteil 18 Prozent. Über die Gründe kann man nur Vermutungen anstellen; neben der Konzentration der Arbeitsplätze spielen sicher auch die soziale Vernetzung und die aktive Vereinstätigkeit der Finnen eine Rolle. Verglichen mit anderen Nationalitäten, leben in der Schweiz letztlich recht wenige Finnen, und in Zürich ist es leichter, Kontakt zu Landsleuten zu halten.

Die Familien

Die Heirat mit einem Schweizer oder einer Schweizerin erleichterte vielen finnischen Migrantinnen und Migranten die Anpassung an die schweizerische Gesellschaft. Die Eheschließung an sich kann zwar die Probleme, denen der Migrant in seinem neuen Heimatland begegnet, nicht beseitigen, hatte aber bis 1992 den unmittelbaren Nutzen, daß sie automatisch die Schweizer Staatsangehörigkeit und die damit verbundenen Vorteile mit sich brachte. Obwohl die Staatsangehörigkeit als solche keine Garantie für die Integration darstellt, verbessert sie die Voraussetzungen für die Schaffung eines sozialen Netzes; freilich ist es auch möglich, daß sich das Ehepaar nicht an der schweizerischen, sondern an der finnischen Kultur orientiert.

In den finnisch-schweizerischen Ehen ist meist die Frau Finnin und der Mann Schweizer. Die manchmal geäußerte Auffassung, die umgekehrte Konstellation sei eine Ausnahme, trifft jedoch nicht zu. Viele Finnen haben eine schweizerische Ehefrau gefunden. Nach den Angaben des Bundesamts für Ausländerfragen haben von den rund zweitausend Finnen und Finninnen, die mit einer Aufenthaltsbewilligung in der Schweiz leben, 198 einen schweizerischen Ehepartner; in dieser Gruppe sind 116 finnische Frauen und 82 finnische Männer. Allerdings vermitteln diese Ziffern ein etwas verzerrtes Bild; sie sind zu niedrig, da die Finnen, die die Schweizer Staatsangehörigkeit besitzen, nicht einbezogen wurden. Die Umfrage ergibt ein etwas anderes Bild: Von den Frauen, die sich an der Umfrage beteiligten, waren 57,7 Prozent mit einem Schweizer verheiratet, während knapp 32 Prozent der Männer eine Schweizerin zur Ehefrau hatten. Unverheiratet waren 10,6 Prozent der Erhebungsmenge. Auch die älteren Untersuchungsergebnisse von Dobler-Mikola weisen in dieselbe Richtung. In ihrer Erhebung, die nur Frauen betraf, waren 55 Prozent der Befragten mit Schweizern verheiratet.[16]

Nationalität des Ehepartners aufgrund der Umfrage (%)

| Geschlecht | Nationalität des Ehepartners | | | |
	schweiz.	finn.	dt., frz. oder ital.	sonstige
Frauen	58	7	7	28
Männer	32	34	7	27

Zivilstand der in die Schweiz ausgewanderten Finnen 1987–1996

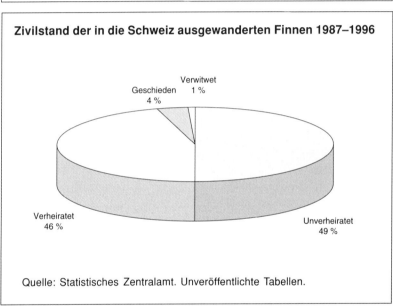

Quelle: Statistisches Zentralamt. Unveröffentlichte Tabellen.

Da die meisten Migranten jung waren und auf dem Ehemarkt nicht diskriminiert wurden – die Eheschließung mit einer Finnin oder einem Finnen wird nicht als "degradierend" für Schweizer und Schweizerinnen angesehen – ist es nur natürlich, daß so viele einen schweizerischen Partner fanden. Die finnischen Männer führten weniger häufig eine Schweizerin zum Traualtar: für sie war es leichter, eine finnische Partnerin zu finden. Zudem sind viele Männer mit ihrer finnischen Familie in die Schweiz gezogen, weil sie dort Arbeit fanden.

89

Dies ist immer üblicher geworden und spiegelt sich in der Anzahl der Migranten wider, die als Familienangehörige in die Schweiz einreisten. In den siebziger Jahren waren es 322, im nächsten Jahrzehnt bereits 548, und in den Jahren 1990–96 betrug ihre Zahl 570.[17] Viele von ihnen folgten dem Familienoberhaupt, traditionell dem Mann, natürlich später auch wieder zurück nach Finnland. In letzter Zeit schließen sich auch die Männer ihren Frauen an, wenn diese eine Stelle in der Schweiz annehmen. Dies erklärt auch die Umfrageergebnisse. Setzt man das Migrationsjahr in Relation zur Nationalität des Ehepartners, so ergibt sich folgendes Bild:

Nationalität des Ehepartners	–1965	1966–75	1976–85	1986–96
Finnische	3	4	5	27
Schweizer	63	61	62	36
Sonstige	7	13	16	13
Unverheiratet, unbekannt	27	22	17	24
Insgesamt (%)	*100*	*100*	*100*	*100*
n	*106*	*376*	*234*	*241*

Gut 60 Prozent der vor 1985 Eingewanderten haben einen schweizerischen Ehepartner, während von denjenigen, die seit weniger als zehn Jahren in der Schweiz leben, nur 36 Prozent mit Schweizern und 27 Prozent mit Finnen verheiratet sind. Die Erhebung bietet leider nicht die Möglichkeit, den Zivilstand zum Zeitpunkt der Migration zu überprüfen; es ist daher nicht festzustellen, ob die Betreffenden ihren Ehepartner in Finnland oder in der Schweiz kennengelernt haben. Die Ziffern aus den letzten Jahren deuten darauf hin, daß es immer üblicher wird, mit Familie in die Schweiz einzuwandern.

Die finnischen Statistiken für die letzten zehn Jahre zeigen, daß fast die Hälfte der Migranten Familie haben.[18] Die heutige Situation unterscheidet sich also von der Migrationswelle der sechziger und siebziger Jahre, als vorwiegend Ledige auswanderten. So waren zum Beispiel 1972 nur 23 Prozent der Schweizerfinnen verheiratet.[19]

Der Umfrage zufolge ist der häufigste Familientyp ein schweizerisch-finnisches Ehepaar mit zwei Kindern. Zu dieser Gruppe gehören 25 Prozent der gesamten Erhebungsmenge. Der zweithäufigste Typ ist mit 10 Prozent ein schweizerisch-finnisches Ehepaar ohne Kinder. An dritter Stelle folgen Familien mit drei Kindern (8 Prozent), und erst an vierter Stelle vierköpfige Familien, in denen Vater und Mutter Finnen sind (4 Prozent). 11 Prozent der Befragten waren geschieden, 2 Prozent verwitwet.

Das Arbeitsleben

Die Finnen zogen in die Schweiz, um zu arbeiten, zu heiraten, oder weil ihr Ehepartner dort Arbeit fand. Später schied ein Teil von ihnen aus dem Arbeitsleben aus, sei es, um die Familie zu versorgen, oder weil sie nach jahrelanger Ansässigkeit pensioniert wurden. Da der größte Teil der Migranten zu den geburtenstarken Jahrgängen gehört, ist die Gruppe der Rentner recht klein. Die schweizerischen Ausländerstatistiken müssen in Bezug auf den Beschäftigungsstand vorsichtig interpretiert werden, da für die Gewährung der Aufenthaltsbewilligung vorausgesetzt wird, daß man selbst oder ein Familienmitglied eine Arbeitsstelle hat; bei denjenigen, die die Schweizer Staatsangehörigkeit besitzen, sieht der Beschäftigungsgrad möglicherweise anders aus.

Vor dem Beginn der achtziger Jahre war der Anteil der Berufstätigen bei den Frauen am höchsten, bei den Männern gleichzeitig am niedrigsten. Seither liegt der Anteil bei beiden Geschlechtern etwa in gleicher Höhe. Was die Frauen betrifft, spiegelt sich hier die Struktur der Migration wider, die Einwanderung junger, unverheirateter Frauen, die in der Schweiz Arbeit gefunden hatten. Die niedrige Beschäftigungsrate der Männer in den siebziger Jahren ist schwerer zu erklären. Eine Teilerklärung ist, daß unter ihnen viele Studenten und Kinder waren (generell läßt sich der Anteil der Nichtberufstätigen zum größten Teil durch die Anzahl der Kinder erklären; 22 Prozent gehörten zur Altersgruppe der unter 15jährigen). Betrachtet man die Berufstätigkeit der Verheirateten, zeigt sich, daß der Beschäftigungsgrad der Männer im gesamten Untersuchungszeitraum höher war

Berufstätigkeit der in der Schweiz lebenden finnischen Staatsangehörigkeiten

Jahr	Insg. Pers.	Männer Pers.	Berufst. Männer %	Verheirat. berufst. Männer %	Frauen Pers.	Berufst. Frauen %	Verheirat. berufst. Frauen %
1973	1687	447	34	46	1240	67	38
1975	1270	328	43	66	942	65	39
1980	1411	382	62	85	1029	68	42
1985	1428	443	59	85	985	60	39
1990	1584	531	63	86	1053	59	47
1995	1996	671	61	86	1325	61	54
1998	2041	711	63	86	1330	57	52

Quelle: Bundesamt fur Ausländerfragen. Zentrales Ausländerregister. Unveröffentlichte Tabelle.

als der der Frauen. Dies erklärt sich daraus, daß in der schweizerischen Gesellschaft von der Frau erwartet wird, daß sie nach der Heirat zu Hause bleibt, während der Mann die Familie ernährt. Dennoch ist der Anteil der berufstätigen Schweizerfinninnen bemerkenswert hoch. Die Berufstätigkeit der verheirateten Frauen hat im Lauf der Zeit zugenommen, was hauptsächlich darauf zurückzuführen ist, daß die Hausfrauen ins Arbeitsleben zurückkehren, wenn ihre Kinder älter sind. Für Mütter kleiner Kinder ist es sehr schwierig, arbeiten zu gehen, u. a. weil die Organisation der Kinderbetreuung mühevoll ist und die Schulkinder zum Essen nach Hause kommen.

Aus der Umfrage geht hervor, daß mehr als die Hälfte der Befragten, 532 Personen, abhängige Erwerbstätige sind. Hausfrauen (oder Hausmänner) stellen mit 231 Personen fast ein Viertel der Erhebungsmenge. 108 Personen, gut ein Zehntel der Befragten, sind Privatunternehmer, 22 Studenten und 56 (knapp 6 Prozent) Rentner. Die Rentner haben bis zu ihrer Pensionierung nahezu ausnahmslos in der Schweiz am Arbeitsleben teilgenommen, denn über 60jährige Einwanderer erhalten nur dann eine Aufenthaltsbewilligung, wenn sie finanziell unabhängig sind. Die Praxis ist in dieser Hinsicht allerdings von Kanton zu Kanton verschieden. Fast 70 Prozent der Befragten arbeiteten in irgendeiner Form Teilzeit oder ganztags. Der hohe Anteil ist natürlich darauf zurückzuführen, daß die Kinder nicht in die Umfrage einbezogen wurden.

Die Berufstätigkeit steht mit dem Zivilstand in Verbindung, wie die folgende Tabelle zeigt:

	Ledig	Verh.	In eheähnl. Gemeinsch.	Geschie-den	Verwitwet
Abhängige Erwerbstätige	71	49	69	73	35
Privatunternehmer	9	11	4	14	10
Studenten	9	1	7	1	0
Hausfrauen	1	31	16	3	15
Rentner	4	5	2	9	35
Sonstige	6	3	2	0	5
Insgesamt (%)	*100*	*100*	*100*	*100*	*100*
n	*104*	*699*	*45*	*110*	*20*

Wie zu erwarten, ist der Anteil der Berufstätigen bei den Verheirateten am niedrigsten und bei den Ledigen und Geschiedenen am höchsten. Interessant ist, daß etwa 70 Prozent der in eheähnlicher Gemeinschaft Lebenden berufstätig sind. Der Umfrage nach handelt es sich nicht um eine Zwischenstufe im Leben junger Leute; vielmehr sind 80 Prozent derjenigen, die unverheiratet mit einem Partner zusammenleben, über dreißig, die Hälfte über vierzig Jahre alt. Daß Ehen ohne Trauschein vor allem von den etwas Älteren favorisiert werden, dürfte in erster Linie finanzielle Gründe haben, die ihrerseits auf den Besonderheiten der schweizerischen Gesetzgebung beruhen; zum Beispiel ist es im Hinblick auf die spätere Rente günstiger, unverheiratet zusammenzuleben.

In welchen Branchen arbeiten die Finnen? Die vom Bundesamt für Ausländerfragen erstellten Angaben[20] vermitteln ein recht genaues Bild, da sie es ermöglichen, die Berufsverteilung zeitlich bis in das Jahr 1976 zurückzuverfolgen. Auch diese Tabelle

**Berufsstruktur der in der Schweiz lebenden finnischen
Staatsangehörigen 1976–1998**

	1976		1986		1998	
	Total	Weibl.	Total	Weibl.	Total	Weibl.
Gesamttotal	1342	988	1399	961	2018	1319
Total Erwerbstätige	846	660	838	577	1184	748
Landwirtschaftliche und gartenbauliche Berufe	1	-	4	3	9	5
Berufe der Metallherstellung und -bearbeitung und des Maschinenbaus	13	2	16	2	18	3
Berufe der Uhren- und Schmuckherstellung	20	1	12	-	14	1
Übrige Hersteller	15	2	13	5	17	6
Bau- und Anstreicherbranche	2	-	-	-	2	1
Architekten, Ingen., Techniker	33	3	44	3	75	10
Technische Fachkräfte und Hilfsberufe	19	14	14	8	38	19
Unternehmer, leitende Beamte und Angestellte	13	2	46	5	117	18
Büro und Verkaufsberufe, Dienstleistungskaufleute	148	121	158	111	250	174
Land-, Wasser- und Luftverkehrsberufe	5	2	-	-	12	7
Gastgewerbliche und hauswirtschaftliche Berufe	121	118	107	96	112	100
Raum- und Gebäudereiniger	-	-	1	1	2	2
Berufe der Körperpflege	4	4	7	7	2	2
Ordnungs-. Sicherheits- und Rechtswesen	-	-	3	3	7	2
Berufe der Heilbehandlung	399	357	325	291	351	312
Ärzte	21	10	13	6	14	10
Masseure, Heilgymn., Physiotherap.	38	32	41	35	70	56
Psychiatriepfleger, -schwestern	68	61	41	33	37	28
Sonstige Krankenpfleger (-innen)	192	181	180	170	194	185
Med. Laboranten, Röntgenassist.	45	44	36	34	22	20
Arzt- und Zahnarztgehilfinnen	10	10	3	3	1	1
Übrige Heilbehandlungshelfer	21	15	8	7	5	5
Sonstige	4	3	3	3	8	7
Wissenschaftliche und verwandte Berufe	11	2	37	15	61	31
Künstlerische und verwandte Berufe	3	1	11	4	19	9
Berufe in Unterricht, Erziehung, Seelsorge	22	15	16	9	42	30
Übrige Berufe	16	13	14	9	36	16
Nichterwerbstätige	496	328	561	384	834	571
Familienangeh. von Erwerbst.	306	207	251	208	494	345
Schüler oder Studenten	133	84	226	129	95	65

ist mit einem gewissen Vorbehalt zu betrachten, da sie nur die Berufstätigen mit Aufenthaltsbewilligung einbezieht. Die Länge des erfaßten Zeitraums, 20 Jahre, gleicht dies jedoch teilweise aus, da in den Angaben für 1976 und 1986 zahlreiche Personen enthalten sind, die in der Statistik des Jahres 1998 fehlen – diejenigen, die später die Schweizer Staatsangehörigkeit erhielten. Daher erlauben die vorliegenden Ziffern zuverlässigere Rückschlüsse auf die gesamte Population als die Betrachtung eines einzelnen Jahres, auch wenn diejenigen fehlen, die vor 1976 die Schweizer Staatsangehörigkeit erhielten.

Aus der Statistik geht hervor, daß im gesamten Zeitraum das Gesundheitswesen die meisten Schweizerfinnen beschäftigte und daß unter den Beschäftigten dieser Branche die Krankenschwestern die größte Gruppe bildeten. Die Zahlen haben sich über die Jahre hinweg kaum verändert, was darauf zurückzuführen ist, daß neue Fachkräfte aus Finnland nachrückten, während die bereits in der Schweiz Ansässigen zum Teil nach Erlangung der Staatsangehörigkeit aus den Statistiken herausfielen. Die zweitgrößte Gruppe bilden die Büro-, Verkaufs- und Dienstleistungsberufe, an dritter Stelle folgen die Hotel-, Nahrungsmittel- und Haushaltsberufe.

Die interessanteste Entwicklung ist in den Branchen zu beobachten, in denen vorwiegend Männer beschäftigt sind: Der Anteil der Architekten, Ingenieure, Techniker, Unternehmer, Direktoren, höheren Beamten, Wissenschaftler und Künstler ist über den gesamten Zeitraum gestiegen, ebenso die Anzahl der Beschäftigten in den Büro-, Verkaufs- und Dienstleistungsberufen. Im Dienstleistungssektor ist zugleich der Anteil der Männer etwas gewachsen. Die Zahlen veranschaulichen die neue Art der Migration, die generell zu einem Anstieg des Männeranteils in der schweizerfinnischen Bevölkerung geführt hat. Die neuen Migranten haben eine immer höhere Ausbildung und finden zunehmend im kaufmännischen und technischen Bereich eine Anstellung. Die Anwendung des strengen Kontingentsystems auch auf das Gesundheitswesen hat den Anteil dieses Sektors sinken lassen.

Die Umfrage ergab ähnliche Zahlen und zeichnet das folgende Gesamtbild der Berufstätigkeit:

	Frauen	Männer	Insgesamt
Abhängige Erwerbstätige	450	82	532
Privatunternehmer	92	16	108
Studenten	18	4	22
Im eigenen Haushalt Tätige	230	1	231
Rentner	43	13	56
Sonstige Tätigkeit	28	1	29
Keine Antwort	1	0	1
Insgesamt	*862*	*117*	*979*

Die meisten sind abhängige Erwerbstätige; in dieser Gruppe liegt der Anteil der Männer deutlich höher als der der Frauen. Bemerkenswert groß ist der Anteil der Privatunternehmer und -unternehmerinnen, von denen wiederum ein erheblicher Teil (40) im Gesundheitswesen tätig ist. Mehr als die Hälfte dieser Unternehmen werden von Heilgymnastinnen und Masseurinnen betrieben. Am zweithäufigsten sind Privatunternehmen im Bereich des Handels und des Wirtschaftslebens (28). Es gibt auch finnische Unternehmen: Rechts-

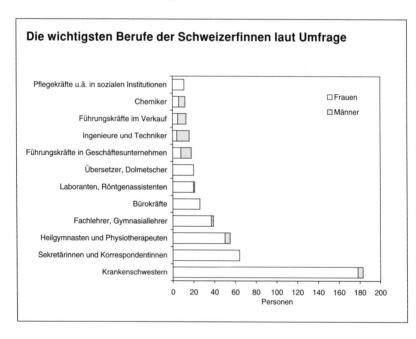

Die wichtigsten Berufe der Schweizerfinnen laut Umfrage

anwaltskanzleien, Architektebüros, private Arztpraxen usw. Der Anteil der Hausfrauen liegt in dieser Erhebung bei gut 23 Prozent, die Differenz zu den offiziellen Statistiken beträgt weniger als ein Prozent.

In welchen Branchen die Schweizerinnen beschäftigt sind, hängt zum Teil von ihrem Einwanderungsjahr ab, wie auch die Analyse der schweizerischen Ausländerstatistiken gezeigt hat. In den Umfrageergebnissen spiegeln sich sowohl die individuellen als auch die strukturellen Faktoren etwas anders wider als in der weiter oben vorgestellten Tabelle:

Branche	−1965	1966–1975	1976–1985	1986–1996
Land- und Forstwirtschaft	2	0	2	1
Industrie und Bauwesen	7	7	6	15
Transport-, Post- und Fernmeldewesen	2	1	2	2
Handel	7	7	3	5
Hotel- und Restaurantgewerbe	0	3	2	4
Wirtschaft und Verwaltung	7	15	9	6
Gesundheitswesen	11	39	42	28
Bildung und Forschung	1	5	3	4
Internationale Organisationen	2	1	1	2
Sonstige	61	22	30	33
Insgesamt (%)	*100*	*100*	*100*	*100*
n	*106*	*376*	*234*	*241*

Besonders auffällig ist die Entwicklung des Anteils der Berufe im Gesundheitswesen. Auch diese Tabelle macht die Einwanderung von Fachkräften dieser Branche in den sechziger und siebziger Jahren deutlich sichtbar. Eine weitere Besonderheit ist der Zuwachs im Bereich der Industrie und der Baubranche in jüngster Zeit. Da die Tabelle die heutige Situation wiedergibt, ist zu beachten, daß sich neben der Migration auch der Berufswechsel der Schweizerinnen auf die Entwicklung ausgewirkt hat. Der hohe Anteil der Gruppe "Sonstige" bei den vor 1965 Eingewanderten ist zum größten Teil auf die Pensionierung der Betreffenden zurückzuführen.

Aus der Umfrage läßt sich auch ein über die Brancheneinteilung hinausgehendes, genaueres Bild von der Berufsstruktur der

In vielen Ortschaften der Schweiz findet man kleine Geschäfte, deren Besitzer Finnen sind. Im Bild das Juweliergeschäft von P. Rautiainen in Thun. – *Foto: Krister Björklund.*

Schweizerfinnen gewinnen. Es entspricht weitgehend dem, das sich aus den schweizerischen Statistiken ergibt. So liegt z. B. der Anteil der Krankenschwestern an der berufstätigen[21] schweizerfinnischen Bevölkerung der Umfrage nach bei etwa 23 Prozent, während er in den offiziellen Statistiken mit 22 Prozent angegeben wird. Die Berufsgruppen, in denen traditionell vorwiegend Männer tätig sind, lassen sich ebenfalls deutlich unterscheiden – in führenden Positionen und technischen Berufen sind in der Regel Männer beschäftigt.

Auch Verbindungen zwischen Finnland und der Schweiz lassen sich aus den Berufsfeldern der Schweizerfinnen ablesen. Insgesamt 149 der Befragten haben beruflich mit Finnland zu tun. 71 Frauen und 15 Männer sind bei einem finnischen Arbeitgeber angestellt. Von den 574 Angestellten schweizerischer Arbeitgeber haben 63 Aufgaben, die in irgendeiner Weise mit Finnland verbunden sind. Die Schweizerfinnen arbeiten der Umfrage zufolge in ausgesprochen in-

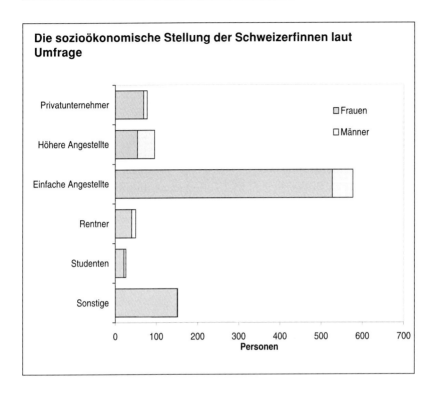

Die sozioökonomische Stellung der Schweizerinnen laut Umfrage

ternationalen Gemeinschaften. Nur 18 Prozent gaben an, alle ihre Kollegen seien Schweizer, während 47 Prozent mit Schweizern und Ausländern zusammenarbeiten. Knapp fünf Prozent der Befragten hatten auschließlich schweizerische und finnische Kollegen. Das Gesundheitswesen ist die "internationalste" Branche, gefolgt von Industrie und Bauwesen. Dies entspricht der allgemeinen Berufsgliederung der in der Schweiz lebenden Ausländer. Die ungelernten Arbeitskräfte im Gesundheitswesen sind vorwiegend Ausländer, und auch der Anteil der ausländischen Krankenschwestern ist groß, so daß die in dieser Branche tätigen Schweizerinninnen in einer ethnisch heterogenen Umgebung arbeiten. Der hohe Anteil der Immigranten in der Schweiz wird in mehreren Branchen sichtbar.

Die Berufsstruktur der Schweizerinnen unterscheidet sich deutlich von der der anderen Einwanderer. 1996 war die größte Gruppe, 7,8

Prozent, der 869 701 berufstätigen Ausländer in der Schweiz in Handel und Verwaltung beschäftigt. Die zweitgrößte Gruppe mit einem Anteil von 4 Prozent bildeten Putzhilfen, Straßenkehrer und verwandte Berufe, 3 Prozent waren als Verkäufer tätig. Als Kellner arbeiteten knapp drei Prozent der Berufstätigen. Die Berufsgruppe der Krankenschwestern stand erst an neunter Stelle mit einem Anteil von 2 Prozent – ein Zehntel der entsprechenden Zahl bei den Schweizerfinnen.

Neben der Berufsstruktur ist auch der sozioökonomische Status der Befragten von Interesse. Die Analyse orientiert sich an der Klassifizierung des finnischen Statistischen Zentralamts, die zwar recht grob ist, aber dennoch einen allgemeinen Eindruck von der Position der Schweizerfinnen im Arbeitsleben vermittelt:

Krankenschwestern und Heilgymnastinnen bilden die größte Gruppe unter den sog. einfachen Angestellten, zu denen außerdem z. B. die Bürokräfte und ähnliche Berufe gehören. Die Berufsklassifizierung zeigt, daß der Anteil der Arbeiter in Industrie- und anderen Produktionsbetrieben in der Erhebung verschwindend gering ist. Auch die Statusunterschiede zwischen den Geschlechtern treten deutlich hervor: bei den Angestellten, insbesondere bei den höheren Angestellten, ist der Anteil der Männer am größten. Ihr geringer Anteil in der Gruppe der Privatunternehmer erklärt sich aus der oben erwähnten Dominanz der Gesundheitspflege in diesem Sektor. In Relation zum Migrationsjahr stellt sich die sozioökonomische Situation folgendermaßen dar:

	–1965	1966–1975	1976–1985	1986–1996
Privatunternehmer	10	10	9	3
Höhere Angestellte	8	6	9	18
Einfache Angestellte und andere Arbeitnehmer	31	67	61	58
Rentner	34	3	1	0
Studenten	3	1	1	4
Sonstige	14	13	19	17
Insgesamt (%)	*100*	*100*	*100*	*100*
n	*106*	*376*	*234*	*252*

Aus der Tabelle geht hervor, daß der Anteil der höheren Beamten seit Mitte der 70er und vor allem gegen Ende der 80er Jahre gestiegen ist. Hier wird die gleiche Entwicklung sichtbar wie in den oben wiedergegebenen Statistiken.

Die Berufsstruktur der Ehepartner der Schweizerfinnen gibt am deutlichsten Aufschluß über den sozialen Status der Familie, da dieser in der Schweiz vom Beruf des Mannes abhängt und der größte Teil der Befragten Frauen sind. Der häufigste Beruf des Ehepartners ist der des Leiters in einem Geschäftsunternehmen. Damit ist nicht unbedingt die höchste Führungsebene gemeint; vielmehr umfaßt diese Gruppe auch technische Führungskräfte, Finanzdirektoren, Verwaltungsleiter u. ä. Das Spektrum der Leiter in schweizerischen Unternehmen ist recht groß. An zweiter Stelle folgen Ingenieure und Techniker im Bereich der Elektronik und Datentechnik, an dritter Fach- und Gymnasiallehrer, an vierter Architekten und Ärzte. Ihr sozioökonomischer Status konzentriert sich deutlich auf die höheren (19,4 Prozent) und einfachen Angestellten (25,6 Prozent). Die meisten Ehepartner der Schweizerfinninnen sind in der Industrie tätig. Die Erhebung deutet darauf hin, daß die Schweizerfinninnen häufig in höhere soziale Schichten geheiratet haben, obgleich es auch Ausnahmen gibt. Zusätzlich zu diesen Ergebnissen ist es interessant, den Sozialstatus des Ehepartners zur Berufstätigkeit der Befragten in Beziehung zu setzen:

Sozioökonomischer Status des Ehepartners	Hausfrau (%)
Arbeitgeber	0
Unternehmer ohne Angestellte	20
Höhere Angestellte	41
Einfache Angestellte und Arbeiter	30
Rentner	27
Studenten	11
Sonstige	2

Die Zahlen verdeutlichen das Abhängigkeitsverhältnis zwischen dem Sozialstatus des Ehemannes und der Berufstätigkeit der Frau: ein höherer sozialer Status schafft die Voraussetzung dafür, daß die Ehefrau zu Hause bleiben kann. Zum gleichen Ergebnis kam auch Dobler-Mikola 1979 in ihrer Untersuchung.[22] Die schweizerfinnischen Hausfrauen sind jedoch in einer anderen Position als ihre schweizerischen Mitbürgerinnen, da sie in der Regel dank ihrer besseren Ausbildung ins Arbeitsleben zurückkehren können, wenn sie dies wünschen.

Die Ausbildung

Der Bildungsgrad der Schweizerfinnen ist recht hoch. Auch hier zeigt sich ein Unterschied zwischen Männern und Frauen. Die Männer haben eine etwas höhere Bildung; 36 Prozent haben einen akademischen Abschluß, während der entsprechende Anteil bei den Frauen 20 Prozent beträgt. Das Diagramm auf Seite 104 zeigt das Ergebnis der Umfrage und zum Vergleich die Angaben des Statistischen Zentralamts für die Jahre 1987–96. Der Unterschied zeigt ganz deutlich, daß die Migration im letzten Jahrzehnt anders geartet war – in jüngster Zeit ziehen noch besser ausgebildete Finnen in die Schweiz. Das gleiche Bild zeigt sich, wenn man bei der Umfrage den Bildungsgrad in Relation zum Migrationsjahr setzt: Während 22 Prozent der vor 1965 Eingewanderten einen Universitäts- oder Hochschulabschluß hatten, beträgt der entsprechende Anteil bei den 1996 Eingewanderten 28 Prozent.

Für die Ehepartner der Schweizerfinninnen gilt im Bereich der Ausbildung nicht ganz das gleiche wie im Hinblick auf Beruf und Sozialstatus, sondern ihr Bildungsgrad ist etwas niedriger, als man erwarten könnte; gut 16 Prozent haben eine Fachschul- und 18,5 Prozent eine Universitätsausbildung. Der Unterschied ist jedoch nicht bedeutsam, da das schweizerische Bildungssystem nicht völlig mit dem finnischen zu vergleichen ist und die Ausbildung im Arbeitsleben eine andere Bedeutung hat. In der Schweiz gibt es zahlreiche Ausbildungsgänge mit Lehrvertrag, und die Berufsausbildung ist generell stärker praxisorientiert als in Finnland.

Obwohl das allgemeine Bildungsniveau in der Schweiz hoch ist, kommen vor allem die Männer in seinen Genuß, während die Frauen im Durchschnitt weitaus weniger ausgebildet werden. Eine internationale Statistik aus den Jahren 1992–1993 über den Anteil der Personen mit Hochschulbildung an der über 24jährigen Bevölkerung ergibt für Finnland die Prozentzahl 10,1 und für die Schweiz 21 Prozent; betrachtet man jedoch den Anteil der Frauen an den Studierenden der Hochschulen, so beträgt er in Finnland 53 Prozent und in der Schweiz 36 Prozent – der niedrigste Wert in Europa.[23]

Die Finnen sind gut ausgebildet, doch in welcher Beziehung steht ihr Bildungsgrad zur Nationalität des Ehepartners? Darüber gibt die folgende Tabelle Aufschluß:

Ausbildung des/der Befragten	Nationalität des Ehepartners		
	finn.	schweiz.	sonstige
Volksschule	1	2	1
Mittel- oder Gesamtschule	3	10	7
Gymnasium, Abitur	7	26	26
Berufsschule oder entspr.	3	7	7
Fachschule oder entspr.	42	32	34
Universität oder Hochschule	38	21	21
weiterf. wiss. Ausbildung	4	0	2
unbekannt	2	2	2
Insgesamt (%)	*100*	*100*	*100*
n	*96*	*534*	*125*

Die Schweizerfinnen, die einen finnischen Ehepartner haben, sind der Tabelle zufolge besser ausgebildet als diejenigen, deren Ehepartner schweizerischer oder anderer Nationalität ist. Sowohl Männer als auch Frauen, die einen finnischen Ehepartner haben, weisen einen höheren Bildungsgrad auf als diejenigen, die mit einer Schweizerin oder einem Schweizer verheiratet sind. Die Erklärung liegt darin, daß viele Finninnen sofort nach Abschluß der Schule oder Fachschule ihren schweizerischen Ehemann kennenlernten und auf ein weiteres Studium verzichteten. Ein weiterer Faktor ist der höhere Bildungsgrad der später Eingewanderten. Allerdings ist die Anzahl der rein finnischen Ehepaare so niedrig, daß man den Befund nur mit größter Vorsicht interpretieren sollte.

Bildungsgrad der Schweizerfinnen

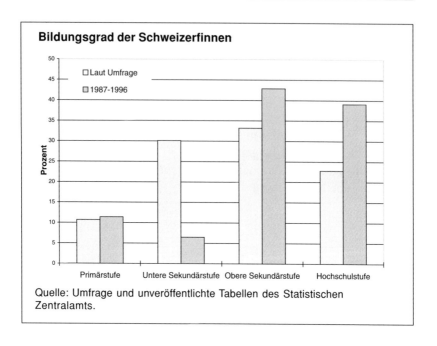

Quelle: Umfrage und unveröffentlichte Tabellen des Statistischen Zentralamts.

Vergleicht man aufgrund der Umfrage jeweils das Bildungsniveau der einzelnen Ehepaare, so bewahrheitet sich, wie auch in anderen Untersuchungen[24] festgestellt wurde, die Redewendung "Gleich und gleich gesellt sich gern". Dobler-Mikola hatte in ihrer Studie nachgewiesen, daß die Ehe für die Schweizerfinninnen einen sozialen Aufstieg bedeutete.[25] Nach dem Material der vorliegenden Untersuchung ist ein solcher Aufstieg insgesamt nicht eindeutig festzustellen, auch wenn die Zahlen zum Teil in diese Richtung weisen. Nach dem "Krankenschwesterboom" der 60er und 70er Jahre hat sich die Situation geändert. Wie oben erwähnt, haben die Migranten der 90er Jahre im allgemeinen sowohl eine gute Ausbildung als auch einen hohen Sozialstatus, und die Ehe mit einem Schweizer ist nicht im gleichen Maß wie früher gleichbedeutend mit gesellschaftlichem Aufstieg.

Mehr als die Hälfte der Befragten hat in der Schweiz eine Ausbildung erworben, meist im beruflichen Bereich. An zweiter Stelle folgt der Hochschulabschluß, den insgesamt 76 der Befragten in der

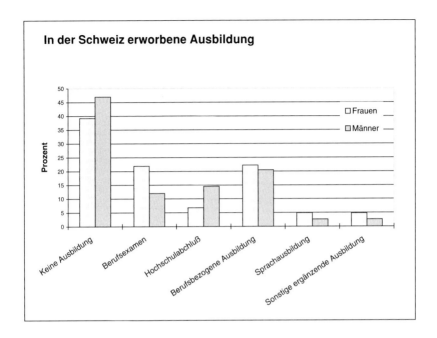

In der Schweiz erworbene Ausbildung

Schweiz ablegten. Aus dem geringen Anteil der sprachlichen Ausbildung läßt sich schließen, daß die Migranten von Anfang an gute Sprachkenntnisse besaßen. Ein großer Teil der an der Untersuchung teilnehmenden Schweizerfinnen gehört denn auch zu der Generation, die in der Schule als erste Fremdsprache Deutsch lernte. Die o. a. Untersuchungen[26] über die Finnen in Deutschland und der Schweiz zeigen, daß weit über die Hälfte der erfaßten Personen in der Schule 4–7 Jahre Deutsch gelernt hatte. Die Migration in die deutschsprachigen Länder war selektiv; diejenigen, die keine Deutschkenntnisse besaßen, entschieden sich wohl nicht ohne weiteres für diesen Sprachraum.

Zusammenfassung der statistischen Betrachtung

Die statistische Analyse vermittelt ein recht genaues Bild von der finnischen Bevölkerung der Schweiz in der Nachkriegszeit. In ihrem statistischen Profil unterscheidet sie sich deutlich sowohl von der Bevölkerung Finnlands als auch von den Finnen in den großen Migrationsländern. Dagegen sind zahlreiche Übereinstimmungen mit den Auslandsfinnen im übrigen Mitteleuropa festzustellen. Bei den Schweizerfinnen handelt es sich vorwiegend um gut ausgebildete, in jungen Jahren eingewanderte Frauen. Der Anteil der Männer war gering, steigt jedoch in jüngster Zeit. Die Männer sind im allgemeinen Spezialisten in ihrem jeweiligen Berufsbereich. Diejenigen, die in den sechziger und siebziger Jahren vom "Schweizfieber" befallen wurden und dann im Land blieben, haben heute meist einen guten gesellschaftlichen Status. Zum Teil haben sie diese Position allein durch ihre Arbeit und ihren Bildungsgrad erreicht; zusätzlich gewährte vielen aber auch die Ehe mit einem Schweizer gesicherte Verhältnisse. Bei den Finnen, die erst nach der Migrationswelle in die Schweiz kamen, treten Ausbildung und berufliche Fähigkeiten noch deutlicher in den Vordergrund, bedingt durch die strenge Einwanderungspolitik der Schweiz und durch den Umstand, daß die Schweiz nicht der EU beigetreten ist.

Eine rein statistische Betrachtung ergibt jedoch noch kein vollständiges Bild. In der Schweiz leben verschiedene kleine Gruppen von Finnen, die als interessante Ergänzung im Rahmen dieses Gesamtüberblicks vorgestellt werden sollen.

Die finnischen Studenten in der Schweiz

In der gesamten Nachkriegszeit haben Finnen an schweizerischen Lehranstalten studiert, ein bemerkenswerter quantitativer Anstieg war jedoch erst in den sechziger Jahren zu verzeichnen. Der wichtigste Grund hierfür war wohl die harte Konkurrenz der geburtenstarken Jahrgänge um die Studienplätze. In den sechziger und siebziger Jahren gingen viele, die in Finnland keinen Studienplatz fanden, zum Studium ins Ausland, wobei die Schweiz ein wichtiges Zielland war. Zentrale Statistiken über die damaligen finnischen Studierenden in der Schweiz sind nicht verfügbar, und im Rahmen der vorliegenden Untersuchung war es nicht möglich, die entsprechenden Angaben manuell aus den umfangreichen Matrikeln der Schweizer Universitäten herauszuziehen.

Im besten Fall fanden sich nur für die letzten Jahre fertige Aufstellungen über die Anzahl der Finnen.

Die Schweiz hat acht Universitäten – in Basel, Bern, Fribourg, Genf, Lausanne, Neuchâtel, St. Gallen und Zürich – sowie zwei Technische Hochschulen in Zürich und Lausanne. Auch an verschiedenen Spezialschulen, etwa an Fachschulen für das Hotel- und Gaststättengewerbe und für Tourismus, werden Finnen ausgebildet. Alle diese Institutionen stehen ausländischen Studierenden offen. Die Gesamtzahl der finnischen Schüler und Studenten lag den schweizerischen Statistiken zufolge 1976 bei 133, zehn Jahre später bei 226 und 1996 bei 97. Der Anteil der Frauen an den Studierenden betrug im gesamten Zeitraum gut 60 Prozent.[27] Die Anzahl der Finnen ist heute an keiner Universität außergewöhnlich hoch, meist liegt sie knapp über zehn. Finnen studieren an jeder der genannten Universitäten und an zahlreichen anderen Lehranstalten. Die verfügbaren Angaben erlauben keine detailliertere Betrachtung; viele finnische Studierende verbringen nur ein Semester in der Schweiz, und es ist nicht bekannt, wie viele einen Studienabschluß in der Schweiz anstreben. Für die vorliegende Untersuchung wurden exemplarisch die Angaben über die finnischen Studierenden in den Jahren 1980–1997 aus der Matrikel der Universität St. Gallen zusammengestellt. Die Wahl fiel auf diese Universität, weil sie nach Aussage von Informanten eine wichtige Bildungsstätte für die Finnen in der Schweiz war. Angaben aus früheren Jahren konnten aus praktischen Gründen leider nicht gesammelt werden. Wahrscheinlich war aber die Anzahl der Studenten vor dem überprüften Zeitraum bedeutend höher. Die Gesamtzahl der finnischen Studierenden in St. Gallen ab 1980 beträgt 37, davon 19 Frauen. 32 verbrachten weniger als ein Jahr an dieser Universität, und nur zwei strebten dort einen Abschluß an. Die gegenwärtige Anzahl der finnischen Studierenden ist auch an anderen Universitäten nicht hoch: in Zürich, Bern und Basel studierten im Jahre 1997 insgesamt etwa 40 Finninnen und Finnen.[28]

Es ist etwas fragwürdig, Studierende und Au-pairs zu den eigentlichen Schweizerfinnen zu zählen, da sie in der Regel nicht in die Schweiz kommen, um sich dort niederzulassen, sondern weil der Aufenthalt dort Teil ihres Studiengangs ist und häufig im Rahmen eines studentischen Austauschprogramms organisiert wird. Viele finnische Hochschulen haben entsprechende Vereinbarungen mit schweizerischen Lehranstalten und Forschungsinstituten getroffen; als Beispiele seien die Universität Helsinki, die Technische Hochschule in Helsinki und die ETH in Zürich genannt.

Die dem finnischen Unterrichtsministerium unterstehende Zentrale für internationalen Austausch, CIMO, hatte in der Schweiz einen Partner in der Organisation BIGA,[29] die finnischen Interessenten Praktika und Arbeitsplätze in der Schweiz vermittelte. Ein studienergänzendes Praktikum (aufgrund des 1951 geschlossenen sog. Stagiaire-Abkommens) wird 18–30jährigen Bewerbern angeboten, die eine mindestens zweijährige Ausbildung abgeschlossen haben oder in Ausnahmefällen eine kürzere Ausbildung und Berufserfahrung vorweisen können. Das Praktikum dauert maximal 1–1,5 Jahre und kann im Hotel- und Gaststättengewerbe, in der Tourismusbranche, im kaufmännischen und technischen Bereich sowie in der Landwirtschaft und in Gärtnereien absolviert werden. Die CIMO vermittelt ferner Arbeitsplätze und hilft denjenigen, die selbständig eine Stelle gefunden haben, bei der Beschaffung der Arbeitsbewilligung. Mangelnde Ressourcen haben die Arbeitsvermittlung in der Schweiz in den letzten Jahren allerdings erschwert.

Mehrere Unterorgane der UNO haben ihren Sitz in Genf; finnische Studierende und junge Graduierte können bei der CIMO ein Stipendium für ein Praktikum in einer dieser Organisationen beantragen. Den Praktikumsplatz müssen sich die Bewerber selbst besorgen, und die maximale Dauer des Aufenthalts beträgt sechs Monate. Auch andere Organisationen vermitteln finnische Studierende und Praktikanten in die Schweiz, etwa die "Fenno-Swiss Agency"; die Anzahl der Vermittelten ist jedoch nicht sehr groß.

Eine der gegenwärtig wichtigsten Forschungsanstalten, an der finnische Forscher tätig sind, ist die Europäische Organisation für Kernforschung, CERN, in Genf. Der Organisation gehören 19 Staaten an; Finnland trat ihr Anfang 1991 bei. Danach stieg die Anzahl der dort arbeitenden Finnen rasch an. Zur Zeit liegt ihre Zahl bei etwa hundert, darunter jedoch nur 17 festangestellte Wissenschaftler. Viele finnische Universitäten und Hochschulen arbeiten eng mit CERN zusammen und entsenden Studenten und Forscher zu unterschiedlich bemessenen Aufenthalten nach Genf.

Die Ausbildung finnischer Ärzte in der Schweiz

Eine bedeutende Personengruppe, die auf einen mehrjährigen Aufenthalt in der Schweiz zurückblicken kann, sind die finnischen Ärzte und Ärztinnen, die dort ihre Ausbildung absolvierten. Es handelt sich um eine sehr große Gruppe und zugleich um einen Sonderfall, da die Studierenden nicht auf eigene Faust, sondern aufgrund offizieller bilateraler Abkommen ins Ausland gingen. In den Jahren 1960-1979 studierten fast 1200 Finnen im Ausland Medizin; etwa 300 von ihnen schlossen ihr Studium in der Schweiz ab. Hinzu kommen diejenigen, die in der Schweiz mit dem Studium anfingen, es aber in Finnland oder einem anderen Land abschlossen.[30]

Hinter diesem organisierten Auslandsstudium stand der Ärztemangel, der in Finnland in den fünfziger Jahren vor allem in den ländlichen Gebieten herrschte. In Helsinki und Turku wurden zusätzliche Studienplätze geschaffen, und ab 1960 wurden auch in Oulu Ärzte ausgebildet, doch diese Maßnahmen reichten nicht aus. Um dem Ärztemangel zu begegnen, mußte man auch die Ausbildungsmöglichkeiten im Ausland nutzen. Niilo Pesonen, der damalige Generaldirektor des Zentralamts für Gesundheitswesen, setzte sich energisch dafür ein, die Ausbildung finnischer Mediziner im Ausland zu organisieren. Das Vorhaben stieß jedoch auf breiten Widerstand und wurde auch im finnischen Parlament ausführlich erörtert. Man fürchtete unter anderem, daß die Abwanderung aus Finnland zunehmen würde. Nach langer Vorbereitung wurde schließlich im Juni 1960 das Gesetz über Studiendarlehen zur Ablegung des medizinischen Examens im Ausland verabschiedet, und schon im Herbst desselben Jahres reisten die ersten Studenten nach Århus in Dänemark und an die schweizerischen Universitäten. Das neue Gesetz schuf die finanziellen Voraussetzungen für das Auslandsstudium.

Es bereitete keine größeren Schwierigkeiten, Studienplätze im Ausland zu finden. Niilo Pesonen hatte bereits Verhandlungen mit der medizinischen Fakultät der Universität Århus geführt; als dort eine Einigung erzielt war, wandte er sich an die medizinischen Fakultäten in der Schweiz und erhielt ermutigende Reaktionen. O. Gsell, Professor für innere Medizin an der Universität Basel, setzte sich aktiv für die Angelegenheit ein, und bald kamen auch positive Antworten von den Universitäten Bern, Zürich und Fribourg. Pesonen zufolge waren die Verhandlungen von der starken Sympathie geprägt, die die Schweizer Finnland entgegenbrachten.[31]

Später eröffnete sich den Finnen die Möglichkeit, auch in Wien und an den westdeutschen Universitäten Medizin zu studieren. In den ersten Jahren wurden jährlich 50 Medizinstudenten ins Ausland entsandt, und 1967 betrug ihre Gesamtzahl 350.[32]

Ursprünglich waren mit den Universitäten Bern, Basel, Zürich und Fribourg Ausbildungsverträge geschlossen worden, aber in Fribourg konnte man nur bis zum Vorexamen studieren und mußte zum klinischen Studium an eine andere Universität wechseln. Die Gesamtmenge der Finnen, die während der Geltungsdauer dieser Sonderregelung (1960–1979) ihr Medizinstudium in der Schweiz abschlossen, verteilte sich folgendermaßen auf die verschiedenen Universitäten[33]:

- Basel	119	- Lausanne	6
- Bern	104	- Genf	2
- Zürich	66		

Das Medizinstudium im Ausland war eine sinnvolle Alternative für viele, die in Finnland keinen Studienplatz gefunden hatten. Die Zeit hat bei vielen die Erinnerung verklärt. Ein damaliger Student schreibt: *"Die Schweizer Sprache lernten wir schnell. Das Studiendarlehen fiel uns in den Schoß, und die Finnmark war in den 60er Jahren noch stark. Wir hatten Geld und konnten uns in Europa sogar ein Auto leisten."*[34] Das Leben in der Schweiz war jedoch nicht immer so rosig. Der folgende Bericht stammt von zwei Studierenden, die 1960 ihr Studium aufnahmen:

Wir kamen spätabends in Fribourg an, standen mit unserem Gepäck am Bahnhof und hatten keine Ahnung, wohin wir gehen sollten. Zu unserem Entsetzen sahen wir nur französischsprachige Schilder; wir hatten geglaubt, wir kämen mit unserem bißchen Schuldeutsch zurecht. Als wir ratlos dastanden, kam ein Mönch auf uns zu und fragte, wo wir hinwollten, und als wir ihm unsere Situation erklärten, brachte er uns für eine Nacht im Kloster unter. In den nächsten Tagen fanden wir nach und nach alle eine Unterkunft, einige von uns im Wohnheim eines Nonnenklosters. In den ersten Vorlesungen war uns zum Weinen, weil wir die Sprache so schlecht verstanden. Das Studiendarlehen war so niedrig, daß es nur für das Allernötigste reichte, weil wir Miete, Essen und Lehrmaterial bezahlen mußten. Wenn wir vor der Abreise gewußt hätten, was uns bevorstand, hätten wir es uns sicher zweimal überlegt.

Obwohl die organisatorischen Fragen auf höchster Ebene sorgfältig geregelt worden waren, ergaben sich auf der praktischen Ebene manche Schwierigkeiten. Der erste Jahrgang hatte es am schwersten, weil sich das System noch nicht eingespielt hatte. Es war eine große Hilfe, wenn man am neuen Studienort bereits Bekannte hatte.

Der inzwischen verstorbene Medizinalrat Paavo Kuusisto hielt in Helsinki eine Informationsveranstaltung für diejenigen, die in die Schweiz reisten, und versicherte uns, alles sei in Ordnung (...) In der Morgendämmerung am Bahnhof von Bern goß es wie aus Kübeln. Wir fühlten uns ein wenig verloren (...) Juhani wußte, daß Jouko Suhonen vorgereist war, um die Lage zu erkunden, und tatsächlich fanden wir ihn in einer Pension, wo Juhani und ich dann auch gemeinsam ein Zimmer mit Verpflegung für das erste Semester mieteten. (...) Die Kontaktaufnahme zur Universität gehörte auch zu den wichtigen Erledigungen. Unser Erstaunen war allerdings groß, als wir im Sekretariat gefragt wurden, wer wir eigentlich wären; hier könne sich nicht jeder einfach so immatrikulieren. Erst als wir uns mit dem Dekan in Verbindung setzten, der Kuusisto zufolge Bescheid wußte, ging die Sache voran.

Nach vielen Laufereien hatten wir endlich alle möglichen Papiere und Bewilligungen beisammen, dann kam die feierliche Immatrikulation, und allmählich hatten wir das Gefühl, es wird schon werden. Eine große Rolle spielte auch die freundliche Unterstützung durch die Freunde Finnlands.[35]

Die Beschaffung einer Unterkunft war das erste Problem, mit dem sich die Studierenden bei der Ankunft in der Schweiz konfrontiert sahen, aber auch in dieser Hinsicht erwies sich das Renommee Finnlands bisweilen als hilfreich.

Damals (1967) herrschte in Bern Wohnungsnot, und Ausländer rangierten – wie in Finnland sicher auch - bei den Vermietern ganz unten. Ich hatte alle Inserate im Berner Tages Anzeiger und alle Firmen abgeklappert und überall eine klare Antwort bekommen: 'Wir haben nichts für Sie.' Die gleiche Antwort erhielt ich auch am Schalter der Robert-Pfister-Immobilien, bis der Skilangläufer Veikko Hakulinen meinem Schicksal eine neue Wende gab. Ein älterer Herr kam gerade vorbei, vielleicht Herr Pfister selbst – und fragte, woher ich denn käme. Auf meine Antwort 'aus Finnland' folgte der begeisterte Ausruf '...ach so, Veikko Hakulinen...' Wir unterhielten uns eine Viertelstunde über die ehemaligen und heutigen Größen des finnischen Wintersports. Zum Abschluß des Gesprächs fragte mich der soignierte Herr nach meinem Anliegen und erklärte, das sei letzten Endes 'kein Problem'. Einen halben Kilometer von der Universität fand sich eine Wohnung für mich, in der ich mich natürlich die nächsten sechs Jahre sehr wohl fühlte.[36]

Das Studium in der Schweiz war anstrengend; man mußte zahlreiche Prüfungen ablegen und war immer in Gefahr, den Anschluß zu verpassen. Nicht alle finnischen Studierenden hielten bis zum Examen durch. Die meisten haben ihre Studienzeit jedoch in guter Erinnerung. *"Besonders bereichernd am Studium in der Schweiz war die Begegnung mit hervorragenden Pädagogen, mit geradezu*

Das Logo des Vereins der schweizerfinnischen Medizinstudenten, Appendix ry.

charismatischen Professoren", wie ein dort ausgebildeter finnischer Arzt[37] schreibt.

Die Studierenden integrierten sich im allgemeinen nicht in die schweizerische Gesellschaft, sondern verbrachten ihre Freizeit mit anderen finnischen Studenten. Das zeigt sich u. a. darin, daß zwar viele ihren Ehepartner in der Schweiz fanden, meist jedoch im Kreis ihrer finnischen Kommilitoninnen und Kommilitonen. Nur sehr wenige heirateten einen Schweizer oder eine Schweizerin. So gingen z. B. aus einer Gruppe von acht finnischen Studierenden in einem Kurs zwei Ehepaare hervor.

Als Interessenvertretung der finnischen Medizinstudenten im Ausland wurde bereits 1961 der Medizinerverein Appendix gegründet. Später riefen die Studierenden in den einzelnen Ländern ihre eigenen Vereine ins Leben, und der Verein Appendix konzentrierte sich im wesentlichen darauf, die Interessen der in der Schweiz ausgebildeten finnischen Mediziner zu vertreten.[38] Der Verein ist bis heute aktiv und bildet ein wichtiges Bindeglied zwischen den finnischen Ärzten und Ärztinnen, die in verschiedenen Teilen der Schweiz studiert haben. Der Verein publiziert ein Informationsblatt, das ebenfalls den Namen "Appendix" trägt.

Bei der Rückkehr nach Finnland mußten die frisch examinierten Ärzte verschiedene zusätzliche Kurse, u. a. in Rezeptkunde und Gerichtsmedizin, absolvieren, bevor sie die Approbation erhielten. Der Beginn der beruflichen Laufbahn in Finnland war für viele dornenvoll. Als im Januar 1968 die ersten im Ausland ausgebildeten Ärzte nach Finnland zurückkehrten, hielt man ihnen entgegen, sie seien "Quacksalber und zweitklassige Ärzte". Die Zeitung "Ilta-Sanomat" veröffentlichte am 18. 1. 1968 unter der Überschrift "Streit um die schweizerische Ärzteausbildung. Kommen zweitklassige Ärzte nach Finnland?" ein Interview mit Professor Paavo Vara.

Viele von ihnen können nicht einmal richtig injizieren, das haben wir feststellen müssen. Wir bekommen eine Schar von Quacksalbern, wenn wir nicht vor der Approbation eine mindestens sechsmonatige Famulatur in Finnland vorschreiben.

Das Zentralamt für Gesundheitswesen veranstaltete umgehend eine Pressekonferenz, auf der betont wurde:

Die dortige [schweizerische] Ärzteausbildung ist hervorragend (...) Das Niveau der schweizerischen Medizin wird international außerordentlich hoch geschätzt, und alle aus der Schweiz zurückkehrenden finnischen Ärzte haben ausgezeichnete Zeugnisse. Es besteht kein Grund, ihre Kenntnisse und Fähigkeiten anzuzweifeln.[39]

Man glaubte, nur in Finnland sei man fähig, gute Ärzte auszubilden. Allmählich verebbte die Diskussion, und Professor Vara, der die Polemik in Gang gesetzt hatte, erklärte, er habe "den Schweizern" einen Dienst erwiesen, indem er sie aufforderte, eine Famulatur in gleicher Länge einzuführen, wie sie in Deutschland und Finnland üblich war.

Die in der Schweiz ausgebildeten Ärzte konnten sich in Finnland problemlos etablieren. Statistiken des Vereins Appendix aus dem Jahr 1985 zeigen, daß der Spezialisierungsgrad in dieser Gruppe höher war als in der finnischen Ärzteschaft insgesamt. Probleme von der Art, wie man sie Ende der sechziger Jahre aufgrund des unterschiedlichen Studiensystems prophezeite, sind nie aufgetreten. Im wesent-

114

Finnische Sternsinger 1967 bei der Adventsfeier im "Nordiska" – *Foto: Helka Iivonen.*

lichen gibt es nur zwei Unterschiede gegenüber der gesamten finnischen Ärzteschaft: Zum einen ist der Anteil der promovierten Ärzte niedriger als zu erwarten wäre, was auf den Abbruch der Kontakte zur eigenen Universität zurückzuführen ist, und zum anderen entschied sich eine Reihe der im Ausland ausgebildete Ärzte für eine Karriere außerhalb Finnlands. Aus dem Adressenregister des Vereins Appendix von 1995 geht hervor, daß 16 Ärzte in der Schweiz und 18 in anderen Ländern tätig sind.

Die Architektenausbildung

Seit den fünfziger Jahren bildet die Architektenausbildung ein Bindeglied zwischen Finnland und der Schweiz. Schweizer haben in Finnland Architektur studiert, vor allem in den Büros der Architekten Aalto und Rewell, und Finnen haben sich als Architekturstudenten in der Schweiz aufgehalten. 1948 wurde im Kunstgewerbemuseum in Zürich die Ausstellung "Aino und Alvar Aalto" gezeigt, die auf großes Interesse stieß. Für viele Schweizer wurde Finnland zum Mekka der Architektur. Seit 1938 hatte Aalto zahlreiche Ausländer in seinem Atelier beschäftigt, darunter auch Schweizer, insgesamt 27 im Lauf der Jahre. Aalto reiste häufig in die Schweiz, sogar in der Kriegszeit, und verbrachte dort jährlich im Februar seinen Skiurlaub. Er liebte die schöne Natur des Landes und interessierte sich für seine Geschichte und seine gesellschaftliche Ordnung. Er zog sogar in Erwägung, ein Zweigbüro in Zürich zu eröffnen, führte diesen Plan jedoch nicht aus. Von seinen Projekten in der Schweiz wurde nur das Hochhaus "Schönbühl" in Luzern verwirklicht, während die Entwürfe für das Gebäude des Völkerbunds in Genf und für die Kirche in Zürich-Altstetten nicht ausgeführt wurden.[40]

Viele Schweizer Architekturstudenten reisten nach Finnland, weil die finnische Architektur einen hervorragenden Ruf genoß. Es soll sogar Gerüchte gegeben haben, wonach ein Professor der ETH seinen Studenten praktisch vorschrieb, ein Praktikum in Finnland zu machen. Nicht wenige Schweizer Architekten kehrten mit einer finnischen Frau von ihrer Exkursion zurück. Andererseits studierten in den sechziger Jahren auch zahlreiche Finnen an der Eidgenössischen Technischen Hochschule Zürich (ETH), vor allem in der Abteilung für Architektur. Eine Abteilung für Architektur gibt es außer in Zürich auch an der Ecole Polytechnique Fédérale in Lausanne. Meist bevorzugten die Finnen jedoch die ETH; in den sechziger Jahren studierten dort dem Bericht eines Interviewpartners zufolge insgesamt rund 50 Finnen. Der wichtigste Grund für das Studium in der Schweiz war wohl die Schwierigkeit, an der Technischen Hochschule in Finnland einen Studienplatz zu bekommen.

Ich ging 1967 zum Architekturstudium an die ETH, weil um die 55 Studienplätze in Helsinki 530 Bewerber konkurrierten. Ich hatte in Helsinki ein Mädchen kennengelernt, das nach Zürich wollte, und ich hatte gehört, daß man an der ETH leichter zugelassen wurde als in Helsinki. In dem Jahr waren wir insgesamt 14, die in die Schweiz gingen. Wir fuhren alle auf eigene Faust, es war in keiner Weise organisiert. (...)

Die Statistiken der ETH weisen die Gesamtzahlen der finnischen Studenten in allen Abteilungen wie folgt aus:

Jahr	Diplomstudierende	Nachdiplomstudierende + Doktorierende
1960	5	1
1970	36	1
1975	2	2
1980	0	1
1985	1	2
1990	2	4
1996	2	2

Die hohe Zahl im Jahr 1970 deutet auf die Popularität der ETH in den sechziger Jahren hin, die zum Teil sicher durch das Vorbild der medizinischen Ausbildung zu erklären ist. Es ist anzunehmen, daß die großen Schweizer Universitäten, etwa in St. Gallen und Zürich, um die gleiche Zeit den größten Zustrom an Finnen zu verzeichnen hatten.

Dem Mitgliederverzeichnis des Finnischen Architektenverbandes[41] zufolge haben zwanzig Mitglieder ihren Abschluß in der Schweiz erworben, davon eins in Lausanne. Sechzehn von ihnen sind in den vierziger Jahren geboren – das bestätigt die Vermutung, daß die Anzahl der finnischen Studenten in der Schweiz gerade in den sechziger Jahren relativ hoch war. Die aus dem Mitgliederverzeichnis hervorgehende Zahl ist im Licht anderweitig erhaltener Abgaben überraschend niedrig. Dafür gibt es zwei Erklärungen. Zum einen gilt für die angehenden Architekten dasselbe wie für die anderen Studenten: nicht alle schlossen ihre Ausbildung in der Schweiz ab, sondern studierten an einer anderen Universität weiter oder brachen das Studium ab. Zum anderen kehrten zwar die meisten nach dem Studium zunächst nach Finnland zurück, doch einige zogen in einem späteren Lebensabschnitt erneut ins Ausland. Über die im Ausland tätigen finnischen Architekten liegen keine genaueren Angaben vor. Anders als die Mediziner gründeten die in der Schweiz ausgebildeten finnischen Architekten keine eigene Organisation.

Das Studium wurde von den Eltern oder mit einem finnischen Studiendarlehen finanziert. Vor allem für die Ärzte war es nicht ganz leicht, im Anschluß an das Studium in der Schweiz zu bleiben, denn in diesem Fall mußte das aus Finnland bezogene günstige Studiendarlehen sofort in voller Höhe zurückgezahlt werden. Wer sein Studium auf andere Weise finanziert hatte, war in dieser Hinsicht nicht gebunden.

Ein beliebter Treffpunkt der Finnen in Zürich war eine Ecke im Café Odeon. Dort verbrachten finnische und skandinavische Studenten der Medizin, der Mathematik, der Architektur und vieler anderer Fächer ihre Abende; man traf sich oft im eigenen Kreis, was den Nachteil hatte, daß man langsamer Deutsch lernte. Das Studium war anstrengend, doch wußte man sich auch zu amüsieren.

Die Skandinavier hatten ihren Klub 'Nordiska' am Zürichsee, wo häufig gefeiert wurde. Über diesen Klub wurde folgende Geschichte erzählt: Wenn die jungen Burschen, nachdem sie den ganzen Abend im Odeon gesessen hatten, schon so schwankten, daß sie es nicht mehr zu Fuß zum Nordiska schafften, konnten sie vom Bellevue aus auch dorthin schwimmen. Die Feste im Nordiska fingen immer samstagabends um 24.00 Uhr an und dauerten bis sonntagmorgens um vier oder fünf.

Finnische Studierende waren und sind auch an zahlreichen anderen als den hier erwähnten Lehranstalten in der Schweiz zu finden. So hatte beispielsweise das "Hotel Institute Montreux" in den Jahren 1986–1999 insgesamt 48, das "International Hospitality and Tourism Training Institute" in Neuchâtel im gleichen Zeitraum etwa 30 finnische Studierende, mehrheitlich Frauen. An der "Hotel and Tourism School" Leysin studierten zwischen den Jahren 1985–1999 insgesamt 115 Finnen und Finninnen. Die Zahl der finnischen Studierenden, Praktikanten und Au-pairs, die sich in der Schweiz aufgehalten haben, ist schwer zu schätzen, da im Lauf der Jahre viele außerhalb des offiziellen Systems in die Schweiz kamen; die Summe für die gesamte Nachkriegszeit dürfte sich nach tausenden bemessen. Manche dieser jungen Leute blieben in der Schweiz.

Die Au-pairs

Für sehr viele Schweizerfinninnen war das Au-pair-Jahr ein auslö-
sender Faktor für die spätere Emigration. Bei Au-pairs ist die Schweiz
seit langem beliebt. Als Au-pairs können in der Schweiz 17–30jäh-
rige junge Leute arbeiten; diese Möglichkeit wird fast ausnahmslos
von Frauen wahrgenommen, obwohl auch Männer akzeptiert würden. Das Au-pair-System soll jungen Leuten Gelegenheit geben, in
familiärer Umgebung eine Fremdsprache zu lernen. Zu den offiziellen Arbeitsbedingungen gehören mehrere Stunden Sprachunterricht
in der Woche; im Prinzip sollte außerdem die Möglichkeit bestehen,
die Sprache in der Gastfamilie zu lernen. Die Behörden können sogar eine Bescheinigung über die Teilnahme am Sprachkurs verlan-
gen. Au-pairs erhalten eine einjährige Aufenthaltsbewilligung, die
nicht verlängert wird. Sie gilt nur für einen bestimmten Kanton, ein
nachträglicher Wechsel in einen anderen Kanton ist nicht möglich.
Die Arbeitgeberfamilie muß die Aufenthaltsbewilligung beantragen
und die vorgeschriebenen Versicherungen abschließen. Es ist rat-
sam, sich von einer der offiziellen Organisationen, wie "Pro Filia"
oder "Verein der Freundinnen junger Mädchen", vermitteln zu lassen, statt sich auf Inserate oder persönliche Beziehungen zu verlassen, da die Organisationen in Problemfällen eine Ersatzfamilie
suchen können. Die meisten Au-pairs in der Schweiz kommen aus
Europa, vor allem aus Skandinavien, und aus Nordamerika. Au-pairs
aus anderen Ländern werden in der Schweiz im allgemeinen nicht
akzeptiert.[42]

   Familien, in denen einer der Ehepartner finnischsprachig ist, dürfen
in vielen Kantonen offiziell kein finnisches Au-pair beschäftigen (finn-
landschwedischen Familien wird auch kein schwedisches Au-pair
zugestanden), weil nach den geltenden Regeln Au-pairs in Familien
leben sollen, in denen die zu erlernende Sprache gesprochen wird.
In der Praxis wird diese Regel umgangen, indem das Au-pair entweder alle drei Monate das Land verläßt, offiziell also nicht in der
Schweiz wohnt, oder indem sich eine schweizerische Familie (oder
eine ausländische Familie anderer Nationalität) gegenüber den Behörden als Gastfamilie ausgibt und die Aufenthaltsbewilligung be-

antragt. Vermutlich halten sich viele Au-pairs illegal, ohne Versicherung und ohne den Schutz offizieller Arbeitsverträge in der Schweiz auf. In vielen Familien mit finnischer Mutter und schweizerischem Vater ist ein finnisches Au-pair sehr wichtig für die Spracherziehung der Kinder. Ein Au-pair aus einem anderen Land könnte mit seinen mangelhaften Sprachkenntnissen die sprachliche Entwicklung der Kinder sogar behindern. Andererseits lernen Au-pairs in zweisprachigen Familien die Sprache der Umgebung weniger effektiv als in einer rein schweizerischen Familie.

Als Au-pair ins Ausland zu gehen, bedeutet für einen jungen Menschen einen großen Schritt. Man gewinnt neue Erfahrungen und eine größere Perspektive, doch es gibt auch viele Risiken und Ungewißheiten. Umgebung und Sprache sind fremd, und unter Umständen treten auch persönliche Probleme zutage. Die Anpassung an die Familie verläuft nicht immer ohne Schwierigkeiten. Die große Mehrheit fügt sich jedoch gut in die neuen Gegebenheiten ein, fühlt sich wohl und kehrt um viele Erfahrungen reicher nach Finnland zurück.

Zu den Aufgaben eines Au-pairs gehören Hausarbeit und Kinderbetreuung. Im Prinzip sollten Au-pair-Mädchen nicht als Köchin oder Hausgehilfin eingesetzt werden. Die wöchentliche Arbeitszeit beträgt maximal 30 Stunden, als Taschengeld werden 450–500 Schweizerfranken monatlich gezahlt. In der Praxis ist der Arbeitstag oft länger als erlaubt, und der Aufgabenbereich kann recht umfangreich sein.

Dreißig Stunden pro Woche sind unrealistisch, manchmal muß Terhi ein bißchen länger arbeiten, vielleicht einmal abends auf die Kinder aufpassen oder einspringen, wenn wir beide plötzlich weg müssen. Dafür hat sie ein anderes Mal einen zusätzlichen Nachmittag frei.[43]

Offiziell habe ich eine Fünftagewoche, und abends sollte ich frei haben, aber das klappt nicht. Vor allem jetzt, wo die Familie noch ein Baby bekommen hat, muß ich viel mehr tun als anfangs vereinbart war. Irgendwie gibt es nur immer mehr und mehr Arbeit.

In den Interviews mit Au-pairs wurde deutlich, daß sie sehr gern in einer finnisch-schweizerischen Familie arbeiten, weil das Leben dort vertrauter ist als in einer rein schweizerischen Familie. Die Sprachschwierigkeiten sind weniger groß, und der Umgang mit der Familie ist müheloser.

Wie andere erst kürzlich ins Land gekommene Finnen empfinden auch die Au-pairs die neuen Sitten oft als schwierig. Die Gastfamilie verhilft dem Au-pair zu einer "Schnellanpassung" an die schweizerische Lebensweise, doch Probleme sind nicht immer zu vermeiden. Insbesondere ist oft die persönliche Freiheit geringer als gewohnt, denn in Finnland läßt man den jungen Leuten die Zügel lockerer als in der Schweiz:

In der Schweiz sind die gemeinsamen Mahlzeiten heilig. Ich hab nicht immer Hunger, wenn die Familie ißt, aber trotzdem muß ich mich an den Eßtisch setzen. Ich darf nicht mal nur eine kleine Portion nehmen, denn dann fängt die Mutter an zu toben, ich würde ihre Tochter zur Magersucht erziehen.

Insgesamt beurteilten die interviewten Au-pairs ihren Aufenthalt in der Schweiz jedoch ausgesprochen positiv. Natürlich gibt es in einer fremden Umgebung Anpassungsschwierigkeiten, und manchmal geht ihnen die Pünktlichkeit und Sauberkeit der Schweizer auf die Nerven, aber im allgemeinen fühlen sie sich wohl. Nur in vereinzelten Fällen gab es so starke Differenzen mit der Gastfamilie, daß das Au-pair die Familie wechselte oder nach Finnland zurückkehrte. Keine der Interviewten empfand die Fremdsprache als größere Schwierigkeit, nachdem die anfängliche Steifheit überwunden war. Zuerst kommuniziert man auf Hochdeutsch, und allmählich lernen die Mädchen, Schweizerdeutsch zu verstehen und später sogar zu sprechen. In Zürich finden regelmäßige Treffen statt, bei denen sich die Au-pairs über ihr Leben in der Schweiz austauschen können.

Im allgemeinen verstehen sich die Au-pairs gut mit ihrer Gastfamilie, und es entwickelt sich eine tiefe, herzliche Beziehung. Für viele finnische Mädchen führte das Au-pair-Jahr zu einem langjährigen Aufenthalt in der Schweiz, da sie sich mit einem Schweizer befreundeten.

Die Eishockeyspieler

Die Eishockeyspieler gehören zu den bekanntesten in der Schweiz lebenden Finnen, und ihr PR-Wert für Finnland ist trotz ihrer geringen Zahl beträchtlich. Als Beispiele seien die folgenden erwähnt: Reijo Ruotsalainen, der bis 1993 beim SC Bern spielte; Alpo Suhonen, der als Trainer den EHC Kloten zweimal zur Meisterschaft führte; Pekka Rautakallio, der zum Aufstieg der als "ewiger Verlierer" bekannten Mannschaft SC-Rapperswil-Jona in die A-Liga beitrug; Hannu Virta, ein sehr populärer Spieler des ZSC Lions; und Juha Tamminen, der 1992 die Schweizer Nationalmannschaft trainierte.

Die Eishockeyspieler wählen ihr Zielland in erster Linie nach dem Niveau, auf dem ihre Sportart dort betrieben wird; auch die Famili-

Petteri Nummelin (links) bei einem Match im Spengler Cup in Davos 1997. – Foto: Lehtikuva Oy (Associates Press Photo).

enverhältnisse spielen eine Rolle. Wichtig ist zudem, daß man sich in dem betreffenden Land wohlfühlt, während finanzielle Fragen kein vorrangiges Auswahlkriterium sind. Für die Wahl der Schweiz waren auch die Schönheit der Natur, die gesicherten gesellschaftlichen Verhältnisse und der Wohlstand des Landes bestimmend. Die Eishockeyspieler leben jedoch isoliert von der schweizerischen Gesellschaft im Scheinwerferlicht der Öffentlichkeit, das durchaus auch Nachteile für das Privatleben mit sich bringen kann.

Anfangs ist man eine Weile das Hauptgesprächsthema, man ist sozusagen das derzeitige Schneewittchen der Stadt, und kann in der Zeitung Analysen seiner eigenen Persönlichkeit lesen. Die Menschen sind interessiert, und wenn wir gewinnen, klopfen einem die Leute anerkennend auf den Rücken und erzählen, was sie von Finnland wissen. Die Freundschaft hängt allerdings vom Erfolg ab. Wenn das Spiel nicht so gut läuft, verschwinden die 'Freunde'. Echte Freunde zu finden, ist schwer. (...) Für irgendwelche Unternehmungen mit anderen Finnen bleibt keine Zeit.

Die Musiker

Die Musiker haben engere Verbindungen zu den anderen Schweizerfinnen, obwohl auch sie häufig in der Öffentlichkeit stehen. In der Schweiz haben sich zahlreiche finnische Musiker aufgehalten.Seit 1984 werden Sänger jeweils für ein oder zwei Jahre an das Opernstudio Zürich engagiert; bisher waren es insgesamt 20. 1997 hatten sogar fünf Finnen ein Engagement am Opernhaus Zürich. Der berühmteste finnische Sänger ist Matti Salminen, der von Zürich aus zu Konzerten in der ganzen Welt reist. Für die Schweizerfinnen sind die finnischen Sänger und Musiker in der Schweiz von großer Bedeutung, da sie die musikalischen Aktivitäten ihrer Landsleute fördern. Der 1998 zum Leiter des Opernstudios Zürich ernannte Erkki Korhonen kann geradezu als Institution bezeichnet werden: seit vierzehn Jahren begleitet er mehrere finnische Chöre und ist bei unzähligen finnischen Veranstaltungen als Pianist aufgetreten. Nicht

Vor der Premiere
«Kaderschmiede» der Opernwelt – Erkki Korhonen am Opernstudio Zürich

Die Wahl von Erkki Korhonen zum Leiter des Opernstudios Zürich erweckte Aufmerksamkeit. – *Neue Zürcher Zeitung 12.3.1998.*

nur in Zürich, sondern auch in anderen Städten haben finnische Musiker Engagements, so z. B. Juhani Palola in St. Gallen, Jarmo Vainio in Basel und Helena Maffli-Nissinen in Lausanne.

Die finnischen Mitarbeiter internationaler Organisationen in der Schweiz

Eine Sondergruppe, die buchstäblich an der Grenze des Schweizerfinnentums steht, bilden die bei den Vereinten Nationen in Genf tätigen Finnen. Seit den Anfängen des Völkerbundes waren Finnen bei internationalen Organisationen in der Schweiz beschäftigt, seit 1961 auch in der Zentrale der EFTA in Genf. Finnland trat nämlich 1961 der Europäischen Freihandelszone als assoziiertes Mitglied bei, aufgrund des sog. FinnEFTA-Vertrags, zu dessen Entstehung die Schweiz wesentlich beigetragen hatte.

Zur Zeit arbeiten in Genf insgesamt 48 finnische Experten im Dienst verschiedener Unterorgane der UNO, wie ILO, UNHCR, WHO und andere (1999). In höchsten Positionen befinden sich Pekka Tarjan-

Pekka Tarjanne, der Leiter der ITU, in
seinem Arbeitszimmer. – *Foto: Krister
Björklund.*

ne, der Generalsekretär der Internationalen Fernmeldeunion ITU,
Kaj Bärlund, der Leiter der Abteilung Umwelt bei der Europäischen
Wirtschaftskommission der UNO, und Juhana E. Idänpää-Heikkilä,
der Leiter der pharmazeutischen Abteilung der WHO. Diese auf
der höchsten Führungsebene tätigen Finnen sind aufgrund ihres Amtes
sehr international ausgerichtet. Diejenigen Finnen, die auf nachge-
ordneter Ebene als Beamte in diesen Organisationen tätig sind, haben den Interviews zufolge das Gefühl, in einer gewissen Distanz
von den anderen Schweizerfinnen zu leben. Ein Grund dafür ist ihre
internationale Arbeitsumwelt mit Kollegen aus allen Ländern der Welt.
Viele von ihnen sind auch eigentlich keine Schweizerfinnen, denn
es ist üblich, als Pendler in Frankreich zu wohnen und in Genf zu
arbeiten; in Frankreich lebt es sich nämlich billiger.

Das Leben in der Schweiz

Die allgemeine Betrachtung und die statistischen Angaben vermitteln zwar ein Bild von der Struktur der finnischstämmigen Bevölkerung der Schweiz, von den gesellschaftlichen Hintergrundfaktoren, die zur Migration führten, vom Lebensrahmen und von der Anpassung auf struktureller Ebene, sagen jedoch nicht viel über das individuelle Leben der Schweizerfinnen aus. Im folgenden soll näher darauf eingegangen werden, wie die aus Finnland Ausgewanderten ihr Leben gestaltet und sich in ihr neues Heimatland integriert haben.

Die Migrationsgründe

Der Migration geht häufig ein langer Prozeß voran, in dessen Verlauf eine Vielzahl individueller und struktureller Faktoren auf die zu treffende Entscheidung einwirken. Die große Vielfalt der Gründe für die Migration macht es schwierig, sie in eine bestimmte Schablone zu pressen. Angesichts der zahlreichen Motivkombinationen erscheint es recht willkürlich, die Migrationen nur anhand des wichtigsten Grundes klassifizieren zu wollen. Zum besseren Verständnis des Phänomens müßten sowohl die gesellschaftlich bedingten strukturellen Faktoren als auch die Lebenssituation und -geschichte des jeweiligen Migranten im Ganzen und in Relation zueinander betrachtet werden.

Die Bedeutung des Zufalls

Die Entscheidung, auszuwandern, wird häufig durch eine Summe von Hintergrundfaktoren und Zufällen ausgelöst, wie die Interviews mit Schweizerfinnen deutlich zeigten. In der Regel ging es darum, eine Gelegenheit beim Schopf zu fassen, beispielsweise wenn sich die Lebenspfade zweier Menschen mehr oder weniger zufällig kreuzten, oder wenn jemand zur rechten Zeit am rechten Ort war und deshalb ein Arbeitsverhältnis zustande kam. In der urbanisierten Gesellschaft kreuzen sich die Lebenspfade der Menschen häufiger und schaffen mehr Gelegenheiten dieser Art als in kleinen Bauerndörfern. An den Schnittpunkten entsteht eine Ressource, die vorher nicht existierte, und die Bedeutung des Ereignisses läßt sich nicht vorherahnen. Die Beteiligten sind nach dieser Begegnung nicht mehr die gleichen, selbst ihre Identität kann sich verändern, weil sie sich von nun an in Relation zum anderen definiert.[1] Bei der Migration in die Schweiz handelte es sich weitgehend eben um die Wahrnehmung von Gelegenheiten; das unterscheidet sie ihrem Wesen nach von der Auswanderung in die traditionellen Migrationsländer. Diese Tatsache spiegelt sich auch in dem oben dargestellten urbanen Hintergrund der Migranten wider: in Helsinki war die Chance am größten, eine entsprechende Gelegenheit zu erhalten.

Nach Amerika und Schweden emigrierte man in großen Scharen, hauptsächlich aus den ländlichen und entwicklungsschwachen Gebieten Finnlands. Motive der Auswanderung waren Arbeitslosigkeit und Existenzprobleme,[2] selten die Wahrnehmung einer einzigartigen Gelegenheit. Es war zudem leichter, in ein Land auszuwandern, in dem bereits Landsleute, Bekannte und Verwandte lebten. Die Migration war eine etablierte Zeit-Raum-Strategie, und die eingangs erwähnten Kapazitäts-, Verbindungs- und Lenkungsbeschränkungen stellten für die Abwanderung nach Schweden kein nennenswertes Hindernis dar.

Wie oben deutlich wurde, bildeten bis 1960 die Kapazitätsbeschränkungen in Gestalt beschwerlicher Verkehrsverbindungen ein merkliches Hindernis für die Migrationsbewegung zwischen Finnland und der Schweiz. Erst der regelmäßige Linienflugverkehr zwischen den beiden Ländern verringerte die Bedeutung dieser Beschränkungen. Um die gleiche Zeit setzte die Zuwanderung der geburtenstarken Jahrgänge in die Städte ein, so daß sich immer mehr Menschen Gelegenheiten boten, auch solche, die zur Migration in die Schweiz führten. Die Lenkungsbeschränkungen seitens der schweizerischen Gesellschaft, d. h. die verschärften Regeln in bezug auf die Aufenthaltsgenehmigung, richteten sich nicht gegen die gutausgebildeten Skandinavier – insbesondere Fachkräfte im Gesundheitswesen waren sehr willkommen. Die Mobilität der geburtenstarken Jahrgänge und strukturelle Faktoren in der Schweiz ebenso wie in Finnland setzten die Migrationsbewegung in Gang. Das breite Spektrum der Gründe für die Migration in die Schweiz veranschaulichen die folgenden ausgewählten Kommentare aus den Fragebögen:

Ich war mit einer Interrailkarte gereist und u. a. in der Schweiz gewesen. Das Land gefiel mir. Ich hatte dort auch einen Bekannten. Die Gründe für meine erste Übersiedlung waren letztlich der Wunsch, mir selbst zu beweisen, daß ich mich als Krankenschwester in einem fremden Land behaupten konnte, und die Tatsache, daß die Zentralklinik in Kotka bereit war, mich für ein Jahr zu beurlauben.

Die Liebe...

Ich hatte eine Eigentumswohnung gekauft, das ganze Gehalt ging für Rechnungen drauf, ich konnte mich in Finnland gerade über Wasser halten.

7 Jahre beim gleichen Arbeitgeber. Der Wunsch, etwas dazuzulernen und zu sehen, wie hervorragend das Gesundheitswesen in einem Land wie der Schweiz organisiert ist.

Mein Mann bewarb sich in vielen europäischen Städten um eine Stelle; in der Schweiz klappte es.

Ein Zwischenjahr im Ausland nach dem Abitur. Ich wollte Europa sehen.

Das Leben schien mir farblos und eintönig, die beruflichen Aussichten waren ungewiß, ich war ungebunden und träum-

te davon, in einem schönen Land zu leben. Nach einem Deutschkurs empfand ich das Leben als Abenteuer.

Ein spontaner Vorschlag an einen guten Kollegen, der zufällig eine finnische Krankenschwester in der Schweiz kannte.

Ich wurde nicht in die Krankenpflegeschule aufgenommen und mußte ein Jahr warten, daher beschloß ich, mich mit ein paar Freunden in der Welt umzusehen.

Ich war aus Australien nach Finnland zurückgekehrt und hatte Reisefieber. Der finnische Herbst ist lang und feucht.

Ich arbeitete in einer kleinen Poliklinik, als ich zufällig ein Stellenangebot aus der Schweiz sah. Ich beschloß, hinzufahren und etwas Neues auszuprobieren.

Ich kam zu einem Sprachpraktikum in die Schweiz. Während dieses Jahres lernte ich meinen künftigen Mann kennen, und wir haben 1971 geheiratet.

Als Finnlandschwede fühlte ich mich in Finnland am Arbeitsplatz in größerem Maß als Ausländer, als in der Schweiz.

In Finnland herrschte Mangel an Studienplätzen (60er Jahre), meine Deutschkenntnisse waren gut, in der Schweiz gab es gute Universitäten.

Das zweite Mal sind wir 1968 hergekommen, als die Finnmark um 30 % abgewertet wurde, und nun sind wir immer noch hier.

Die EU.

Das Heidi-Buch.

Ich hatte kein Geld, mir eine Eigentumswohnung zu kaufen. Einen Bausparvertrag konnte ich nicht abschließen, weil ich keine feste Stelle hatte. Mietwohnungen gab es nicht, jedenfalls keine, die ich mir bei meinem Gehalt leisten konnte.

Ganz am Anfang (1948 geboren) waren die Sommerjobs gut bezahlt. Davon ließ sich im Winter das Studium finanzieren.

*Nach dem Studium hatten wir nur in der Schweiz die Mög-
lichkeit, weiter zusammenzuleben und unseren Lebensunterhalt
zu verdienen. Finnland akzeptierte keine Ausländer.*

*Ich war mit der Schule fertig und fand keine Arbeit und be-
kam keinen Studienplatz.*

*Während des Studiums (1971) das Wissen, daß es sehr schwer
war, eine feste Anstellung als Krankenschwester zu bekommen.*

Es wurde nicht akzeptiert, daß ich schwedisch sprach.

Geschlechtsspezifische Unterschiede beim Entschluß zur Migration

Strukturelle Faktoren im Ausgangs- und Zielland setzen den Rahmen für die Migration und bilden den Hintergrund der Migrationswellen, wie bei der statistischen Betrachtung festgestellt werden konnte;
den endgültigen Entschluß treffen jedoch Individuen, deren Entscheidungen nicht mit rein rationalen Kriterien analysiert werden können.[3] So hat zum Beispiel der erste Besuch im Zielland große Bedeutung für den Migrationsbeschluß. Wenn er mit positiven Erfahrungen oder einer Liebesbeziehung verbunden ist, verringert sich die
objektive Kritik an der neuen Gesellschaft und Lebensweise,[4] und
man siedelt leichter um. Ein kurzzeitiges Studium oder Praktikum
hat bei vielen der Interviewten den Wunsch geweckt, länger in der
Schweiz zu leben; viele sind mehrmals hin- und hergereist, bevor
sie sich zur Übersiedlung in die Schweiz entschlossen. 15 Prozent
der Umfrageteilnehmer wohnten sogar in der Schweiz, bevor sie sich
endgültig entschlossen, sich dort niederzulassen. Für die meisten war
die Migration in gewissem Maße ein Sprung ins Unbekannte, doch
es gibt auch Migranten, die ihr Leben bewußt auf eine künftige Auswanderung ausrichteten. Die zur Migration führende allgemeine Situation wurde folgendermaßen beschrieben:

Beschreibung der zur Migration führenden Situation	Frauen	Männer
Kürzerer Aufenthalt in der Schweiz	4	2
Kurzer Aufenthalt und Bekanntschaft mit einem Schweizer	4	0
Ehe	20	7
Arbeit oder Praktikum	18	43
Abenteuerlust, Herumwandern	19	8
Arbeit oder Studium des Ehepartners	3	2
Studium	8	10
Mit den Eltern	1	6
Sonstige	23	22
Insgesamt (%)	*100*	*100*
n	*862*	*117*

Die Frauen ließen sich am häufigsten infolge einer Liebesbeziehung in der Schweiz nieder, während der häufigste Grund bei den Männern ein Arbeitsplatz war. Auch Abenteuerlust und der Wunsch nach Abwechslung war für die Frauen ein weitaus wichtigerer Grund als für die Männer. Die Ursache hierfür ist in geschlechtsspezifischen Faktoren zu suchen; Mädchen werden leichter selbständig als Jungen, und ein vorübergehender Aufenthalt in einem deutschsprachigen Land wird durch die größere Sprachfertigkeit der Mädchen[5] ebenso gefördert wie durch die Tatsache, daß sie leichter eine passende Arbeit finden als die jungen Männer.[6] Darüber hinaus ist es für die finnischen Mädchen leichter, einen Schweizer kennenzulernen, als für die finnischen Jungen, die Bekanntschaft einer Schweizerin zu machen, vor allem während des Aufenthalts im Ausland. In Restaurants in der Schweiz sind eher Männer anzutreffen als Frauen. Die Schweizer Männer gehen häufig aus, ebenso die finnischen Frauen, da sie es aus ihrem Heimatland so gewöhnt sind. Die Wahrscheinlichkeit, an diesen Orten den künftigen Lebensgefährten kennenzulernen, ist für die finnischen Frauen wesentlich größer als für die Männer.

Der mitteleuropäische Brauch unterscheidet sich traditionell vom finnischen, insofern sich der künftige Ehepartner durch Vermittlung der Freunde und der Familie findet, seltener in Restaurants. In der

Schweiz gibt es zahlreiche Hobbyvereine, man geht beispielsweise gemeinsam zum Bergsteigen oder Skilaufen und begegnet dabei Vertretern des anderen Geschlechts. Daneben bieten die zahlreichen lokalen Feste jungen Leuten Gelegenheit, sich kennenzulernen. Ein finnisches Mädchen hat leichter Zugang zu diesen sozialen Veranstaltungen und Netzen als ein finnischer Junge. Die Ehe mit einer Finnin wird von den Schweizern zudem nicht als Gefährdung des sozialen Status angesehen.

Während bei der Auswanderung der Frauen persönliche Faktoren eine wesentliche Rolle spielen, sind bei den Männern ökonomische Gründe wichtiger. Die Strukturen halten den Mann in der Rolle des Haupternährers der Familie fest, insbesondere in der Schweiz; ein finanziell von seiner Frau abhängiger Mann gilt dort als Absonderlichkeit. Für Männer ist es schwierig, erst nach der Einwanderung eine passende Arbeitsstelle zu finden; sie muß schon vor der Abreise aus Finnland beschafft werden. Viele der in der Schweiz lebenden finnischen Männer haben das Land gar nicht selbst gewählt, sondern sind vom Arbeitgeber entsandt worden und haben häufig ihre Familie aus Finnland mitgebracht. Die Aufgliederung nach dem Migrationsjahr präzisiert das Bild vom Hintergrund der Migration:

Migrationsgrund	−1955	1956–65	1966–75	1976–85	1986–96
Kürzerer Aufenthalt im Land	0	4	4	3	4
Kurzer Aufenthalt und Bekanntschaft mit einem Schweizer	5	5	4	4	3
Ehe	30	24	16	20	18
Arbeit oder Praktikum	10	12	19	21	31
Abenteuerlust, Herumwandern	0	13	20	26	12
Arbeit oder Studium des Ehepartners	0	0	1	1	9
Studium	0	16	13	6	3
Mit den Eltern	10	2	2	2	1
Sonstiges	45	24	21	17	19
Insgesamt (%)	*100*	*100*	*100*	*100*	*100*
n	*20*	*86*	*376*	*234*	*252*

Die Tabelle zeigt deutliche Unterschiede zwischen den Migranten der verschiedenen Zeitabschnitte. In den lebhaften Migrationsjahren waren Abenteuerlust und die Suche nach neuen Erfahrungen der wichtigste Impuls. Von denjenigen, die nach der Mitte der achtziger Jahre in die Schweiz übersiedelten, nannten die meisten Arbeit oder Praktikum als Grund. In den frühen Zeitabschnitten war der Migrationsgrund häufiger eine Ehe als ein Arbeitsplatz. Aus der Tabelle geht auch die Popularität eines Studiums in der Schweiz in den sechziger und siebziger Jahren hervor. Eine genauere Analyse zeigt, daß 22 Prozent der in den Jahren 1961–65 Eingewanderten Studenten oder Studentinnen waren. Die genaueren Migrationsgründe wurden mit einer Multiple-Choice-Skala erschlossen; die Frage nach dem wichtigsten Faktor ergab folgendes Bild:

	Frauen	Männer	Insgesamt
Existenzprobleme in Finnland	4	2	4
Gute Verdienstmöglichkeiten in der Schweiz	2	9	3
Gute berufliche Chance	3	18	5
Projekt oder Auftragsarbeit	0	2	1
Weiterentwicklung und berufliches Fortkommen	6	14	6
Wunsch, im Ausland zu studieren	5	6	5
Wunsch, die Sprachkenntnisse zu erweitern	11	3	10
Ehe mit einem/r Ausländer/-in	28	10	26
Persönliche Gründe	8	3	7
Abenteuerlust, Wunsch nach Abwechslung	18	10	17
Unzufriedenheit mit den Verhältnissen in Finnland	1	2	1
Migration oder Empfehlung von Freunden oder Verwandten	1	2	1
Sommer- oder Ferienjob	1	0	1
Sonstiges	5	2	5
Keine Antwort	7	17	8
Insgesamt (%)	*100*	*100*	*100*
n	*862*	*117*	*979*

In dieser Tabelle tritt die Ehe als Migrationsgrund der Frauen noch deutlicher hervor, und die Bedeutung des Arbeitsplatzes ist wesentlich geringer als in der vorherigen Tabelle. Das Motiv Abenteuerlust und Wunsch nach Abwechslung ist in beiden gleich stark vertreten. Bei den Männern erscheint auch hier die Arbeit als wichtigster Faktor für den Migrationsbeschluß, an erster Stelle wird ein gutes berufliches Angebot genannt, ein wichtiger Grund war aber auch der Wunsch, sich im Beruf weiterzuentwickeln.

Zu einem gewissen Grad überraschend ist die verschwindend geringe Bedeutung der Migration oder Empfehlung von Freunden oder Verwandten, die nur von einem Prozent der Befragten als wichtigster Grund genannt wird. Viele der interviewten Schweizerfinnen erwähnten, daß sie vor der Migration Bekannte in der Schweiz hatten; dies war jedoch kein ausschlaggebender Faktor für ihre Entscheidung.

Die Aufgliederung der Befragten nach ihrer Muttersprache ergibt keine statistisch bedeutsamen Unterschiede zwischen finnisch- und schwedischsprachigen Migranten, die Reihenfolge der Prioritäten ist identisch. Nur die Abenteuerlust wird von den Finnischsprachigen doppelt so häufig genannt wie von den Schwedischsprachigen.

Schubfaktoren in Finnland, etwa Existenzschwierigkeiten, waren für beide Geschlechter kein sehr wichtiger Faktor. Arbeitslosigkeit ist nur selten der Grund für die Auswanderung in die Schweiz, und die finnischen "Gastarbeiter" sind dünn gesät. Finnische Arbeitssuchende mit geringer Ausbildung zog es selten in die Schweiz.

Migrationsgründe der Krankenschwestern

Es ist eine weitverbreitete Auffassung, daß speziell die Migration finnischer Krankenschwestern in die Schweiz auf strukturelle Bedingungen zurückging, nämlich auf das Überangebot an Arbeitskräften in Finnland und den Arbeitskräftemangel in der Schweiz, worauf bei der früheren statistischen Betrachtung bereits hingewiesen wurde. In der folgenden Tabelle wird die Migrationssituation des Krankenpflegepersonals mit der der anderen Schweizerfinnen verglichen.

Migrationsgrund	Krankenpflege	Andere
Kürzerer Aufenthalt in der Schweiz	5	3
Kurzer Aufenthalt und Bekanntschaft mit einem Schweizer	2	4
Ehe	12	22
Arbeit oder Praktikum	26	19
Abenteuerlust, Herumwandern	27	13
Arbeit oder Studium des Ehepartners	2	4
Studium	9	8
Mit den Eltern	1	3
Sonstiges	16	24
Insgesamt (%)	*100*	*100*
n	*325*	*654*

Es ergeben sich deutliche Unterschiede zwischen den beiden Gruppen: die in der Krankenpflege tätigen Schweizerfinninnen sind öfter aus beruflichen Gründen eingewandert, während in der Vergleichsgruppe die Ehe das häufigste Motiv darstellte. Zu beachten ist aber, daß nur ein Viertel der in Pflegeberufen Tätigen die Arbeit als wichtigsten Faktor nannte – etwas häufiger wurde Abenteuerlust angeführt. Wenn man anstelle des Migrationshintergrunds die Multiple-Choice-Frage nach den Migrationsmotiven zugrundelegt, verringert sich die Bedeutung des Arbeitsplatzes auf etwa 13 Prozent, und rund ein Drittel der in der Krankenpflege Tätigen bezeichnet Abenteuerlust und Wunsch nach Abwechslung als wichtigsten Grund. Dies deutet darauf hin, daß strukturelle Faktoren wie die Schwierigkeit, in Finnland eine Stelle zu finden, und vor allem die schlechte Bezahlung (die von 7 Prozent der Krankenschwestern als wichtigster Grund genannt wurde), sowie andererseits die guten Arbeits- und Verdienstmöglichkeiten in der Schweiz es den Fachkräften dieses Berufszweigs ermöglichten, ihre Abenteuerlust und ihren Wunsch nach Abwechslung zu befriedigen. Dank ihrer Ausbildung konnten sie die Gelegenheit ergreifen, als sie sich bot.

Migrantentypen

Die Vorstellungen von der Dauerhaftigkeit des Aufenthalts sind eng mit den Migrationsgründen verknüpft. Ein Fünftel der erfaßten Schweizerfinnen verließ Finnland in der Absicht, sich fest in der Schweiz anzusiedeln. Von denjenigen, die wegen Heirat in die Schweiz zogen, hatte die Hälfte die Absicht, auf Dauer dort zu bleiben. Die andere Hälfte schätzte die Situation vorsichtiger ein und schloß eine Rückkehr nicht aus, falls die Integration in der Schweiz mißlang. Von den aus beruflichen Gründen Ausgewanderten hatte nur ein Zehntel die Absicht, sich dauerhaft niederzulassen, die Hälfte wollte für eine im voraus befristete Zeit im Land bleiben. 90 Prozent der Abenteuerlustigen waren sich nicht sicher, ob sie bleiben wollten oder nicht. Von denjenigen, die bereits vor der Migrationswelle der sechziger Jahre in die Schweiz gezogen waren, betrachteten 40 Prozent ihren Entschluß als endgültig; dies ist darauf zurückzuführen, daß ein großer Teil von ihnen wegen Eheschließung auswanderte. Von den später Ausgewanderten kam etwa ein Fünftel in der Absicht, zu bleiben. Diejenigen, die seit weniger als fünf Jahren in der Schweiz lebten, waren beim Aufbruch am unsichersten; in dieser Gruppe glaubte nur ein Zehntel an eine dauerhafte Ansiedlung in der Schweiz.

In der Migrationsforschung werden gewöhnlich Typologien gebildet, indem man die Migranten nach den Migrationsgründen gruppiert, wobei man entweder von der Anziehungs- und Schubtheorie[7] oder von behavioristischen Modellen[8] ausgeht. Die einfachste Methode ist die Gruppierung nach dem wichtigsten Motiv der Migration. Anschließend kann man anhand von Kreuzklassifizierung oder Korrelationen untersuchen, ob sich die Gruppen beispielsweise nach Alter, Geschlecht oder Beruf unterscheiden. Das Problem bei dieser Methode ist, daß sie auf einem einzigen Kriterium, dem Migrationsmotiv, basiert und oft ein zu eindimensionales Bild ergibt. Eine Möglichkeit, eine mehrdimensionale Klassifizierung zu bilden, bietet die sog. Cluster-Analyse. Dabei werden die untersuchten Personen aufgrund numerischer Daten möglichst homogenen Gruppen zugeordnet, die sich zugleich möglichst deutlich von den anderen Gruppen unterscheiden. Die Gruppierung beruht auf den Mittelwerten der gegebenen Antworten, und die Cluster werden nach ihren Eigenschaften benannt. Diese Methode eignet sich für breite Survey-Untersuchungen, die einen großen Personenkreis erfassen. Für die Migrationsgründe der Schweizerfinnen ergibt sie folgende Typologie:[9]

1. Abenteurer (25 %)
2. Wegen Eheschließung Ausgewanderte (36 %)
3. Wegen Studium oder beruflicher Karriere Ausgewanderte (18 %)
4. Wegen Arbeit oder besserem Verdienst Ausgewanderte (14 %)
5. Aus anderen Gründen Ausgewanderte (7 %)

Die Gruppierung zeigt, daß ein Arbeitsplatz, auch wenn er die Ansiedlung in der Schweiz erst ermöglichte, für die meisten nicht der vorrangige Faktor war, der sie in die Schweiz führte, sondern ein Mittel, andere persönliche Wünsche und Vorhaben zu verwirklichen. Es ist daher eine nicht ganz korrekte Verallgemeinerung, wenn man sagt, daß die finnischen Krankenschwestern auf der Suche nach Arbeit in die Schweiz zogen, obgleich man anhand der Statistiken feststellen kann, daß der größte Teil dort einen Arbeitsplatz fand. Auf die endgültige Entscheidung, sich dauerhaft dort niederzulassen, wirkten zudem zahlreiche weitere, später hinzugekommene Faktoren ein. Der Verbleib in der Schweiz war das Ergebnis mehrerer wahrgenommener Gelegenheiten. Eine derartige Gelegenheit ist das Kennenlernen des künftigen Ehepartners in der Schweiz, eine andere die Annahme eines besseren Stellenangebots.

Die Integration in das Alltagsleben

Die Anpassung des Migranten an das neue Land in der Wechselwirkung von Strukturen und individuellen Faktoren ist ein vielschichtiger Prozeß. Die Integration auf struktureller Ebene setzt voraus, daß die Migranten dieselben Rechte und Möglichkeiten besitzen wie die ansässige Bevölkerung, und daß sie die gleichen Möglichkeiten haben, ihre materiellen Bedürfnisse zu befriedigen. Die soziokulturelle Integration ist sowohl mit strukturellen als auch individuellen Faktoren verknüpft und setzt voraus, daß den Migranten der Zugang zu der Kultur und den sozialen Netzen ihres neuen Heimatlandes nicht verwehrt wird. Andernfalls können Separation oder Marginalisierung die Folge sein. Der Migrant muß auch die Möglichkeit haben, den Kontakt zu seiner eigenen Kultur aufrechtzuerhalten, damit ihm nicht nur die Assimilation als einzige Alternative zur Diskriminierung bleibt. Dabei kommt auch der Unterstützung seitens des früheren Heimatlandes große Bedeutung zu. Die offiziellen und inoffiziellen Beziehungen des Ausgangs- und des Ziellandes spielen in dieser Hinsicht eine wichtige Rolle.

Die strukturellen Faktoren der Integration

Die wichtigste Voraussetzung für die Integration des Einwanderers ist, daß ihm Rahmenbedingungen gegeben werden, die sein Leben nicht unangemessen einengen oder ihm gegenüber der Stammbevölkerung einen zweitrangigen Status zuweisen. Die Einwanderungspolitik der Schweiz und die ihr untergeordnete Praxis der Aufenthaltsbewilligungen will sowohl die Einwanderung begrenzen als auch die Einwanderer integrieren; dies ist keine ganz einfache Kombination, da die Aufenthaltsbewilligungen mit Einschränkungen verbunden sind.

Es gibt fünf Hauptkategorien von Aufenthaltsbewilligungen: die A-Bewilligung (Saisonnierbewilligung) ist eine Schweizer Besonderheit, die auf kurzfristigem Bedarf an ungeschulten Arbeitskräften in einer Branche beruht und in der Regel für höchstens neun Monate erteilt wird. Die B-Bewilligung (Jahresbewilligung) wird jeweils für ein Jahr erteilt und kann erneuert werden. Sie ist für geschulte und berufserfahrene Mitarbeiter vorgesehen, die einen Arbeitskräftemangel ausgleichen, sowie für ausländische Ehepartner von Schweizern. Die C-Bewilligung (Niederlassungsbewilligung) kann dem Inhaber einer B-Bewilligung erteilt werden, wenn er je nach Nationalität fünf oder zehn Jahre in der Schweiz gelebt hat. Finnen erhalten sie nach fünf Jahren. Pendler aus dem Ausland, die in der Schweiz arbeiten, erhalten eine G-Bewilligung (Grenzgängerbewilligung), die jedoch nicht dazu berechtigt, in der Schweiz zu wohnen. Studenten, Au-pairs und andere, die sich vorübergehend zu einem bestimmten Zweck in der Schweiz aufhalten, erhielten früher eine B-Bewilligung, seit 1990 existiert für sie jedoch eine eigene L-Bewilligung (Aufenthaltsbewilligung L). Die Kantone können diese Bewilligung für maximal sechs Monate, die Bundesbehörden für anderthalb Jahre erteilen. Daneben gibt es Sonderregelungen zum Beispiel für die Angestellten internationaler Organisationen und für Flüchtlinge.

Offiziell darf der Inhaber einer B-Bewilligung seine Familie erst nach Ablauf eines Jahres in die Schweiz mitbringen, doch diese Regel wird oft flexibel gehandhabt, wenn der Einwanderer gegenüber den Behörden nachweist, daß er seine Familie ernähren kann. Zur Familienzusammenführung sind nur der Ehepartner und Kinder unter 18 Jahren zugelassen. Inhaber von A-Bewilligungen dürfen ihre Familie nicht mitbringen. Seit 1990 darf der Ehepartner des Inhabers einer B-Bewilligung außerhalb des Kontingentsystems eine Stelle in der Schweiz annehmen. Dabei gelten jedoch dieselben Regeln wie für andere Ausländer, d. h. der Arbeitgeber muß nachweisen, daß für die betreffende Tätigkeit kein Schweizer Bewerber vorhanden ist. Für die Ehepartner der Inhaber von C-Bewilligungen gelten keine Beschränkungen. Ehen ohne Trauschein werden von den schweizerischen Behörden nicht akzeptiert; in dieser Hinsicht ist das Land sehr konservativ. Vor einigen Jahren war es in manchen Kantonen sogar verboten, in "wilder Ehe" zu leben[10] - im Hinblick auf die Besteuerung und die Renten steht man sich nämlich unter Umständen besser, wenn man nicht heiratet. Die Erlangung der Staatsbürgerschaft durch Eheschließung hat die Situation vieler Finninnen in der Schweiz erleichtert, aber 1992 wurde dieser Ausweg aus dem Bewilligungsdschungel gesperrt; der ausländische Ehepartner eines Schweizers muß fünf Jahre im Land und drei Jahre in der Ehe gelebt haben, bevor die Staatsbürgerschaft beantragt werden kann.

Das System der Arbeitsbewilligungen steuert auch die Ansiedlung von Ausländern innerhalb der Landesgrenzen. Inhaber einer jährlichen (oder kürzeren) Bewilligung (B-Bewilligung) dürfen im ersten Jahr ihres Aufenthalts (in manchen Kantonen ist diese Frist noch länger) ihre Arbeitsstelle nur mit Sondergenehmigung wechseln, und auch dann in der Regel nur innerhalb des Kantons. Es ist daher in den ersten Jahren schwierig, in einen anderen Ort in der Schweiz umzusiedeln, obwohl dort eine attraktive Stelle verfügbar wäre. Dies kann zu paradoxen Situationen führen, wenn Nachfrage und Angebot auf dem Arbeitsmarkt gleichermaßen vorhanden sind, sich aber nicht begegnen können; so haben etwa die Krankenhäuser ihr eigenes Ausländerkontingent, das sie auch bei Arbeitskräftemangel nicht überschreiten dürfen. Erst die C-Bewilligung gibt dem Migranten volle Mobilität. Die Finnen, die mit Aufenthaltsbewilligung in der Schweiz leben, haben meist eine B- oder C-Bewilligung, während die anderen Kategorien, wie das an früherer Stelle angeführte Schema zeigt, relativ selten vorkommen.

In der Zeit der stärksten Einwanderung aus Finnland in die Schweiz erhielten die meisten Migranten problemlos eine Arbeitsbewilligung, da den Krankenhäusern großzügige Ausländerkontingente zugestanden wurden. Auch in anderen Branchen, in denen Arbeitskräftemangel herrschte, wurden Ausländer eingestellt, obgleich die Bewilligung hier weniger leicht gewährt wurde. Im Bereich des Geschäftslebens wurde der Umzug in die Schweiz durch den Anfang der sechziger Jahre geschlossenen FinnEFTA-Vertrag erleichtert, der den Handel zwischen Finnland und der Schweiz und die Mobilität der Menschen zwischen den beiden Ländern förderte; die Mitarbeiter finnischer Unternehmen, die Handelsbeziehungen zur Schweiz hatten, erhielten nach dem Gegenseitigkeitsprinzip ohne größere Schwierigkeiten eine Aufenthaltsbewilligung. Für andere war der Vorgang allerdings nicht immer problemlos. Zum Beispiel stießen manche Männer, die für schweizerische Unternehmen arbeiteten, auf Schwierigkeiten, wie ein Schweizerfinne berichtet:

Wenn es einem gelingen sollte, eine Stelle zu finden, kommt spätestens dann, wenn man kurz davor steht, die Staatsbürgerschaft beantragen zu können, der Arbeitgeber zu der Auffassung, daß man für eine Weiterbeschäftigung nicht geeignet ist. So wird dann die jährlich neu zu beantragende Arbeitsbewilligung nicht mehr verlängert. Nur einigen wenigen ist es gelungen, in der Schweiz zu bleiben und die Staats-

bürgerschaft zu beantragen, was dann wieder eine Geschichte für sich ist. (...) Außerhalb der erwähnten Kontingente bekommt man in der Schweiz im Prinzip nur dann eine Arbeitsbewilligung, wenn der Arbeitgeber nachweisen kann, daß er für die betr. Stelle keinen entsprechend qualifizierten Schweizer findet. Nur sehr wenigen schweizerischen Unternehmen erscheint es lohnend, einen solchen Aufwand zu treiben, um einen finnischen Fachmann einstellen zu können.

Die Reform der schweizerischen Ausländergesetzgebung im Jahr 1986 zielte auf eine weitere Beschränkung der Einwanderung ab, brachte aber für gutausgebildete finnische Fachkräfte keine Schließung der Grenzen. In den letzten Jahren ist es auch für Finnen schwieriger geworden, eine Arbeitsbewilligung zu erhalten, was darauf zurückzuführen ist, daß die Ausländerkontingente verringert wurden und die Schweiz nicht der EU beitrat. Für Finnen ist es wesentlich leichter, in ein EU-Land zu ziehen als in die Schweiz.

Von besonderer Bedeutung für die Schweizerfinnen ist die schweizerische und finnische Gesetzgebung über die Staatsangehörigkeit. Die schweizerische Staatsangehörigkeit beseitigt die Hindernisse, die einer strukturellen Integration in die Gesellschaft im Wege stehen. Bis 1992 erhielten Ausländerinnen bei der Heirat mit einem Schweizer automatisch die schweizerische Staatsangehörigkeit, männliche Ausländer dagegen nicht. Infolgedessen verlief die strukturelle Integration der mit Schweizern verheirateten Finninnen sehr schnell, da die institutionellen Einschränkungen entfielen. Es ist natürlich eine andere Sache, daß die Ehe neue soziale Einschränkungen mit sich brachte.

Für die strukturelle Integration spielt auch die finnische Gesetzgebung über die Staatsangehörigkeit und ihre Auslegung eine Rolle; eine der Voraussetzungen der Integration ist die Möglichkeit, die Beziehungen zum ehemaligen Heimatland auf struktureller Ebene zu bewahren, was vor allem für die Migranten der zweiten Generation von Bedeutung ist. Das Gesetz über die finnische Staatsangehörigkeit wurde 1968 und 1984 modifiziert. Früher erhielten Kinder die Staatsangehörigkeit ihres Vaters, doch zum 1.9.1984 wurde das Gesetz dahingehend abgeändert, daß ein Kind, dessen Mutter finnische Staats-

bürgerin ist, immer die finnische Staatsangehörigkeit erhält. Ein vor
dem 1.9.1984 geborenes Kind, das nicht die finnische Staatsangehörigkeit besaß, dessen Mutter aber finnische Staatsbürgerin war,
konnte nach Anmeldung durch ein Elternteil oder einen anderen Sor-
geberechtigten die finnische Staatsangehörigkeit erhalten. Diese
Anmeldung mußte spätestens am 31.8.1987 erfolgen. Nach Para-
graph 8 b des Gesetzes verlieren im Ausland geborene finnische Staatsbürger (auch solche, die die Staatsangehörigkeit durch Anmeldung
erhalten haben) bei Erreichen des 22. Lebensjahrs automatisch die
finnische Staatsangehörigkeit. Sie bleibt ihnen jedoch ohne weiteres erhalten, wenn sie einen festen Wohnsitz in Finnland haben oder
auf andere Weise mit dem Land verbunden sind (z. B. dort die Schule
besucht oder studiert haben, sich häufig in Finnland aufhalten oder
ihre Wehrpflicht in der finnischen Armee abgeleistet haben). Auch
wenn eine solche Verbindung nicht besteht, kann das Weiterbeste-
hen der finnischen Staatsangehörigkeit mit einem Formular beantragt werden, das bei der Ausländerbehörde eingereicht werden muß,
bevor der Antragsteller das 22. Lebensjahr vollendet. Wer unsicher
ist, ob seine Staatsangehörigkeit automatisch fortbesteht, kann die
Ausländerbehörde formlos um Überprüfung bitten. Grundlage der
Veränderungen sind das Paßgesetz (642/86) und die entsprechende
Verordnung (643/86), die am 1.10.1987 in Kraft traten.

Die Änderung des schweizerischen Bürgerrechtsgesetzes hatte
zur Folge, daß eine Ausländerin bei der Heirat mit einem Schweizer nicht mehr automatisch das Schweizer Bürgerrecht erhält. Sie
hat vielmehr die Möglichkeit, es frühestens drei Jahre nach der Eheschließung zu beantragen; dieses Recht wurde auch auf ausländische Männer ausgedehnt. Die finnischen Behörden beschlossen, sich
der neuen Praxis anzupassen, und stellten sich auf den Standpunkt,
daß der aufgrund einer Ehe gestellte Antrag auf schweizerisches
Bürgerrecht als Verzicht auf die finnische Staatsangehörigkeit zu werten
sei. Früher war es nicht möglich gewesen, bei der Heirat mit einem Schweizer die Annahme des schweizerischen Bürgerrechts zu
verweigern; sie wurde daher in Finnland nicht als freiwilliger Verzicht auf die finnische Staatsangehörigkeit interpretiert. Finninnen,
die einen Schweizer heirateten, hatten also doppelte Staatsangehö-

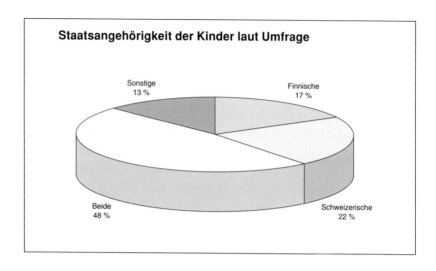

Staatsangehörigkeit der Kinder laut Umfrage

Sonstige 13 %

Finnische 17 %

Beide 48 %

Schweizerische 22 %

rigkeit. Ein nach 1992 gestellter Antrag auf schweizerisches Bürgerrecht wurde dagegen als aktive Aufgabe der finnischen Staatsangehörigkeit (§ 8) betrachtet, da die Annahme des Bürgerrechts bei der Heirat nicht mehr obligatorisch war. In späteren Jahren wurde die Praxis jedoch flexibler, und es wurde berücksichtigt, nach welchem Paragraphen der schweizerischen Gesetzgebung das Bürgerrecht erworben worden war.[11] Die Beschlußfassung liegt in Finnland bei der Ausländerbehörde, die jeden Fall einzeln überprüft und gegebenenfalls die schweizerischen Behörden um zusätzliche Informationen bittet. Obwohl die finnische Gesetzgebung der mehrfachen Staatsangehörigkeit Erwachsener ablehnend gegenübersteht, war es in den letzten Jahren auch Auslandsfinnen der ersten Generation wieder möglich, beide Staatsangehörigkeiten zu behalten. Wenn man die finnische Staatsangehörigkeit verloren hat und zurückerhalten möchte, muß man sie, von einigen Sonderfällen abgesehen, nach dem üblichen Verfahren beantragen. Ein Kind aus einer nationalen Mischehe kann die doppelte Staatsangehörigkeit dennoch bis zum 22. Lebensjahr behalten.

Dieser Paragraphendschungel hat den Schweizerfinnen einige Probleme bereitet. Seit dem EU-Beitritt Finnlands ist ein finnischer Paß noch begehrter als zuvor, weil Schweizer Staatsangehörige die

Vorteile der EU nicht nutzen können. Nicht alle Schweizerfinnen waren über die 1984 erfolgte Gesetzänderung informiert, und viele versäumten es, vor der festgesetzten Frist im Jahr 1987 die Anmeldung für ihre Kinder einzureichen; einige von ihnen stellten auch später keinen Antrag auf die finnische Staatsangehörigkeit für ihre Kinder. 1995 ging die Ausländerbehörde dazu über, für ihre öffentlich-rechtlichen Leistungen Gebühren zu erheben; der Antrag auf Staatsangehörigkeit, ob positiv oder negativ beantwortet, kostet nun 1500 Finnmark. Viele Auslandsfinnen halten die Gebühr für unangemessen und versuchen sie durch das gebührenfreie Anmeldungsverfahren zu umgehen.[12]

Die meisten Schweizerfinnen empfinden es als wichtig, daß ihre Kinder die finnische Staatsangehörigkeit behalten, da sie nicht nur praktische Vorteile bringt, sondern auch eine symbolische Bindung an Finnland darstellt. Das geht auch aus der Umfrage zur Staatsangehörigkeit der Kinder hervor: fast die Hälfte hat beide Staatsangehörigkeiten, nur gut ein Fünftel hat ausschließlich schweizerisches Bürgerrecht.

Obwohl die Frage der Staatsangehörigkeit für die Schweizerfinnen der zweiten Generation besonders wichtig ist, spielt sie auch in den Alltagserfahrungen der ersten Generation der in der Schweiz lebenden Finnen oft eine Rolle. Das schweizerische Bürgerrecht ermöglicht zum Beispiel die Teilnahme am politischen Leben und die Gründung eines eigenen Unternehmens. Entsprechend verliert man mit dem Verzicht auf die finnische Staatsangehörigkeit die Möglichkeit zur Partizipation an der finnischen Gesellschaft. Der folgende Bericht ist bezeichnend:

Paßkontrolle in Helsinki: 2 Schalter; EU und Nicht-EU. Der EU-Schalter völlig leer, keine Menschenseele. Am Nicht-EU-Schalter als erste zwei Russen, die Papiere völlig durcheinander. Hinter den Russen eine Flugzeugladung Schweizer, 5 Minuten, 10 Minuten Warten. Die ehemalige Finnin hat zwei kleine Kinder dabei, sie müssen dringend zum WC, die finnische Polizistin fertigt sie nicht an ihrem Schalter ab, behauptet, es sei ungerecht gegenüber EU-Bürgern, Nicht-EU-

Bürger durchzulassen. Warten Sie, bis sie an Ihrem eigenen Schalter an der Reihe sind!

Zur Verschlechterung meiner Verbindungen zu Finnland hat auch sehr beigetragen, daß die Finnen keine 'doppelte Staatsangehörigkeit' akzeptieren. Es wäre praktisch für die Finnen, wenn die ehemaligen (Beinahe-)Staatsbürger ihre Staatsangehörigkeit behalten könnten. Ich habe eine Schweizer Familie, für mich ist es wichtig, daß ich als Schweizerin an politischen Entscheidungen teilnehmen, als selbständige Unternehmerin tätig sein, Mitarbeiter einstellen kann. Es wäre auch für die Finnen wichtig, daß die Verbindungen bestehen bleiben, und sei es in schlechterer Form. Die Finnen würden davon profitieren, wenn sie dort kostenlose PR-Leute u. ä. hätten.

Als ich meinen finnischen Paß verlor, wuchs mein Ärger allmählich, umso mehr, als sich herausstellte, daß meine Kinder ca. 3.400 Finnmark Büro- u. a. Gebühren bezahlen müßten, um einen finnischen Paß zu bekommen. Wenn ich heutzutage nach meinem Heimatland gefragt werde, erzähle ich, ich käme aus Schweden!

Besonderheiten des Schweizer Alltags

In seinem Buch "Der Waschküchenschlüssel"[13] legt Hugo Loetscher eine satirische Beschreibung der schweizerischen Gesellschaft vor, in der sich viele Eigenheiten wiederfinden, mit denen die Schweizerfinnen im Alltag ringen. Loetsch verwendet den Waschküchenschlüssel als Symbol für die schweizerische Gesellschaft - der Schlüssel ist kein bloßer Gebrauchsgegenstand, sondern ein Sinnbild der sozialen Ordnung. In vielen Mehrfamilienhäusern in der Schweiz ist es üblich, daß der Waschküchenschlüssel, und mit ihm das Recht, die Waschküche zu benutzen, in einer bestimmten Reihenfolge von einer Wohnung zur anderen zirkuliert. Abweichungen von der Reihenfolge sind nicht zugelassen; wenn jemand keine Zeit oder nichts zu waschen hat, wenn er an der Reihe ist, muß er den Schlüssel trotzdem für die festgesetzte Zeit behalten und darf ihn keinem an-

146

deren Hausbewohner leihen. Der Schlüssel steht für das Nutzrecht
an einem bestimmten Raum zu einer bestimmten Zeit - aber auch
für die Benutzungspflicht. Die sozialen Normen binden den Schlüs-
selinhaber an eine zeitlich-räumliche Struktur. Diese Genauigkeit ist
kennzeichnend für die schweizerische Gesellschaft insgesamt - "Pünktlichkeit" und "Sauberkeit" sind fundamentale Tugenden.

Für einen Einwanderer ist es nicht leicht, zwischen den Klippen
der Rechte und Pflichten zu navigieren; viele bekannte und vertraute
Alltagsverrichtungen erweisen sich plötzlich als schwierig, weil man
im eigenen Land gewohnt war, sie anders zu erledigen. Selbst wenn
der Migrant alle Voraussetzungen mitbringt, sich zu integrieren, und
keinerlei Diskriminierung erfährt, fordert der Anpassungsprozeß Zeit
und Mühe. Der soziale und gesellschaftliche Status des Migranten
ist eine Summe vieler Faktoren: den Rahmen bilden Wohnung, Beruf und Ausbildung, doch seine Anpassung auf individueller Ebene
hängt von einer Vielzahl anderer Gegebenheiten ab.

Um sich im Alltag situationsgerecht zu verhalten, reichen bloße
Sprachkenntnisse nicht aus, es gilt vielmehr, die wichtigsten verborgenen
Kodes zu beherrschen. So kann zum Beispiel die finnische Vertrau-
lichkeit und Scherzhaftigkeit völlig mißverstanden werden; die Schwei-
zer legen nach mitteleuropäischer Sitte Wert auf höfliche Distanz.
Ein Beispiel gibt der folgende Auszug aus der Zeitschrift "Suomen
Sanomat":

*Man siezt sich und redet sich mit Herr an, obwohl man tagaus
tagein dasselbe tut. Was für ein Herr soll ich schon sein? Letzten Samstag hörte ich, wie die Verkäuferin im Milchgeschäft
eine Kundin bediente: 'Grüezi, Frau Doktor Gemeinderätin
Müller! Was wünschen Sie, Frau Doktor Müller? Danke viel
mal, Frau Doktor. Auf Wiedersehen, Frau Doktor, danke.*[14]

Die schweizerische Gesellschaft kennt eine Vielzahl geschriebener
und ungeschriebener Regeln. Zur Akkulturation gehört das Erlernen dieser Regeln, gewöhnlich durch Erfahrung. Um Pünktlichkeit,
Genauigkeit und Höflichkeit muß man sich unter allen Umständen
bemühen. Nachbarn hat man zu grüßen, Bekannte mit dem Namen

anzusprechen und ihnen die Hand zu geben, und in kleinen Ortschaften grüßt man auch Unbekannte zum Beispiel im Bus mit einem herzhaften "grüezi miteinander".

Zugang zur schweizerischen Gesellschaft zu finden, ist sehr schwierig. Zur Klärung des Sachverhalts sei erwähnt, daß es sogar innerhalb der Schweiz zum Beispiel für einen Berner schwierig ist, in die Dorfgemeinschaft von Gähwil in der Ostschweiz aufgenommen zu werden. Für die Leute von Gähwil ist jeder, der von außerhalb kommt, ein 'frömde Fötzel'. Von Ausländern schon gar nicht zu sprechen! Und ganz besonders die Jugoslawen, Albaner, Türken u. ä. Die Italiener gehören heute schon zur besseren 'Kaste', was vor 25 Jahren undenkbar war. In meinem eigenen Fall verlief die Integration verhältnismäßig problemlos. Der erste Pluspunkt ist, daß ich Skandinavier bin.

Finne zu sein, ist in der Schweiz von Vorteil, hilft aber auch nichts, wenn man sich den Landessitten nicht anpaßt. In den Interviews zeigte sich immer wieder, daß dies für Finnen letztlich kein unüberwindliches Problem darstellt, weil sich im Charakter der Schweizer und der Finnen zahlreiche Ähnlichkeiten finden, die das Verständnis der Regeln erleichtern. Als Beispiele nannten die Interviewpartner Schüchternheit, Arbeitsamkeit, Ehrlichkeit und Sauberkeit.

Die Lebenssituation der finnischen Frauen in der Schweiz

Die Lebenssituation der Finnen in der Schweiz variiert sehr stark. Diejenigen, die in die Schweiz geheiratet haben, finden ein mehr oder weniger fertiges soziales Netz vor, in dem sie auf verschiedene Regeln und Einschränkungen treffen. Die Stellung der Frau ist eine andere als in Finnland, der Mann hat traditionell das Sagen. Das "Finnland Magazin" veröffentlichte zu diesem Thema im Herbst 1979 einen Beitrag:

Ich muß sagen, daß das Bild vom patriarchalischen Familienoberhaupt, das von der Ehefrau bedient und verwöhnt wird, immer noch sehr oft der Wirklichkeit entspricht. Die Frau tut ihrem Mann den Zucker in den Kaffee, putzt ihm die Schuhe, Mittag- und Abendessen müssen auf die Minute fertig sein, wenn der Mann nach Hause kommt. Dieser Typ des Schweizers wird wohl nie eine Ausländerin heiraten.[15]

Obwohl die Schweizer Ehemänner der finnischen Frauen in der Regel nicht den traditionellen konservativen Männertyp vertreten, wissen die in der Schweiz verheirateten Frauen vielerlei Geschichten über den Zusammenprall der Kulturen zu erzählen; wie sich etwa der Ehemann wunderte, weil seine Frau nicht bereit war, der ganzen Familie die Schuhe zu putzen, oder wie die Schwiegermutter mit ihrem Sohn die Wohnung einrichtete.

Hier ist es ja eben so, weil die Schweizerin zu Hause ist, bedeutet ihr die Familie furchtbar viel, und für eine schweizerische Mutter ist der Sohn – also, das ist ganz erstaunlich, der Sohn kann der Mutter sehr lange am Schürzenband hängen und sich von ihr versorgen lassen, und manche finnischen Mütter haben erzählt, daß auch nach der Heirat die Schwiegermutter plötzlich hereinplatzt und in die Schränke schaut und nachsieht, ob alles in Ordnung ist, und bügelt, wäscht, Päckchen schickt und sich in einer Weise in die Angelegenheiten der Familie einmischt, die in Finnland ganz undenkbar wäre. Da können ziemliche Konflikte entstehen, und finnische Frauen lassen sich ja nicht einfach alles gefallen.

Die traditionelle Stellung der Frau in der Familie wird durch zahlreiche strukturelle Gegebenheiten der Gesellschaft zementiert. In der Schweiz ist es üblich, mittags für ein, zwei Stunden zum Essen von der Arbeit nach Hause zu gehen, und da den Kindern in der Schule im allgemeinen kein Essen angeboten wird, gehen auch die Schüler über Mittag nach Hause. Die Zeit von 12 bis 14 Uhr ist eine geheiligte Ruhezeit, in der es sich nicht schickt, seine Mitmenschen zu stören, und sei es mit einem Telefonanruf. Der Mutter bringt diese Regelung freilich keine Ruhepause, sondern hält sie im Gegenteil

149

den ganzen Tag beschäftigt. Morgens muß sie für Mann und Kinder das Frühstück bereiten – häufig gehen sie auch noch zu verschiedenen Zeiten aus dem Haus –, und danach ist gerade noch Zeit für die Hausarbeit, bevor sie das Mittagessen vorbereiten muß. Nach dem Mittagessen bleiben wieder nur ein paar Stunden Zeit, bis die Kinder aus der Schule und der Ehemann von der Arbeit kommen. All dies hindert die Mütter kleiner Kinder effektiv daran, einen Berufs auszuüben. Auch die Tagesbetreuung von Kleinkindern ist teuer und schwer zu organisieren. Die Frau ist räumlich und zeitlich gebunden und gewinnt erst größere Freiheit, wenn die Kinder heranwachsen.

Die finnischen Frauen fühlen sich in dieser Situation häufig isoliert und einsam, und auch von den Nachbarinnen ist keine große Hilfe zu erwarten, da unverhoffte Stippvisiten nicht üblich sind. In der Schweiz geht man nur auf Einladung zu Besuch, und eine Schweizer Hausfrau bekommt nicht gern überraschend Gäste, wenn die Wohnung nicht auf Hochglanz geputzt ist. Es erleichtert die Lage, wenn in der näheren Umgebung andere Finninnen wohnen, die gemeinsam etwas gegen die zeitweilige Einsamkeit im Alltag unternehmen können. Eine wichtige Funktion der finnischen Vereine ist es, Kontakte dieser Art zu ermöglichen, denn die in der gleichen Gegend lebenden Finninnen wissen oft nicht voneinander. Dies ist auch einer der Gründe, weshalb in den großen Städten Frauentreffs veranstaltet werden, aber keine entsprechenden Zusammenkünfte für Männer.

Anders als die Schweizerinnen kehren die finnischen Hausfrauen meist ins Berufsleben zurück oder suchen sich eine andere Beschäftigung, wenn die Kinder herangewachsen sind. Erleichtert wird dies durch das hohe Bildungsniveau der finnischen Frauen. Zu beachten ist allerdings, daß die beiden Länder in der Berufstätigkeit der Frauen heute nicht mehr sehr weit auseinanderliegen.[16]

Wenn die Kinder dann größer sind, geht die Finnin in den Beruf zurück oder übernimmt verschiedene Aufgaben, denn eine finnische Frau begnügt sich nicht damit, zu Hause zu bleiben und alles möglichst sauber zu halten, weil sie das auf die Dauer nicht befriedigt. Dagegen sieht die schweizerische Mutter darin ein für alle Mal ihren Lebenszweck, und sie steht immer bereit, wenn die Kinder aus der Schule kommen und der Mann mittags zum Essen nach Hause kommt, und dann wieder am Abend.

Das Gebundensein wird aufgewogen durch den hohen Lebensstandard, den der schweizerische Ehemann seiner Frau bieten kann. Wie bereits bei der statistischen Darstellung erwähnt, haben die finnischen Frauen zum großen Teil in eine höhere Sozialschicht geheiratet, und es ist durchaus nicht ungewöhnlich, daß die Familie neben einem geräumigen, gut ausgestatteten Heim sowohl in der Schweiz (oder weiter südlich) als auch in Finnland eine Ferienwohnung besitzt. Eine im Tessin lebende Finnin fragte sogar verwundert: *"Was sollte ich denn im kalten Finnland, wo es mir hier so gut geht, ich brauche nicht zu arbeiten, und Umgebung und Klima sind phantastisch."* Freilich ist die finanzielle Situation nicht bei allen gut oder auch nur befriedigend. Es gibt auch Migranten, die sich seit Jahren keine Reise nach Finnland haben leisten können.

Die Ehemänner der Finninnen lassen sich nach ihrer Einstellung zum ethnischen Hintergrund ihrer Frau zwei Gruppen zuordnen. Die einen wollen um keinen Preis nach Finnland, "in dieses kalte Land mit all den Mücken".

Viele Schweizer haben sich eine finnische Frau 'zugelegt', interessieren sich aber überhaupt nicht für das Land und seine Kultur. Die geistigen Bestrebungen der Frau stimmen mit den Wünschen des Familienoberhaupts, das auf dem Geldsäckel sitzt, nicht überein. So manches Mädchen hat sich in sein Schicksal ergeben, nur noch für die Kinder dazusein.

Die anderen sind eingeschworene Finnland-Fans geworden, reisen so oft wie möglich nach Finnland und verbringen dort jeden Urlaub, manche sogar ohne ihre Frau. Viele haben aus reinem Interesse an der Kultur, aus der ihre Frau kommt, Finnisch oder Schwedisch gelernt. Ein Indiz dafür sind die Finnisch-Kurse für Erwachsene, die

die Finnische Schule der Ostschweiz organisierte und die ein ums andere Mal ausgebucht waren. Ein zweites ist die Popularität des finnischen Volkstanzes und des *pesäpallo*-Spiels, von denen später die Rede sein wird.

Die finnischen Frauen, die weder Hausfrau noch verheiratet sind, befinden sich in einer anderen Situation; ihr Leben ist weitaus freier. Ihre lockere Bindung an die soziale Umwelt in der Schweiz gibt vor allem den Singles bessere Möglichkeiten, ihr Leben nach ihren eigenen Vorstellungen zu gestalten und den Wohlstand der schweizerischen Gesellschaft, die zentrale Lage des Landes in Europa und andere Vorteile zu genießen. Für diese Frauen ist der Beruf der zentrale Integrationsfaktor. Sie sind weniger stark in der Schweiz verwurzelt und meist bereit, nach Finnland oder in ein anderes Land zu ziehen, wenn sich die Gelegenheit ergibt.

Die Lebenssituation der finnischen Männer in der Schweiz

Ein in die Schweiz übergesiedelter Finne ist in einer anderen Situation als eine Finnin, die dorthin geheiratet hat. Für ihn spielt der Beruf im allgemeinen eine ganz wesentliche Rolle. Die meisten Männer finden nicht durch die Familie Zugang zu den schweizerischen sozialen Netzen, selbst wenn sie eine Schweizerin heiraten, sondern durch ihre Arbeit. Wenn ein finnisches Ehepaar in die Schweiz zieht, gerät die Ehefrau häufig in die gleiche Lage wie die mit Schweizern verheirateten Finninnen. Die besondere Situation der Männer veranschaulicht der bittere Kommentar einer Finnin in einem der Fragebögen:

Die skandinavischen Länder sind wirklich die einzige Gegend in der Welt, wo die Kinder in der Schule essen. Wenn die Kinder zu den unterschiedlichsten Uhrzeiten nach Hause kommen, hat die Mutter für gar nichts mehr Zeit. Ein finnischer Mann wiederum, der nach Mitteleuropa zieht, geht nur noch zur Arbeit, kann meistens nicht mal deutsch, sondern sitzt am Computer, profitiert vom Männerbonus und läßt sich zu Hause bedienen. Und dort sitzt das Produkt der finnischen Illustrierten, die frisch geschminkte Frau des Ral-

lyefahrers, die bloß auf die Heimkehr des ach so wichtigen Ehegemahls wartet.

Die Männer wiederum haben den Eindruck, daß das Berufsleben in der Schweiz sie aussaugt. Den Finnen fällt es bisweilen schwer, die auf Beruf und Karriere fixierte Lebensweise der Schweizer zu verstehen. Darüber klagten viele der interviewten finnischen Männer. Die Frustration wird vorzugsweise im eigenen Kreis durch Kritik an den Schweizern abgebaut.

Warum wir hierher gezogen sind? Natürlich in der Hoffnung auf ein besseres und leichteres Leben. Inzwischen habe ich von sehr vielen Kritik an dem auslaugenden Arbeitstempo der Schweizer gehört, das einem keinerlei persönliche Freizeit läßt. Der Fleiß ist viel größer als in Finnland, auch wenn das, was man tut, oft nur scheinbar wichtig ist.

Eine Sondergruppe bilden diejenigen finnischen Männer und Frauen, die bei einem finnischen Unternehmen oder einer internationalen Organisation angestellt sind. Sie halten sich mit ihrer Familie gewöhnlich einige Jahre in der Schweiz auf und ziehen dann in ein anderes Land. Unter Umständen bemühen sie sich gar nicht erst, sich zu integrieren, sondern betrachten die Schweiz von ihren eigenen Voraussetzungen her.

Diejenigen, die ganz genau wissen, daß sie hier bleiben werden, halten viel mehr Kontakt zu ihrer Umwelt und lernen die Sprache schneller. Ich habe die ganze Zeit gedacht, daß ich ja doch nicht für immer bleibe, obwohl ich jetzt schon 13 Jahre hier bin. Ich habe noch diese alte finnische Einstellung, daß das Berufsleben eben das Berufsleben ist, da spart man für eine Wohnung und macht alles mögliche, und das eigentliche Leben beginnt, wenn die Zeit gekommen ist (...) das soll nicht heißen, daß ich das Leben nicht genieße, das tue ich schon, aber ganz tief drinnen sitzt der Gedanke, daß ich jetzt eben arbeite und Geld verdiene.

Wir haben uns die Schweiz nicht direkt ausgesucht. Nach der Ausbildung habe ich eine möglichst gutbezahlte Stelle gesucht, und das beste Angebot kam aus der Schweiz. Ich kann ebenso gut in ein anderes Land ziehen, wenn ich dort eine bessere Stelle finde.

Es ist keineswegs so, daß alle männlichen Schweizerfinnen für Beruf und Karriere leben. Viele von ihnen sind in einer ähnlichen Situation wie die Frauen und sind in den gleichen Berufen tätig, auf dem Privatsektor oder in der Krankenpflege. Die Skala ist groß; sie reicht von Hausmännern bis zu Unternehmern und Bankdirektoren.

Die Schweizerfinnen schätzen an ihrer Arbeit vor allem den instrumentalen Wert. Die Arbeit selbst wurde in den Interviews häufig kritisiert. Die Arbeitsgemeinschaft ist in der Schweiz eine andere als in Finnland. Der Arbeitstag ist lang, er endet oft erst um sechs oder sieben Uhr abends; danach geht man vielleicht noch gemeinsam zum Apero ins Stammlokal, trinkt Wein oder Bier und unterhält sich über die Ereignisse des Tages. Einer der Interviewten meinte: "Hier lebt man nur für die Arbeit, am Abend ist man zu nichts anderem mehr fähig als schlafen zu gehen." Vom Arbeitnehmer wird Pünktlichkeit und genaue Befolgung der Usancen und Regeln erwartet. Für die Finnen wird die letztere Forderung nicht selten zum Stolperstein, denn in Finnland ist man häufig flexibler und weicht von der üblichen Praxis ab, wenn sich eine Aufgabe dadurch effektiver erledigen läßt. In den Augen der Finnen ist das Arbeitsleben in der Schweiz "voll von unsinnigem, überflüssigem Herumpfuschen".

Man arbeitet in der Schweiz zwar lange, aber die Arbeit ist nicht immer besonders effektiv, weil man sich sklavisch an die Regeln hält. Ein Finne würde die gleiche Arbeit in der halben Zeit erledigen. Manchmal hat man den Eindruck, es ist wichtiger, am Arbeitsplatz anwesend zu sein, als Ergebnisse zu erzielen.

Ich kann die schweizerischen Sitzungen nicht ertragen. Völlig klare Angelegenheiten, die in Finnland in einer halben Stunde abgehandelt würden, nehmen hier 4-5 Stunden in Anspruch, weil jeder seine Meinung dazu sagen muß, die jeweils die einzig richtige ist. Und dann kommt man zu keinem gemeinsamen Beschluß, sondern fragt den Chef nach seiner Meinung, und nach der richtet man sich dann. Solche Sitzungen sind ganz sinnlos.

Es herrscht eine eiserne Hierarchie, und alles wird auf dem korrekten Dienstweg erledigt. Den Interviewten zufolge bringt man Probleme nicht offen zur Sprache, wie es in Finnland häufig geschieht.

Das Schwierigste im hiesigen Arbeitsleben ist, daß man die Mitarbeiter aus einer Machtposition heraus dirigiert. Im hiesigen System kann ein Mitarbeiter zwar seine Meinung äußern, aber sie ist für die Beschlußfassung letztlich bedeutungslos. Wer die Macht hat, bestimmt, was geschieht (...) Wenn ein Schweizer an der Arbeit eines Kollegen etwas auszusetzen hat, spricht er nicht direkt mit ihm, sondern geht zum Chef, und die Kritik kommt dann von dort. Ein Finne würde in der gleichen Situation selbst mit dem betreffenden Kollegen sprechen.

Obwohl in den Interviews Frustrationen abgebaut wurden, die das Arbeitsleben in der Schweiz auslöste, wurde auch viel Positives erwähnt, darunter an erster Stelle die hohen Gehälter. Die kritischen Äußerungen sind mit einer gewissen Vorsicht zu interpretieren, denn daß man sich am Arbeitsplatz nicht wohlfühlt, ist keine schweizerische Besonderheit. Die negativen Erfahrungen werden überbetont, weil der Migrant neben dem normalen Berufsstreß einem Kulturstreß ausgesetzt ist, der sich in dem Satz entlädt: "In Finnland würde man das vernünftiger machen."

Das Wohnen

Eine sinnvolle Anpassung besteht aus der Aneignung der Kultur des neuen Heimatlandes bei gleichzeitiger Pflege der Bräuche und der Kultur des Herkunftslandes. Ein Bereich des Alltagslebens, in dem dies sichtbar wird, ist das Wohnen. In Finnland vermittelt der Kauf einer Eigentums-

155

wohnung im allgemeinen ein Gefühl der Geborgenheit, in der Schweiz besteht diese Möglichkeit selten. In der Schweiz wohnt man gewöhnlich zur Miete; weniger als ein Drittel der Schweizer wohnen in Eigentumswohnungen oder eigenen Häusern, die sie aber im Grunde gar nicht besitzen, da sie sie mit geliehenem Kapital erwerben, das sie ihr ganzes Leben lang abzahlen. Die Wohnung ist ein wichtiger Indikator des sozialen Status, und wie in Finnland wird besonders das Eigenheim geschätzt. Vielen Finnen, die seit langem in der Schweiz leben, ist es freilich gelungen, sich ein Eigenheim anzuschaffen, wobei diejenigen, die mit Schweizern verheiratet sind, sich in einer bevorzugten Stellung befinden. Das Haus steht oft in einer kleineren Ortschaft oder auf dem Land, wo die Preise niedriger sind.

Die Migranten umgeben sich im allgemeinen mit Erinnerungsstücken an ihre alte Heimat; dabei kann es sich um Gegenstände oder um Bräuche handeln. Gebrauchs-, Erinnerungs- und Kunstobjekte werden gut sichtbar in der Wohnung aufgestellt, nationale und religiöse Feste werden betonter und traditioneller gefeiert als in Finnland, man geht in die Kirche und zum Volkstanz, was vielen vor der Migration nicht in den Sinn gekommen wäre.

Da in der Regel die Mütter über die Wohnungseinrichtung, den Speiseplan und die Gestaltung der Feste bestimmen,[17] finden sich in den Wohnungen derjenigen schweizerisch-finnischen Familien, in denen die Ehefrau Finnin ist, sehr viele finnische Einflüsse. Bei der Inneneinrichtung werden helle Holzmöbel, finnische Textilien und zum Beispiel Stoffe von Marimekko und Vuokko bevorzugt. Ein nahezu obligatorischer Raumschmuck ist die Aalto-Vase, oft in mehreren Exemplaren verschiedener Größe. Man trinkt aus Iittala-Gläsern und anderen finnischen Designgläsern, das Geschirr ist meist ein Produkt der Firma Arabia. An der Wand hängt ein ererbter finnischer Wandteppich, und auf dem Bett liegt eine von der Großmutter gehäkelte Tagesdecke. Flickenteppiche auf dem Fußboden mögen für Schweizer schwer akzeptabel sein, doch auch sie sieht man, wenngleich seltener. Auch in der Schweiz ist es üblich, im Wohnzimmer eine Regalwand aufzustellen; sie wird jedoch als "Wohnwand" bezeichnet und ist nicht für Bücher vorgesehen, die an weniger sichtbarer Stelle aufbewahrt werden. Zum finnischen Stil gehört es, zwischen den Ziergegenständen wenigstens einige Bücher auszulegen, und diesen Brauch nimmt man oft mit in die Schweiz.

Die Finnen verdecken die Fenster nicht gern auf die in der Schweiz übliche Art. Die schweizerischen Wohnungen haben Metallrolläden oder Fensterläden von außen und Gardinen von innen. Zum Schutz der Privatsphäre sind die Gardinen praktisch immer vorgezogen, und in den Zimmern, in denen man sich nicht aufhält, sind die fast völlig verdunkelnden Rolläden heruntergelassen. Der Wunsch der Finninnen, die Fenster unverhängt zu lassen, führt häufig zu Meinungsverschiedenheiten mit dem Ehepartner und den Nachbarn.

Als wir hier einzogen, wollte ich keine Gardinen, aber nach ein paar Tagen kam eine Frau aus dem Haus gegenüber und beschwerte sich, es störe sie, wenn wir die Vorhänge nicht zuziehen. Ich hätte trotzdem noch keine gekauft, aber als sie zum zweiten Mal kam, blieb mir nichts anderes übrig. Im Geschäft wurde ich gefragt, ob ich Tages- oder Nachtgardinen wollte, und ich wußte nicht einmal, worin sie sich unterscheiden, ich wollte einfach irgendwelche Gardinen, damit die Beschwerden aufhören.

Mit dem Wohnen sind viele Regeln verbunden, die im Interesse des nachbarschaftlichen Friedens beachtet werden müssen. Die eingangs erwähnte Waschküche und ihre Benutzung ist ein klassischer Stolperstein für Ausländer in Etagenhäusern. Auch der Haushaltsabfall kann zum Problem werden; man muß wissen, wohin man an welchem Wochentag die verschiedenen Müllsorten bringen darf, und sollte sich hüten, eine Einkaufstüte für den Abfall zu verwenden. Andernfalls muß man mit einer Geldstrafe rechnen, da ein einheitlicher kommunaler Müllsack vorgeschrieben ist. In den Eigenheimen wetteifern die Nachbarn um die Sauberkeit der Vorgärten und kontrollieren unter Umständen sogar, was die ausländische Nachbarin auf den Kompost wirft. Sonntags ist Ruhetag, man darf also nicht im Garten arbeiten oder auch nur das Auto waschen. Für Schweizerfinnen, die in einem Eigenheim leben, kann es sehr ärgerlich sein, an einem freien Tag nicht im eigenen Garten werkeln zu dürfen.

Die Essensgewohnheiten

Die Eßkultur ist ein wichtiger Teil der kulturellen Identität. Das Kochen ist in der Schweiz Aufgabe der Mutter, und die Finnin kocht für ihre schweizerische Familie das, was sie kennt, so daß der Kontakt zu dieser Kulturtradition gewissermaßen von selbst bestehen bleibt. Allerdings hat die Internationalisierung schweizerische und finnische Essensgewohnheiten einander angenähert, vor allem was Nudelgerichte betrifft.

In der Schweiz ißt man traditionell drei gemeinsame Mahlzeiten zu Hause. Fremdartig erscheinen den Finnen die Speiseregeln für bestimmte Tage; so ißt man freitags in der Schweiz kein Fleisch, sondern Fisch oder eine Wähe, was auf den Einfluß der katholischen Kirche zurückzuführen ist. Beliebt ist auch der mit Spinat oder Broccoli gefüllte Käsekuchen. Die einzelnen Landesteile haben eine unterschiedliche Eßkultur, und fast jede Ortschaft hat ihre eigenen Spezialitäten. Dies kommt auch in dem Begriff "Röstigraben" zum Ausdruck, der die Grenze zwischen dem deutsch- und dem französischsprachigen Gebiet bezeichnet. Rösti sind vor allem ein Berner Gericht; insgesamt symbolisieren die verschiedenen Kartoffelgerichte die Resolutheit und Zuverlässigkeit der deutschsprachigen Schweiz. Vor allem zur Schlachtzeit im Herbst kommt in den deutschsprachigen Gebieten oft eine Berner Platte auf den Tisch. In den französischsprachigen Kantonen sind die Gerichte von der französischen Küche beeinflußt, und man ißt nicht so schwere Speisen wie auf der anderen Seite des Röstigrabens. Im Kanton Tessin im Süden des Landes macht sich der italienische Einfluß unter anderem in der Bedeutung der Teigwaren bemerkbar. Bei Touristen bekannte Speisen wie Fondue und Raclette sind winterliche Gerichte, die im ganzen Land bekannt sind und, besonders als Essen für Gäste, eine hervorgehobene soziale Bedeutung haben.

Die in der Schweiz lebende Finnin Marja Sertore-Pokkinen hat 1995 für eine Seminararbeit über die finnische Eßtradition in der Schweiz zehn schweizerisch-finnische Familien nach ihren Essensgewohnheiten befragt. In allen Familien wurden sowohl alltags als auch und vor allem an Feiertagen finnische Gerichte zubereitet. Speziell zu Weihnachten stand die finnische Küche hoch im Kurs. An den Wo-

chenenden aßen die meisten finnische Gerichte wie Makkaroniauf-
lauf, Fleischklößchen, Brei und verschiedene Fleisch- und Fischge-
richte. Gebacken wurde ausschließlich nach finnischen Rezepten:
Hefegebäck, Plätzchen und Piroggen. Interessant war das langsa-
me Vordringen schweizerischer Einflüsse. Das Frühstück, das den
Befragungen nach die geringste kulturelle Bedeutung hat, veränderte
sich zuerst, dann folgte das Mittagessen. Bemerkenswert ist auch,
daß in den Familien rein finnisch gekocht wurde, wenn der Vater
nicht zu Hause war. So übernahmen die Kinder von ihrer Mutter
finnische Essensgewohnheiten.[18]
Auch die Essensgewohnheiten der Schweizerfinnen weisen regionale Variationen auf, was auf den Interviewreisen durch die ganze
Schweiz leicht festzustellen war. Inwiefern regionale Faktoren in der
Schweiz sich auf die Bewahrung der finnischen Eßkultur auswirken, ist jedoch weitgehend ungeklärt. Es scheint aber, daß sich die
Traditionen am ehesten dort erhalten, wo viele Finnen leben, etwa
in Zürich, wo man selbst in normalen Geschäften finnische Lebensmittel
finden kann. Im allgemeinen spricht es sich unter den Schweizerfinnen schnell herum, wenn beispielsweise auf dem Markt einmal
Kohlrüben angeboten werden. Bestimmte Lebensmittel, die in der
Schweiz nicht zu haben sind, bringt man von jeder Reise nach Finnland
mit. Solche Standardmitbringsel sind vor allem Roggenbrot, kaltge-
räucherter Lachs und Süßigkeiten wie Lakritz und Salmiak. Bei finnischem Kaffee sind die Meinungen geteilt; viele Finnen finden Ge-
schmack am dunkelgerösteten Schweizer Kaffee. In einem Interview kam dies folgendermaßen zur Sprache:

Als meine Mutter zuletzt hier war, hat sie mir fünf Pakete fin-
nischen Kaffee mitgebracht, damit ich 'richtigen Kaffee' trin-
ken kann. Was soll ich damit bloß anfangen? Ich kann ihn
doch nicht wegwerfen.

In der Schweiz lernen die Finnen eine neue Art des Umgangs
mit Alkohol. Wein gehört nicht zur traditionellen finnischen Trink-
kultur, und mit dem Alkoholkonsum verbinden sich in Finnland
seit jeher negative Assoziationen. Anders in der Schweiz, wo der

Alkohol keinerlei mythische Bedeutung besitzt. Marja Sertore-Pokkinen schreibt:

> *In dieser Kultur ist der Alkoholkonsum kein Thema für Witze oder Anekdoten. Die Verwirrung ist mit Händen zu greifen, wenn ein Finne, der erst seit kurzem im Land lebt, beim Essen davon spricht, wie gut ihm der Wein schmeckt, da er seit Wochen keinen Alkohol getrunken habe. Seine Nase sei ihm nämlich zu rot geworden, er müsse sich wegen seiner Gesundheit oder seines Leibesumfangs zurückhalten. Oder wenn der finnische Gastgeber oder die Gastgeberin die Gäste auffordert, doch ruhig zu trinken, obwohl er oder sie selbst abstinent sei, er oder sie könne auch ohne Alkohol lustig sein. Es interessiert niemanden, ob jemand Alkohol trinkt oder nicht, und warum. Wein ist eine Selbstverständlichkeit. Ebenso selbstverständlich ist, daß man sich nicht betrinkt. Zur Mahlzeit gehören im allgemeinen ein Aperitiv, Wein zum Essen und ein Kognak zum Kaffee. Ebenso gut kann man aber die ganze Zeit Wasser trinken, ohne irgendwelche Erklärungen abgeben zu müssen.[19]*

Geschichten von der Trunksucht der Finnen kennt man auch in der Schweiz, wenngleich nicht im selben Ausmaß wie in Skandinavien. Unter Männern kommt das Thema oft zur Sprache:

> *In jedem Gespräch ist von der Trunksucht der Finnen die Rede. Es ist ungeheuer schwer (unmöglich), die Schweizer davon zu überzeugen, daß zum Beispiel der Gesamtalkoholkonsum der Finnen nur die Hälfte dessen beträgt, was die Schweizer trinken. Wenn wieder einmal über das Thema gesprochen wird, sage ich heutzutage im Spaß, daß man mich aus Finnland rausgeworfen hat, weil ich keinen Wodka mag.*

Alkoholprobleme sind der finnischen Bevölkerung in der Schweiz nicht völlig unbekannt. Obwohl man sich der Landessitte im allgemeinen schnell anpaßt, trinkt der eine oder andere nach traditionellem Muster zuviel, wozu auch der Akkulturationsstreß beiträgt.

Der Akkulturationsgrad ist auch daran abzulesen, welches Getränk man seinen Gästen anbietet. Im allgemeinen bieten Finnen, die seit langem in der Schweiz leben, dem Besucher ein Glas Wein an, während Gastgeber, die erst vor kurzem in die Schweiz gezogen sind oder besonders stark an den finnischen Traditionen festhalten, Kaffee servieren.

Das Saunen

Die Saunakultur außerhalb Finnlands erscheint den meisten Finnen sehr fremdartig. Das Saunen hat eine andere Bedeutung, in Mitteleuropa besucht man die Sauna wegen der Fitneß oder um abzunehmen, nicht nur zur Entspannung und Reinigung. Da das Saunen kein Teil der Alltagskultur ist, findet man in den Häusern und Wohnungen praktisch keine Saunas; wo es eine gibt, ist sie ein Zeichen für den Wohlstand des Besitzers. Die Finnen, die sich in der Schweiz permanent niedergelassen haben, besitzen eine eigene Sauna, wenn sie über die Möglichkeiten und das nötige Geld verfügen, die anderen träumen davon, sich eine Sauna zu bauen. Im allgemeinen wird die Sauna im Keller des Eigenheims untergebracht und so finnisch eingerichtet wie nur möglich. Mindestens der Saunaofen wird aus Finnland importiert. Die Frauen führen dann ihre schweizerischen Männer in die finnische Saunakultur ein. Die schweizerischen Saunagebräuche unterscheiden sich nämlich von den finnischen und spiegeln mit ihren Verhaltensregeln die Genauigkeit wider, die die gesamte Gesellschaft prägt. Wer keine eigene Sauna besitzt, kann eine öffentliche Sauna besuchen, die jedoch selten den Erwartungen entspricht, wie Kari Honkela in der Zeitschrift "Suomen Sanomat" berichtet:

Die ganze Sauna-Abteilung wirkte ziemlich aufgeputzt mit ihren Kacheln, Teppichböden, getönten Spiegeln und automatischen Duschen. Im Duschraum hing eine große Tafel mit Anleitungen, wie man sich in der Sauna zu verhalten hat. Wieviele Minuten Aufguß, wann man die Zehen in kaltes Wasser steckt, wann man sich abtrocknet und ausruht usw. Darunter stand, dieses Programm beruhe auf den Untersuchungen von Professor Doktor Soundso, ich weiß nicht mehr, von welcher

Universität. (...) Alle möglichen Leute sitzen in der Sauna. Einer macht mit den Armen gymnastische Bewegungen und schnauft mit hochrotem Gesicht. Ein paar Typen prahlen mit ihren Saunaerlebnissen. Einer scheint zu schlafen, ein anderer liest die Tageszeitung, (...) ich mag mich nicht dazusetzen, es gibt auch keinen Aufguß (...) so macht das Saunen keinen Spaß.[20]

Auch dann, wenn die Schweizer sich bemühen, zur Freude ihrer Gäste die finnische Sauna mitsamt Bier und Wurst möglichst genau nachzuahmen, empfinden die Finnen das Ergebnis als zu organisiert und steril: der Gastgeber gießt persönlich das Wasser auf den Ofen und macht eine große Veranstaltung daraus, indem er den aufsteigenden Dampf mit einem Handtuch zu den Saunagästen wedelt, die Wurst wird mit Messer und Gabel vom Teller gegessen und das Bier aus dem Glas getrunken. Die Sauna ist den Finnen so heilig, daß Ausländer gar nicht erst versuchen sollten, sie nachzuahmen.

Die Saunatradition der Finnen hat in der Schweiz die verschiedensten Formen erhalten. 1967 ließ ein finnisch-schweizerisches Ehepaar in Romanshorn in der Ostschweiz aus finnischem Holz die erste öffentliche Sauna bauen, aber mehr als 20 Jahre zuvor war in Zürich bereits eine recht außergewöhnliche Sauna eröffnet worden. Vier Jahre lang tuckerte nämlich ein Saunaschiff über den Zürichsee. 1945, unmittelbar nach dem Zweiten Weltkrieg, erwarb ein rühriger Schweizer zu einem Spottpreis das alte Dampfschiff "Speer" von der damaligen "Zürichsee-Dampfboot-Gesellschaft" und verwandelte es in eine schwimmende Sauna. Im ehemaligen Maschinen- und Kesselraum wurde eine Sauna mit elektrischem Ofen eingebaut und zum Abkühlen eine Holzwanne aufgestellt, die mit kaltem Wasser gefüllt wurde. An Deck wurden getrennte Umkleidekabinen für Männer und Frauen gebaut. Die dreiköpfige Besatzung bestand aus Kapitän, Kassierer und Masseur. Da man es nicht eilig hatte, reichte ein alter Automotor als Antrieb. Das Schiff legte in den Häfen am Seeufer an, wo es mit Strom und Wasser versorgt wurde. Das Saunaschiff wurde vorwiegend von Freiluftsportlern mittleren Alters frequentiert und konnte auch gemietet werden. Die Räumlichkeiten waren alles andere als luxuriös, und wer an Klaustrophobie litt, war am falschen Platz; die Sauna wurde von einer einzigen Glühbirne nur schwach beleuchtet. Das Schiff kreuzte mit wechselndem Erfolg über den Zürichsee, bis es 1948 vom Schicksal vieler Saunas ereilt wurde: es brannte ab. Das Wrack wurde nach Zürich geschleppt, wo es in einer stürmischen Nacht unterging.[21]

Feiertage und Feste

Die finnischen und schweizerischen Feiertage und die Art, wie man sie begeht, unterscheiden sich voneinander und variieren zum Teil auch innerhalb der Schweiz, je nachdem, ob die betreffende Gegend katholisch oder reformiert ist. Die wichtigsten Feiertage für die Finnen sind Weihnachten, Ostern, der erste Mai, Mittsommer und der finnische Unabhängigkeitstag; von diesen Festen feiert man Weihnachten und Ostern zur gleichen Zeit wie die Schweizer. Weihnachten ist das größte Fest, und der Heiligabend wird, wenn irgend möglich, nach finnischer Art und mit den traditionellen finnischen Weihnachtsgerichten gefeiert. Wo viele Finnen leben, etwa in Zürich, besorgen manche Kaufleute für ihre finnischen Kunden sogar gepökelten Weihnachtsschinken. In Familien mit Kindern ist die Weihnachtszeit recht ausgedehnt, denn in der Schweiz kommt schon am 6.12. der Sami Claus, und am 25.12. bringt das Christkind die Geschenke. Wegen der Kinder kann man die schweizerischen Bräuche nicht übergehen. Ein Teil der Familien hält sich bei den Geschenken an die schweizerische Sitte, während in den anderen Familien der Weihnachtsmann aus Finnland am Heiligabend die Geschenke bringt. Je nachdem, wo sie wohnen, backen die finnischen Mütter auch schweizerische Weihnachtsplätzchen für die Nachbarn, wie es in der Schweiz üblich ist. Der Kirchgang gehört für einen Teil der finnischen Familien zur Tradition. Ein Teil der Finnlandschweizer feiert Weihnachten in Finnland. Dies bürgerte sich ein, als die SVFF in den sechziger Jahren begann, preiswerte Charterflüge nach Finnland zu organisieren. Die schweizerfinnischen Organisationen, von der Handelskammer bis zum Kinderkreis, veranstalten Adventsfeiern mit Glühwein und einem Besuch des Weihnachtsmanns.

Erkki Korhonen begleitet am Klavier das Gemeinschaftssingen der Finnen bei einem Weihnachtsliederabend in Zürich. – *Foto: Krister Björklund.*

Die Ostertraditionen unterscheiden sich in beiden Ländern kaum voneinander. Ostern ist daher kein speziell die finnische Identität stärkendes Fest und wird in jeder Familie in einer Mischung finnischer und schweizerischer Traditionen gefeiert. Die traditionelle finnische Osterspeise "Mämmi" kommt mangels Erhältlichkeit nur selten auf den Tisch. Der erste Mai wird in der Schweiz praktisch nicht gefeiert, ist den Finnen aber wichtig. Die Ortsvereine der SVFF veranstalten Maifeiern, die sie so finnisch gestalten wie möglich. Viele Schweizerfinnen beachten den ersten Mai jedoch kaum, weil er im Gegensatz zu den anderen Feiertagen kein Familienfest ist. Mittsommer dagegen ist den Finnen äußerst wichtig und wird, wenn die Finanzen es erlauben, in Finnland bei Verwandten und Freunden nach alter Tradition mit einem Johannisfeuer gefeiert. Mittsommerfeste in der Schweiz werden als nicht "ganz echt" empfunden, aber dennoch im allgemeinen besucht. In Bern zum Beispiel findet jährlich ein großes Mittsommerfest statt. Eine regelrechte Institution auf diesem

In einem Zürcher Restaurant wird der 80. Jahrestag der Unabhängigkeit
Finnlands gefeiert. – *Foto: Krister Björklund.*

Fest ist die Bowle des Uhrmachers Kalle Tolvanen, der seit den vierziger Jahren in der Schweiz lebt. Als "Kalles Bombe" ist sie weit-
hin bekannt.

Der finnische Unabhängigkeitstag ist vor allem für die schweizerfinnischen Organisationen ein wichtiges Fest. Vor allem in "runden"
Jahren ziehen die Veranstaltungen zahlreiche Finnen an. Gottesdienste, offizielle Feierstunden und Empfänge finden statt. Die jüngeren Leute
feiern den Tag in ausgelassener Stimmung im Restaurant.

Die großen Karnevalsfeste in der Schweiz, etwa die auf katho-
lische Wurzeln zurückgehende Fasnacht, werden von den Schweizerfinnen oft als fremd empfunden; die finnische Kultur kennt keine Karnevalstradition. Man schaut sie sich an, ist aber im allgemeinen distanziert.[22] Die in den kleinen Ortschaften gefeierten jahres-
zeitlichen und traditionellen Feiertage und Feste sind etwas anderes – die ortsansässigen Finnen nehmen häufig daran teil und wirken zum Teil sogar als Veranstalter mit.

Die Vereinstätigkeit der Finnen in der Schweiz

Der zweite Aspekt des Akkulturationsprozesses ist die Pflege der eigenen Identität des Migranten. Ohne Kontakte zu Landsleuten und zum ehemaligen Heimatland bleibt die Integration unvollständig. Die Auslandsfinnen haben in der Regel vielfältige Möglichkeiten, ihr Finnentum zu pflegen; der Verein "Suomi-Seura" und die bilateralen Freundschaftsvereine in den einzelnen Ländern bieten hierzu Gelegenheit, ebenso die Medien und Kontakte zu Verwandten und Freunden in Finnland. Der Verein "Suomi-Seura" hat für die Schweizerfinnen nur marginale Bedeutung, da er in der Schweiz nicht sehr aktiv tätig ist. Die Vereinstätigkeit der Schweizerfinnen stützt sich im wesentlichen auf die Schweizerische Vereinigung der Freunde Finnlands, die bereits 1946 den ersten in die Schweiz eingewanderten Finnen Hilfe und Unterstützung bot.

Der Hintergrund der Schweizerischen Vereinigung der Freunde Finnlands

Die Schweizer haben im allgemeinen ein positives Bild von Finnland, doch der Durchschnittsschweizer weiß recht wenig über das kleine skandinavische Land. Das Finnlandbild der älteren Generation ist noch vom Winterkrieg geprägt, und ihre Vorstellungen von Finnland sind oft etwas einseitig. Die jüngere Generation sieht Finnland in der Regel als fremden, peripheren skandinavischen Wohlfahrtsstaat. Obwohl man also von einem gespaltenen Finnlandbild sprechen kann, hat das Land in beiden Gruppen ein gutes Image; es fällt daher leicht, sich in der Schweiz als Finne zu erkennen zu geben. Das Fundament für dieses positive Bild legte die unmittelbar nach dem Krieg gegründete "Schweizerische Vereinigung der Freunde Finnlands - Association Suisse des Amis de la Finlande" (SVFF).

Man kann sagen, daß das Interesse der Schweizer an Finnland im Zweiten Weltkrieg erwachte - bis dahin war Finnland den Schweizern weitgehend unbekannt, und in der Schweiz lebten nur wenige Finnen. Die Schweiz befand sich wie Finnland in einer schwierigen Position zwischen den Großmächten, und viele waren der Ansicht, die

Situation der Schweiz sei aussichtslos und man müsse sich früher oder später mit Deutschland arrangieren. Hitler annektierte Gebiete mit deutschsprachiger Bevölkerung an Großdeutschland und betrieb eine enge Zusammenarbeit mit Italien. Auch Mussolini hatte in der Schweiz Sprachverwandte, so daß sich das Land zweifellos in Gefahr befand.

Als der finnische Winterkrieg ausbrach, verfolgten die Schweizer die Ereignisse intensiv und voller Sympathie für das kleine Land, das es wagte, sich gegen einen übermächtigen Gegner zur Wehr zu setzen. Plötzlich wurden die Finnen als Brudervolk empfunden.[23] Den größten Anteil an dieser Entwicklung hatte die genaue Kriegsberichterstattung der "Neuen Zürcher Zeitung" (NZZ). Die NZZ war damals die einzige auflagenstarke deutschsprachige Zeitung, die neutrale Informationen verbreitete. Die Korrespondenten der Zeitung, Max Mehlem und Ernst Regensburger, waren in Helsinki und Stockholm stationiert. Beide waren Finnlandfreunde und mit den örtlichen Verhältnissen gut vertraut. Ihre Berichte wurden in der Schweiz genau verfolgt und weckten bei den Lesern große Sympathie. Die Verteidigung Finnlands im Winterkrieg gab auch den Schweizern Hoffnung und trug mit dazu bei, daß die Schweiz ihre Verteidigungsbereitschaft zielstrebig erhöhte.[24]

In der Schweiz wurden zahlreiche Spendensammlungen für Finnland veranstaltet. "Das kleine Finnlandbuch" wurde 1940 vom Schweizer Hilfswerk für Finnland herausgegeben. Für jedes verkaufte Exemplar gingen 2 Franken an die Finnlandhilfe.

DAS KLEINE FINNLANDBUCH

WINTER 1939\1940

Der Leitartikel in der Sonntagsausgabe der Neuen Zürcher Zeitung vom 10.12.1939 befaßte sich mit der Lage Finnlands.

Auch der Fortsetzungskrieg wurde von der NZZ genau verfolgt. Mehlem betonte in seinen Berichten, daß die Finnen sich nicht am Krieg Hitlers beteiligten, sondern ihren eigenen Krieg gegen die Sowjetunion führten, und daß Finnland kein Verbündeter des faschistischen Deutschlands, sondern ein demokratischer Staat mit starker Bindung an Skandinavien war. Über die Friedensbedingungen und die finnische Nachkriegspolitik äußerte sich die NZZ verständnisvoll und stellte fest, Finnland habe nicht anders handeln können.[25]

Nach dem Krieg kam in der Schweiz der Gedanke auf, einen Verein zu gründen, der Finnland unterstützen und feste Bindungen zwischen beiden Ländern schaffen sollte. Primus motor dieses Vorhabens war Dr. Gubert von Salis, dessen Interesse für Finnland infolge seiner Ehe mit einer aus Hanko stammenden Finnin schon früh erwacht war. Er hatte als 40jähriger Major und militärischer Beobachter der Schweiz in Finnland den Winterkrieg miterlebt und Informationen über die Lage Finnlands in die Schweiz weitergeleitet.

Schon damals hatte er an die Gründung eines Freundschaftsvereins gedacht; wie viele andere Schweizer sah er einen starken Freiheitswillen als charakteristisch für beide Völker an. In der Praxis bestand nach dem Winterkrieg jedoch keine Möglichkeit zur Vereinsgründung, da bald darauf der Fortsetzungskrieg ausbrach und die Schweiz ohnehin eine isolierte Insel im kriegführenden Europa darstellte.

Als der Krieg schließlich endete, mußte Finnland harte Friedensbedingungen akzeptieren; von Salis fürchtete, daß Finnland in politische, wirtschaftliche und kulturelle Isolation geraten würde, und suchte eine solche Entwicklung mit allen Mitteln zu verhindern. Auch die materielle Not, die er sah, berührte ihn sehr, und er bemühte sich, ihr unter dem Motto "Finnland muß man helfen" entgegenzuwirken. Die Schweizer organisierten Sammlungen und schickten Kleidung, Lebensmittel, Medikamente und Geld. Der Umfang der Hilfeleistungen war beträchtlich; so hatten beispielsweise die Hilfssendungen im Jahr 1946 einen Gesamtwert von drei Millionen Schweizerfranken.[26]

Von Salis suchte im Freundes- und Bekanntenkreis nach Gleichgesinnten, um einen Freundschaftsverein zu bilden. Am 20. Dezember 1946 fand im Hotel St. Peter in Zürich die Gründungsversammlung statt. Die zwölf Gründungsmitglieder wählten von Salis zum Präsidenten des neuen Vereins, ein Amt, das er 30 Jahre lang ausübte. Die Vereinsziele wurden in der Einladung zur Gründungsversammlung folgendermaßen formuliert:

Wir erlauben uns, Sie zur Gründungsversammlung der 'Vereinigung der Freunde Finnlands' geziemend einzuladen. Das tapfere Verhalten der finnischen Nation im Krieg und ihr zäher Wille, der Nachkriegsschwierigkeiten Herr zu werden, haben in der Schweiz einen tiefen, nachhaltigen Eindruck gemacht. So ist denn bei manchen Schweizern der Wunsch vorhanden, diesem Gefühl der Wertschätzung und der freundschaftlichen Verbundenheit sichtbaren Ausdruck zu verleihen durch einen Zusammenschluss aller Freunde Finnlands. Wir möchten in der geplanten Vereinigung die kulturellen Beziehungen zu Finnland pflegen und vertiefen und Gedanken darüber aus-

tauschen, wie wir da und dort die Not in Finnland – und diese ist erschreckend gross – lindern können.[27]

Das politische Klima war unmittelbar nach dem Krieg in Finnland und in ganz Europa gespannt, und deshalb wurde die Vereinigung der Freunde Finnlands im kleinen Kreis gegründet; vermutlich wollte man den Anschein einer politischen Bewegung vermeiden. Erst später erweiterte der Verein seine Tätigkeit und vergrößerte seine Mitgliederzahl. In seiner Begrüßungsrede bei der Gründungsversammlung betonte von Salis ausdrücklich, daß es sich um einen völlig unpolitischen Verein handelte, und umriß die künftige Tätigkeit.

Hie und da wird uns ein Vortrag mit den Verhältnissen in Finnland vertraut machen. Kommen finnische Studenten in die Schweiz, so helfen wir ihnen, sich in unseren Verhältnissen zurechtzufinden. Kommen finnische Persönlichkeiten zu uns, so schaffen wir um sie eine Atmosphäre gegenseitigen Vertrauens und sind ihnen in jeder Weise behilflich. (...) Wir propagieren die Patenschaften, durch welche Licht und Wärme in manche finnische Familie gebracht werden können. Sobald die Verkehrsverhältnisse besser werden, organisieren wir Reisen nach Finnland, die wohl am besten dazu dienen, unsere Beziehungen zu Finnland zu vertiefen.[28]

Damit mauerte von Salis den Grundstein der Vereinigung und setzte die Richtlinien ihrer Aktivitäten fest, auf denen in späteren Jahren die Vereinstätigkeit der Schweizerfinnen aufbaute. Zwei Jahre nach der Gründung der SVFF rief Dr. Arnold Rosenquist die "Vereinigung der Freunde der Schweiz in Finnland" (Sveitsin ystävät Suomessa) ins Leben. Seither bestehen enge Verbindungen zwischen den beiden Vereinen, die beispielsweise bei der Stipendiatenarbeit kooperieren.

In schneller Folge entstanden regionale Vereine in anderen Teilen der Schweiz: 1948 in Bern, 1949 in Genf und Luzern, 1950 in Basel, 1953 in Vaud und in einer späteren Phase 1963 in Schaffhausen, 1975 in Solothurn und 1978 in St. Gallen (die spätere SVFF-Gruppe Ostschweiz). 1950 stellte die urspüngliche Vereinigung ih-

Professor Gubert von Salis. – Bulletin 77.

rem Namen das Adjektiv "Schweizerische" voran, um sich als Dachorganisation von den regionalen Vereinen zu unterscheiden. Die Zahl der Vereinsmitglieder stieg in den ersten Jahren jedoch nur langsam; 1956, zehn Jahre nach der Gründung, hatte die SVFF in Zürich 230 Mitglieder, in Basel 61, in Bern 45, in Luzern 89, in Genf 27 und in Vaud 35. Ein Gründungsmitglied berichtet, daß damals alles sehr familiär zuging, weil der Kreis so klein war.[29]

Die regionalen SVFF-Gruppen in der Schweiz unterstützten Finnland auf unterschiedliche Weise; so sammelte die Gruppe Basel mehrfach Geld, das als Weihnachtsgeschenk nach Suomussalmi geschickt wurde, und die Gruppe Schaffhausen lud junge Finnen in die Schweiz ein.

Marksteine in den Anfangsjahren der Vereinigung waren die Gründung der Stipendiatsstiftung im März 1948, die Enthüllung des Mannerheim-Denkmals 1955 und die Eröffnung der Fennica-Bibliothek für den Publikumsverkehr im gleichen Jahr. 1956 wurde im Schloß Rapperswil eine ständige Ausstellung zur älteren finnischen Geschichte eröffnet. Sie befand sich in zwei Räumen im Schloßturm, in denen die Burgen Olavinlinna und Wiburg im Mittelpunkt standen. Die Ausstellung war 23 Jahre lang zu besichtigen, bis sie abgebaut werden mußte, da die Räume anderweitig gebraucht wurden.

Besonderen Symbolwert besaß die Gedenkstätte, die die SVFF und der schweizerische Flugzeugclub "Avia" im September 1959 zu

Ehren von drei finnischen Piloten in Zollikon am Ufer des Zürichsees errichteten. Sie hat folgenden Hintergrund: Im Jahre 1920 sollten drei finnische Piloten zusammen mit einem italienischen Mechaniker zwei Wasserflugzeuge, die von der finnischen Flugwaffe bei der italienischen Sesto-Calende Flugzeugfabrik gekauft worden waren, nach Finnland fliegen. Als sie über die Alpen flogen, griff das Schicksal ein: die Maschine von Major Mikkola und Leutnant Durchmann stürzte südlich des Tödi-Massivs auf einem Gletscher ab. Einige Stunden später stürzte die Maschine von Fähnrich Leijer, dem gerade zuvor eine kühne Zwischenlandung in Bad Ragaz gelungen war, aus einer Höhe von etwa 100 m plötzlich steil ab, zerbarst in der Luft und fiel bei Zollikon in den Zürichsee. Eine schweizerische Untersuchungskommission stellte bei beiden Maschinen als Unfallursache Propellerschaden fest. Der wirkliche Grund was wahrscheinlich Sabotage, hatten doch spätere Untersuchungen ergeben, daß die Propeller so laminiert gewesen waren, daß sie für einen langen Flug nicht tauglich waren.

Die Gedenkstätte wurde am 6.9.1959 in Anwesenheit finnischer, schweizerischer und italienischer Ehrengäste enthüllt. Seither hat die SVFF hier mehrere Gedenkveranstaltungen gehalten, auf denen Finnen und Schweizer das Andenken der Piloten ehren. Das Denkmal wurde zu einem Symbol für die Sympathie der Schweizer gegenüber Finnland. Der Tag des Absturzes wurde in Finnland später zum Pilotentag erklärt.

Gubert von Salis hatte sich in so herausragender Weise um die Unterstützung Finnlands verdient gemacht, daß Rolf Nevanlinna 1954 anregte, ihm einen finnischen Professorentitel zu verleihen, was Präsident Paasikivi im folgenden Jahr tat. Dies war der erste finnische Professorentitel, der einem Ausländer gewährt wurde.

Die SVFF förderte die finnisch-schweizerischen Beziehungen auf vielfältige Weise. Auf ihre Initiative fanden 1961 die ersten Finnlandwochen statt. Im Kaufhaus Jelmoli wurden finnische Produkte präsentiert, hinzu kamen kulturelle Veranstaltungen, u. a. Aufführungen finnischer Kurzfilme. Von da an wurden regelmäßig Finnlandwochen veranstaltet. 1966 fand in Lausanne, 1972 in Zürich eine finnische Messe statt, in deren Rahmen 1972 die Zeitschrift "Suo-

Die Gedenkstätte für die finnischen Piloten in Zollikon mit der Skulptur "Fallender Krieger" von Henry Moore. – *Foto: Krister Björklund.*

men Sanomat", die Vorgängerin des "Finnland Magazins", gegründet wurde.

Die Vereinigung der Freunde Finnlands und die Migrationswelle

Als in den sechziger Jahren immer mehr Finnen in die Schweiz zogen und sich für die Tätigkeit der SVFF interessierten, kam es zu Diskussionen über die Wirkungsfelder des Vereins. Die SVFF war für Schweizer gegründet worden und hatte anfangs keine finnischen Mitglieder. Man mußte entscheiden, ob die Vereinigung überhaupt finnische Mitglieder aufnehmen konnte, ob also ein Finne ein "Finnlandfreund" sein konnte; 1965 kam man zu dem Beschluß, daß dies möglich sei. Dieser inoffizielle Beschluß hatte große Bedeutung für die finnische Vereinstätigkeit in der Schweiz; wäre er anders ausgefallen, hätten die Schweizerfinnen vermutlich eine separate Organisation gegründet. Die SVFF vereinte nun die schweizerischen

173

Finnlandfreunde und die Schweizerfinnen in einer gemeinsamen Organisation.

Die Vereinigung hatte sich von Anfang an um Finnen gekümmert, die in die Schweiz kamen, die Mitglieder hatten Studenten und andere Finnen zu sich eingeladen, Richard Sprüngli hatte bereits seit den fünfziger Jahren den finnischen Stipendiaten wöchentlich ein kostenloses Mittagessen in seinem Restaurant am Paradeplatz in Zürich angeboten, und ganz allgemein wurde großzügig Hilfe und Unterstützung gewährt.

Als die Migrationswelle einsetzte, wurde die SVFF zu einer wichtigen Anlaufstelle für die Neuankömmlinge, und die Aktiven in den Ortsgruppen mußten immer wieder Finnen helfen, die auf Probleme stießen. Über die Art dieser Probleme heißt es in der Zeitschrift "Suomen Sanomat" 2/1973:

(...) für eine Hausfrau, die jahrelang unter Einsamkeit gelitten hat, findet sich in der Mitgliederkartei [der SVFF] unter Umständen eine Freundin, eine andere Finnin, die nur einige Blöcke weiter wohnt.

Junge Finnen reisen immer noch zum Studium in die Schweiz, ohne zu wissen, daß die Universität heute vor der Immatrikulation die Absolvierung eines deutschen Sprachkurses verlangt. Um den verlängerten Aufenthalt zu finanzieren, müßte man Arbeit annehmen, hat aber keine Arbeitsbewilligung. Oder man kommt einfach als Tourist in der Hoffnung, daß sich in den drei gestatteten 'Touristenmonaten' irgendwie eine Arbeitsbewilligung und eine Stelle organisieren lassen. Oder man studiert offiziell und arbeitet ohne Genehmigung als Haushilfe, in völliger Abhängigkeit von der Familie, die einen beschäftigt.

Die Vereinigung gab seit 1952 ihr "Mitteilungsblatt Schweiz-Finnland" heraus, das neben Informationen über die Vereinstätigkeit zahlreiche Berichte über Finnland enthielt. 1977 erhielt das Blatt einen neuen Namen, "Bulletin", und erschien von nun an in einer Auflage von 3500 Exemplaren als Vereinschronik und Ergänzung der einige Jahre zuvor gegründeten Zeitschrift "Suomen Sanomat". Ende 1989 stellte das "Bulletin" sein Erscheinen ein, die SVFF informiert ihre Mitglieder seither mit Rundschreiben und im "Finnland Magazin".

Von Salis war dreißig Jahre lang, bis 1976, als Zentralpräsident tätig; zu seinem Nachfolger wurde der Architekt Theo Landis gewählt, der in den Jahren 1965–1973 Gruppenpräsident in Zürich gewesen war. Zu diesem Zeitpunkt hatte die SVFF acht Ortsgruppen mit insgesamt 3110 Mitgliedern. Die jüngste Gruppe war im Vorjahr (1975) in Solothurn gegründet worden. Von Salis wurde bei seinem Abschied zum Ehrenpräsidenten gewählt. Landis versah sein Amt mit außergewöhnlicher Tatkraft; es gab eine Vielzahl von Veranstaltungen, und der Verein war an vielen Besuchen hoher finnischer Persönlichkeiten in der Schweiz beteiligt. Einen Höhepunkt bildete der Besuch von Präsident Koivisto im März 1986. Als Nachfolger von Landis war Fritz Pulfer 1989–1993 als Zentralpräsident tätig, ihm folgte Peter Meier.

Die Mittsommerfeste der Freundschaftsvereine finden traditionell in freier Natur statt. Im Bild Mitglieder der Gruppe Solothurn 1992 beim Grillen. Im T-Shirt des Vereins führt Zentralpräsident Fritz W. Pulfer die Schlange der Hungrigen an. – *Foto: Leena Pulfer.*

Beim Besuch des finnischen Präsidenten Mauno Koivisto in der Schweiz im März 1986 sangen die Schüler der Finnischen Schule Bern mit ihren Müttern ein Lied für den hohen Gast. – *Foto: Leena Pulfer.*

Die Jahresberichte der Ortsgruppen zeigen, daß die SVFF in den verschiedenen Landesteilen immer aktiv tätig war und ist. Manche Gruppen organisierten bis zu zwanzig Veranstaltungen jährlich, wobei die Skala von Konzerten bis zu Wanderungen reichte. 1974 hieß es im "Mitteilungsblatt", die Gruppe Zürich sei so stark gewachsen, daß bei den Veranstaltungen nicht mehr alle Interessenten Platz fanden: an den Weihnachts- und Maifeiern nahmen damals 200 Mitglieder teil, und die Veranstaltungslokale waren überfüllt. Anfangs wurden die Vereinsaktivitäten von Schweizern geleitet, die nicht selten mit einer Finnin verheiratet waren, doch später beteiligten sich auch die finnischen Frauen aktiv an dieser Arbeit, zum Teil sogar als Präsidentinnen. Infolge der "Verjüngungsoperationen" konzentrierte sich die SVFF zunehmend darauf, die kulturellen und sozialen Bedürfnisse der Schweizerfinnen zu befriedigen. Diese Entwicklung veranschaulicht der Bericht eines aktiven Vereinsmitglieds:

Die Tätigkeit der Organisation verändert sich zur Zeit sehr stark: Vor 50 Jahren basierte sie vor allem auf den Ereig-

nissen und Folgen des Krieges. Es handelte sich um einen etwas 'elitären' Verein. Heute sind die Bedürfnisse anders gelagert: informelle Begegnungen, Gesang und Sport, Förderung eines aktiven Lebens, aber auch offiziellere Funktionen im kulturellen Leben der Stadt, des Kantons und des Staates (der Schweiz), ebenso wie die Mitorganisation 'interkultureller' Veranstaltungen.

Die Tätigkeit der Ortsgruppen variiert je nach der Zahl, der Aktivität und den Vorlieben der in ihrem Gebiet ansässigen Finnen. Die aktivste Tätigkeit ist in den deutschsprachigen Gebieten zu beobachten, wo die meisten Finnen leben. Im italienischsprachigen Tessin gibt es keine SVFF-Gruppe, da die Zahl der Finnen dort klein ist; für dieses Gebiet ist die Gruppe Zürich zuständig. Die Tätigkeit der SVFF hat überall in der Schweiz ein solides Fundament, ihre Kontinuität ist in der Regel nicht bedroht (die Tätigkeit der Genfer Gruppe war vorübergehend gefährdet, konnte jedoch zu neuem Leben erweckt werden). Wenn die Finnen in der Schweiz gemeinsam etwas organisieren, ist die SVFF im allgemeinen auf die eine oder andere Weise beteiligt.

Die regionale Verteilung der Mitglieder wies 1999 folgendes Bild auf:[31]

Basel	495
Bern	584
Genf	93
Luzern	188
Ostschweiz	281
Schaffhausen	222
Solothurn	152
Vaud	221
Zürich	1 601
Insgesamt	*3 837*

Über den Anteil der finnischen Mitglieder lassen sich leider keine Angaben machen, da sie in der Mitgliederkartei nicht separat geführt werden. Zudem gehören der Vereinigung viele Familien an, hinter einem Schweizer Namen in der Kartei verbirgt sich also häufig eine

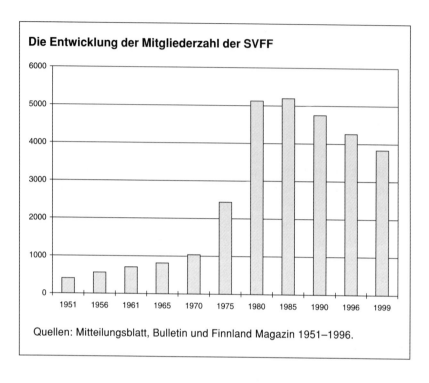

Die Entwicklung der Mitgliederzahl der SVFF

Quellen: Mitteilungsblatt, Bulletin und Finnland Magazin 1951–1996.

schweizerisch-finnische Familie. Die Mitgliederzahl der Ortsgruppen stimmt nicht ganz mit der regionalen Verteilung der Schweizerfinnen überein, da sie auch von anderen Faktoren abhängt, vor allem von der Aktivität der Vereine. Der rasche Anstieg der Mitgliederzahl seit den siebziger Jahren ist darauf zurückzuführen, daß die SVFF damals die ersten Charterflüge organisierte. Da Vereinsmitglieder deutlich billiger nach Finnland fliegen konnten, traten viele neue Mitglieder ein, die sich bis dahin nicht an der Vereinstätigkeit beteiligt hatten. Die Charterflüge waren so beliebt, daß die SVFF den Spitznamen "Charterfluggesellschaft" erhielt.

Der Reiseverkehr zwischen Finnland und der Schweiz

Reisen zwischen Finnland und der Schweiz waren bis Ende der fünfziger Jahre anstrengend und zeitraubend. 1958 flog die damalige Finnair-

Aero erstmals von Helsinki nach Basel, mit Zwischenlandungen in Kopenhagen, Köln und Frankfurt. Der Flug dauerte rund 7 Stunden. Als die Autofähren Finnhansa, Finnpartner und Finlandia in den sechziger Jahren den Verkehr aufnahmen, waren auch Reisen auf dem Seeweg zwischen Finnland und Mitteleuropa leichter durchzuführen.[32]

Die SVFF veranstaltete 1959 die erste Flugreise für ihre Mitglieder in Zusammenarbeit mit den Freunden der Schweiz in Finnland (SYS). Die Schweizer stiegen in Helsinki aus dem Flugzeug, und die Finnen gingen an Bord. Ihren ersten Charterflug organisierte die SVFF 1963–64, weitere wurden um die Wende zu den siebziger Jahren in Zusammenarbeit mit Reisebüros veranstaltet. Aufgrund der großen Nachfrage beschloß die SVFF 1972 eine separate Organisation, das "Sekretariat Charterflüge" zu gründen, dessen Leitung Pirkko Landis-Laitiala übernahm, die bereits zuvor mit ihrem Mann Theo Landis Flüge organisiert hatte. Die Zusammenarbeit mit der SYS wurde lange fortgesetzt, bis man sich aus organisatorischen Gründen für die Kooperation mit einem Schweizer Reisebüro entschied. Der durch die Reisen erzielte Gewinn wurde anteilig der Stipendiatsstiftung der SVFF und dem Kulturfonds übergeben. Die regelmäßige Veranstaltung von Charterflügen war von großer Bedeutung für die Schweizerfinnen, für die Reisen nach Finnland bis dahin sehr teuer gewesen waren. Es gab nicht genügend Plätze für alle Interessenten, so daß die SVFF 1979 Konkurrenten bekam. 1982 klagte Theo Landis im "Bulletin", daß die Konkurrenz anderer Reisebüros die Nachfrage nach den Charterflügen schmälere, und rief die Vereinsmitglieder auf, in erster Linie das Angebot ihrer eigenen Organisation zu nutzen. Danach stieg die Popularität der SVFF-Flüge wieder, besonders deutlich ab 1989, und Ende 1997 wurde bereits die Grenze von 1300 Passagieren überschritten. Ab 1987 wurden auch Schiffsreisen auf der Finnjet vermittelt. Die Gesamtzahl der von der Vereinigung vermittelten Flug- und Schiffsreisen beträgt mehr als 15 400.[33] Heute bestehen von Finnland aus Schiffsverbindungen nach Deutschland, das rund um das Jahr von Frachtschiffen mit Passagierbeförderung sowie im Sommer von der Finnjet angelaufen wird, und nach Estland, von wo aus man über die Via Baltica nach Mitteleuropa gelangt. Viele Schweizerfinnen wählen für den Familienurlaub eine dieser Routen.

Die Stipendiatsstiftung

In der Tätigkeit der SVFF spielt die Stipendiatsstiftung eine wichtige Rolle. Am 9. März 1948 gründete von Salis auf Anregung des Genfers Michael Eggly die "Schweizerische Stiftung für Stipendien an Förderer und Bewahrer finnischer Kultur", als deren Präsident er bis zu seinem Tod im Jahr 1977 wirkte. Sein bis heute in diesem Amt tätiger Nachfolger wurde Theo Landis. Während der ersten Jahre war die Tätigkeit dieser Stiftung vornehmlich als Hilfe für das nach dem Krieg schwer bedrängte Finnland gedacht, im nachhinein änderte sich die Hauptaufgabe je länger je mehr zum Kultur- und Gedankenaustausch zwischen Finnland und der Schweiz.[34] Unter dem leicht abgeänderten Namen "Stiftung für Studienbeiträge an Förderer und Bewahrer finnischer Kultur der Schweiz. Vereinigung der Freunde Finnlands" wird die Stiftung weitergeführt. Von Anfang an waren auch die militärischen Beziehungen einbegriffen, obwohl sie mit Rücksicht auf die besondere Stellung Finnlands offiziell nicht erwähnt wurden.[35]

Der Anteil der finnischen Offiziere war anfangs hoch, was verständlich ist, da von Salis viele von ihnen aus seiner Zeit als militärischer Beobachter in Finnland kannte. Sie wurden jedoch nicht als Militärs zu Stipendiaten gewählt, sondern aufgrund ihrer Zivilberufe, etwa als Ingenieure oder Techniker. Das Oberkommando der finnischen Verteidigungskräfte stand der Stiftung von Anfang an positiv gegenüber und entsandte Oberst Wiljo Turunen (der später 17 Jahre Präsident der SYS war) mit zwei anderen Offizieren für drei Monate in die Schweiz. Danach wurden jeweils zwei Offiziersstipendiaten entsandt, und ab 1959 hielt sich jeweils ein Offizier als Stipendiat in der Schweiz auf. In der Schweiz erhalten die finnischen Offiziere Einblick in die Tätigkeit der Verteidigungskräfte und nehmen am Unterricht an der militärtechnischen Abteilung der ETH teil. Seit 1976 werden sie beim Mannerheim-Gedenkfest in Montreux zu "Mannerheim-Stipendiaten" ernannt. Zur Pflege der guten militärischen Beziehungen zwischen Finnland und der Schweiz wurde 1989 auf Anregung der Stipendiatsstiftung die "Finnisch-Schweizerische Offiziersvereinigung" gegründet, zu deren Präsident der Leiter der Handelskammer Finnland-Schweiz, Arthur Grüninger, gewählt wurde.

Die Stipendiatentätigkeit, die durch die Spenden von ursprünglich 109 Donatoren ermöglicht wurde, war in den ersten Jahren als Hilfeleistung konzipiert. Den Nutzen hatten jedoch nicht nur die Stipendiaten; vielmehr wurden zahlreiche Koryphäen verschiedener Fachdisziplinen zu Besuchen und Gastvorlesungen in die Schweiz eingeladen. Zu den berühmtesten zählten A.I. Virtanen und Alvar Aalto, V.A. Koskenniemi, Edvin Linkomies und Rolf Nevanlinna. Als Finnland keine unmittelbare Hilfe mehr benötigte, stellte sich die Stiftung die Aufgabe, neue Kulturbeziehungen zu schaffen und den Gedankenaustausch zu fördern. Die Stipendiaten vertreten sowohl Wissenschaft und Kunst als auch die Armee und verschiedene Berufe. Sie werden von der SYS und dem Oberkommando der finnischen Verteidigungskräfte vorgeschlagen; die endgültige Wahl trifft der Stiftungsrat-Ausschuß. Im Gegenzug lädt die SYS Schweizer Stipendiaten nach Finnland ein. Ein SVFF-Stipendium erhielten in den Jahren 1948–1998 29 Humanisten und Theologen, 45 Rechts-, Gesellschafts- und Wirtschaftswissenschaftler und Journalisten, 23 Mediziner, 23 Erziehungswissenschaftler, 15 Vertreter technischer Disziplinen, 12 Architekten und Designer, 7 Agrar- und Forstwissenschaftler, 22 Naturwissenschaftler, 26 Künstler, 64 Offiziere und 22 Vertreter anderer Berufe. Eine 1997 vorgenommene Satzungsreform erleichtert die Vergabe von Stipendien an Studierende.

Sponsoren zu finden, ist für die Stipendiatsstiftung ein ständiges Problem; besonders schwierig ist es, neue Spender zu gewinnen. Die Tätigkeit der Stiftung wird zum überwiegenden Teil durch die Einkünfte aus den Charterflügen und die Beiträge einer treuen Sponsorenschar finanziert. Die von der Stiftung vergebene Summe ist im Lauf der Jahre auf über eine halbe Million Schweizerfranken gestiegen.

Handelskammern und Gilden

Nach dem Krieg benötigte Finnland vor allem Maschinen und andere Produktionsanlagen, die in der Schweiz angeboten wurden. In die Schweiz wiederum konnten hauptsächlich Zellulose und Papierprodukte exportiert werden. Der schweizerische Bedarf an diesen Gütern war jedoch eine mehr oder weniger feste Größe; daher galt es, weitere Exportgüter zu finden. Anfang der sechziger Jahre setzte sich das finnische Design auch in der Schweiz durch, und es eröffnete sich ein Markt für Möbel, Stoffe, Kleidung und Glas. Die SVFF beteiligte sich aktiv an der Absatzförderung dieser Produkte, indem sie in Zusammenarbeit mit Geschäften und Kaufhäusern Finnlandwochen veranstaltete, auf denen Finnland zugleich als Reiseland vorgestellt und mit den preiswerten Charterflügen der Vereinigung Touristen angelockt wurden. Als der finnische Export in die Schweiz wuchs und eine größere Vielfalt gewann, erschien eine separate Organisation für Handelsangelegenheiten notwendig. Während der Finnlandwochen 1972 entwarfen einige Finnlandfreunde – sinnigerweise in der Sauna – Pläne für die Gründung einer entsprechenden Vereinigung. Treibende Kräfte waren Franz Schnyder und Arthur Grüninger.

Die Handelsvereinigung (später Handelskammer) Finnland-Schweiz wurde im Februar 1973 in Zürich gegründet und bildete die Schwesterorganisation der ein Jahr zuvor in Finnland ins Leben gerufenen Schweizerisch-Finnischen Handelsvereinigung. Mitglieder der Handelskammer wurden schweizerische Unternehmen, die am Export nach Finnland interessiert waren, und in der Schweiz tätige finnische Unternehmen. 1985 wurde die Finnische Handelsgilde gegründet als Kooperationsorgan für Geschäftsleute, die häufiger mit Finnland zu tun haben. Die Handelsgilde veranstaltet regelmäßig Lunchs und Vorträge und hilft neu eingewanderten Geschäftsleuten, sich in der Schweiz zu integrieren. Sie hat jedoch keinen offiziellen Status. Auch in Genf ist eine Handelsgilde tätig, die 1990 gegründet wurde und 50 Mitglieder hat.

Der SVFF sind kulturelle und gesellschaftliche Aufgaben verblieben. Der Kulturbereich spielte in der Tätigkeit der SVFF allmählich eine so wesentliche Rolle, daß 1982 eine eigene Kulturkommission gegründet wurde.

Andere finnische Organisationen

Finnen sind auch in anderen Vereinen als der SVFF organisiert, freilich nicht annähernd im gleichen Umfang. Einige mit großer Begeisterung gegründete Organisationen waren eine Zeitlang tätig, um dann zu verkümmern. So wurde beispielsweise 1987 in Zürich ein Freundschaftsverein Finnland-Italien-Schweiz gegründet, der in seinen besten Zeiten 96 Mitglieder zählte, seine Tätigkeit jedoch nach drei Jahren einstellte, da sich niemand bereit fand, in den Vorstand einzutreten. Ein zweiter, zunächst vielversprechender Versuch war der schweizerisch-finnische Jugendclub, der 1993 seine Tätigkeit aufnahm, aber nur ein Jahr bestand, da die anfängliche Begeisterung bald verflog.

Vor allem für die Finnlandschweden sind die skandinavischen Vereine von Bedeutung, etwa der Skandinavisk Club Zürich, der Nordische Klubb Bern, der Club Nordique du Valais und einige schwedische Vereine. Die skandinavischen Vereinigungen gehören mit Ausnahme des Zürcher Clubs der Zentralorganisation Nordisk Club Schweiz an. Die Finnlandschweden stehen häufig in einer gewissen Distanz zur Tätigkeit der SVFF, weil die schwedischsprachige Kultur Finnlands dort eine untergeordnete Rolle spielt und sie bei den Veranstaltungen der Vereinigung nicht ihre Muttersprache sprechen können. Daher sind die skandinavischen Clubs für sie attraktiver. Zwei Kommentare im "Finnland Magazin" beleuchten diesen Aspekt:

Als Finnlandschwede im Ausland ist man weder Fisch noch Fleisch: im finnischen Verein kann man nicht mitsingen (...), im skandinavischen Club wird Reichsschwedisch gesprochen.

Je länger ich in der Schweiz war und je mehr mein Finnisch einrostete, desto schwieriger wurde der Kontakt mit den anderen, den finnischsprachigen Finnen. Bei den Schweden, denen aus Schweden, gehöre ich auch nicht dazu, und ich brauche nur den Mund aufzutun, schon hört man, daß ich Ausländerin bin, da kann mein Paß noch so rot sein.[36]

Neben den oben genannten gibt es Zusammenkünfte gänzlich inoffizieller Art. In vielen Orten der Schweiz gibt oder gab es einen "Finnenstamm", einen Stammtisch der Finnen, der für spontane Zusammenkünfte genutzt wird. Die Finninnen treffen sich häufig im eigenen Kreis, meist einmal im Monat, zum Essen in einem Restaurant. Dort tauschen sie persönliche Neuigkeiten aus, unterhalten sich über Licht- und Schattenseiten ihres Lebens, vermitteln einander Nachrichten aus Finnland, tauschen Zeitungen usw. Männer sind bei diesen Treffen nicht zugelassen. In Zürich beispielsweise gehören dem Kreis der "echt finnischen Frauen" mehr als 60 Finninnen an, von denen sich die meisten jeden Monat zum Gedankenaustausch treffen.

Viele finden bei diesen Frauentreffs moralische Unterstützung und nutzen die Gelegenheit, über die Probleme des Lebens in der Schweiz und über ihr Heimweh zu sprechen. Neuankömmlingen helfen die Frauentreffs, sich in ihrer neuen Umgebung zurechtzufinden. Sie machen die Beobachtung, daß auch die anderen mit den gleichen Schwierigkeiten zu kämpfen hatten, und finden neue Freundinnen, mit denen sie finnisch sprechen können. Im gleichen Ort gibt es unter Umständen mehrere Frauengruppen, die sich mehr oder weniger regelmäßig treffen. So finden sich z. B. in Zürich neben der genannten Gruppe mindestens zwei weitere.

Die schwedischsprachigen Frauen kommen im allgemeinen nicht zu den finnischsprachigen Frauentreffs, sondern haben ihre eigenen Gruppen, in Zürich die "Fredagsflickorna", in Genf die "Tisdagstipporna". Einige von ihnen haben versucht, an der finnischsprachigen Tätigkeit teilzunehmen, haben sich aber als Außenseiterinnen gefühlt, da sie zum Teil nicht gut finnisch sprechen und ihre eigene Kultur als anders empfinden. An sich gestalten sich die Zusammenkünfte der Finnlandschwedinnen sehr ähnlich wie die der finnischsprachigen Frauen. Die zirkulierenden Zeitungen und Illustrierten sind vorwiegend schwedischsprachig.

Obwohl die Männer keine regelmäßigen Treffs haben wie die Frauen, treffen auch sie sich beim Apero nach der Arbeit, manchmal auch in Organisationen wie der Handelsgilde oder am "Finnenstamm". Dort lädt man gern den Streß ab, den die schweizerische Lebensweise verursacht:

Vor ein paar Jahren habe ich versucht, mit einigen Finnen monatliche Treffs in einem Restaurant auf die Beine zu stel-

Die "Fredagsflickorna" versammeln sich in Zürich zum Gedankenaustausch. – *Foto: Krister Björklund.*

len, um finnisch zu sprechen und die Besonderheiten, die Far-bigkeit der finnischen Sprache zu genießen. Nach dem drit-ten Mal hatte ich genug von dem ständigen Herziehen über die Schweizer, über ihre Dummheit, Geldgier usw. Ich habe die Leute gefragt: 'Warum, zum Teufel, seid ihr denn immer noch hier, wenn alles so furchtbar ist!' Das war das Ende meines Umgangs mit den Finnen.

Das Finnland Magazin

In der Schweiz erscheint zwei- bis viermal jährlich die finnisch-schweizerische Zeitschrift "Finnland Magazin", das offizielle Informationsblatt der SVFF. Das "Finnland Magazin" hat sich die Aufgabe gesetzt, die Beziehungen zwischen Finnland und der Schweiz zu fördern. Sein Vorgänger "Suomen Sanomat" (Spitzname: "Susari") erschien erstmals 1972. Diese Zeitschrift entstand im Rahmen der damaligen Finnlandwochen des Finnischen Außenhandelsverbandes und einzelner Exportunternehmen; die Organisatoren entwarfen unter Leitung des Schweizer Geschäftsmanns und Finnlandfreunds Franz Schnyder Pläne für eine Werbekampagne, die Finnland und den finnischen Export bekannt machen sollte. Zunächst war ein Informationsblatt geplant, das über alle Veranstaltungen der damaligen Kampagne informieren sollte, doch der Gedanke an eine Zeitschrift stieß auf so großes Echo, daß der Herausgeber Franz Schnyder und die Redaktoren Fritz W. Pulfer und Carl-Axel Englund aus der ursprünglichen Idee eine vielseitig über Finnland informierende Publikation entwikkelten. Die erste Ausgabe stellte finnische Unternehmen wie Marimekko und Asko vor, warb für Finnland als Ferienland, zählte die anstehenden Sommerfestivals auf und informierte über die finnische Eßkultur, die finnische Sprache und ihr Studium, den finnischen Film und die finnische Literatur – und natürlich über die Sauna. Die Zeitschrift war an sich deutschsprachig, aber die letzte Seite richtete sich speziell an die Finnen und war daher finnischsprachig.

Die zweite Ausgabe erschien gut ein halbes Jahr später. Kennzeichnend für beide Hefte war hohe Professionalität, kombiniert mit amateurhafter Begeisterung. Das hohe Niveau konnte auch in der Folgezeit gehalten werden, und die Zeitschrift wird bis heute mit schweizerischer Sorgfalt produziert. In der vierten Ausgabe wurden erstmals auch Beiträge anderer Autoren veröffentlicht. Als Fritz und Leena Pulfer, die von Anfang an an der Redaktionsarbeit beteiligt waren, nach Finnland zogen, war die Zukunft der Zeitschrift vorübergehend ungewiß; sie konnte jedoch weiter erscheinen und wurde mehr und mehr zu einem freundschaftlichen Band zwischen Finnland und der Schweiz. Aus Anlaß ihrer 10. Ausgabe enthielt "Suomen Sanomat" die an finnische Leser gerichtete Beilage "Schweizer Zeitung", die die Finnen über die Schweiz informieren wollte.

Deshalb versuchen wir, die Schweiz Stück für Stück vorzustellen. Wir werfen also nicht alle Uhrmacher und Käser in einen Korb, sondern stellen die Schweiz jeweils in einzelnen Teilen und Menschengruppen vor.[37]

186

1978 wurde die Publikation völlig umgestaltet. Das Zeitungs- wurde durch ein Zeitschriftenformat ersetzt, und aus "Suomen Sanomat" wurde "Finnland Magazin". Die Zeitschrift enthielt nun 50 Seiten, während "Suomen Sanomat" einen Umfang von 8 bis 24 Seiten gehabt hatte. Die Beilage "Sveitsiläinen" setzte die an finnische Leser gerichtete Präsentation der Schweiz fort, die die "Schweizer Zeitung" eingeleitet hatte. Chefredaktor war weiterhin Franz Schnyder. Inhaltlich setzte die Zeitschrift die Linie ihrer Vorgängerin fort, doch die Beiträge wurden komprimierter und vielseitiger; die Themen reichten von der Sauna bis zu den verschiedenen Regionen Finnlands. Der Redaktion gehörten acht Personen an, darunter vier Finnen. Die Auflage war auf 25 000 Exemplare gestiegen, und die Zeitschrift, die weiterhin zweimal jährlich erschien, wurde von Mal zu Mal besser. Eine kleine Leserumfrage im Jahr 1978 zeigte, daß 88 Prozent der Befragten in der Schweiz lebten und 8 Prozent in Finnland. In anderen Ländern fand die Zeitschrift trotz ihrer Ambitionen kaum Abnehmer.

Das ehrgeizige Konzept überstieg auf längere Sicht die Kräfte der Redaktion, so daß die Zeitschrift nach fünf Ausgaben 1980 ihren Umfang reduzierte, was man durch drei jährliche Ausgaben zu kompensieren versuchte. Im Herbst 1984 propagierte die Redaktion die Gründung eines Finnland-Hauses in Zürich, nahm jedoch zwei Hefte später Abstand von der Idee, die auf ein zu geringes Echo gestoßen war.

Im Mittelpunkt der Ausgaben 27 und 28 stand der Staatsbesuch von Präsident Koivisto im März 1986, der erste Besuch eines finnischen Staatsoberhaupts in der Schweiz. Der Staatsbesuch brachte Finnland große Publizität, und das "Finnland Magazin" erschien in einer Auflage von 50 000 Exemplaren, die u. a. in den Banken verteilt wurden.

Die Herausgeber wurden ambitiöser; 1986 versuchte man, die Distribution auf das gesamte deutsche Sprachgebiet auszudehnen. Ab 1987 ging man zum vierteljährlichen Erscheinen über und gab die laufende Numerierung auf. Inhaltlich wurden keine wesentlichen Veränderungen vorgenommen, während die äußere Gestalt durch die Verwendung von Farbfotos attraktiver wurde.

Nach vier Heften kehrte man mit Heft 35 zur laufenden Numerierung zurück. Die Zeitschrift war im Umfang von 50 auf 34 Seiten geschrumpft; um die Wende zu den neunziger Jahren erschien
sie viermal jährlich mit einem Umfang von 30 Seiten. Ende der achtziger Jahre erhielt das "Finnland Magazin" einen Konkurrenten in
der in Bern herausgegebenen Zeitschrift "Finnland Aktuell", die sich
an deutschsprachige Leser in ganz Europa richtete. Sie konzentrierte
sich jedoch darauf, speziell Geschäftsleute über Finnland zu informieren und enthielt, anders als das "Finnland Magazin", keine für
Auslandsfinnen relevanten Berichte. Nach einigen Jahren wurde
"Finnland Aktuell" eingestellt.

1992 erschienen nur zwei Ausgaben des "Finnland Magazins",
allerdings mit größerem Umfang. Mehrere Beiträge waren der 75jäh-
rigen Unabhängigkeit Finnlands gewidmet. Auch im folgenden Jahr
kehrte man nicht zum Vierteljahresrhythmus zurück, reduzierte den
Umfang jedoch wieder auf 30 Seiten. Seither erscheint die Zeitschrift
in dieser Form. Heft 55 von 1996 war dem 50jährigen Jubiläum der
SVFF gewidmet und berichtete hauptsächlich über Geschichte und
Tätigkeit der Vereinigung.

Seit seiner Gründung ist das "Finnland Magazin" ein wichtiges
Bindeglied zwischen den Schweizerfinnen und dient der beidseiti-
gen Informationsvermittlung zwischen Finnland und der Schweiz.
Bezeichnend für die Bedeutung der Zeitschrift ist die Tatsache, daß
von den Teilnehmern an der im Rahmen der vorliegenden Untersuchung durchgeführten Umfrage 65 Prozent angaben, die Zeitschrift
intensiv oder ziemlich intensiv zu lesen, während sie von 15 Prozent wenig und von 20 Prozent gar nicht gelesen wird.

Die Bibliotheca Fennica und die Videothek

An der Zentralbibliothek Zürich besteht eine finnische Fennica-Bibliothek. Auch diese schweizerisch-finnische Kulturinstitution untersteht der
SVFF. Sie ist als Depositum der Zentralbibliothek angegliedert, die die
mit dem Bibliotheksdienst verbundenen Aufgaben und Kosten übernimmt.
Die Bibliothek wurde 1954 auf Initiative des Zentralpräsidiums
der Vereinigung gegründet und ein Jahr später für den Publikums-

verkehr geöffnet. Der Bestand umfaßte damals 240 hauptsächlich finnischsprachige Bücher, vorwiegend Schenkungen finnischer Verlage. Im Lauf der Jahre wuchs der Bestand; mit Schenkungen beteiligten sich neben den finnischen Verlagen auch Versicherungsgesellschaften, das finnische Unterrichtsministerium, die SVFF, die finnische Botschaft in Bern und zahlreiche Unternehmen. Der Zweisprachigkeit Finnlands wird mit der Anschaffung finnlandschwedischer Literatur Rechnung getragen; darüber hinaus umfaßt der Bestand Titel in deutscher, französischer, italienischer und englischer Sprache. 1977 lag der Gesamtbestand bei rund 2000 Bänden, zwanzig Jahre später bei über 5000. Anfangs wurde die Bibliotheca Fennica von den Schweizerfinnen nicht sehr rege benutzt. 1971 wurden nur 64 Ausleihen verzeichnet, doch allmählich wuchs das Interesse, und heute wird die Bibliothek lebhaft frequentiert. Der Fernleihdienst ermöglicht die mühelose Nutzung des Bestands in der ganzen Schweiz.[38]

Neben der Bibliotheca Fennica steht den Schweizerfinnen seit 1991 die Fennica-Videothek in Bern zur Verfügung. Sie wird ebenfalls von der SVFF getragen, die auch die Budgetmittel zur Verfügung stellt. Die Videosammlung umfaßt knapp zweihundert Kassetten, hinzu kommen Musikkassetten und CDs.

Die Bibliothekarin Pirjo Meier-Keinänen betreut die Fennica-Bibliothek. – *Foto: SVFF.*

189

Die finnischsprachige kirchliche Arbeit in der Schweiz

Gut 40 Prozent der Schweizer Bevölkerung ist protestantisch, gut 46 Prozent römisch-katholisch. Die protestantische Kirche der Schweiz stützt sich auf die Lehren Zwinglis und wird als reformiert bezeichnet. Der lutherische Protestantismus bildet eine kleine Minderheit. Das Netz der lutherischen Gemeinden, das aus den lutherischen Kirchen in Zürich, Basel, Bern, Genf und Vaduz (Lichtenstein) besteht, deckt die ganze Schweiz ab. Die Gemeinden sind als selbständige Einheiten im Verband der lutherischen Gemeinden der Schweiz zusammengeschlossen, der ihnen die Möglichkeit zu gemeinschaftlicher Tätigkeit bietet. Die beiden protestantischen Konfessionen unterscheiden sich nur in ihrem Verständnis des Abendmahls und in der Liturgie, die bei den Reformierten wesentlich einfacher ist als bei den Lutheranern.

Die Finnen haben, anders als z. B. die Schweden, keine eigene Gemeinde in der Schweiz. Wenn es an ihrem Wohnort eine lutherische Gemeinde gibt, nehmen sie nach Möglichkeit an deren Veranstaltungen teil. Mit Schweizern verheiratete Finninnen schließen sich je nach der Konfession ihres Ehemannes der reformierten oder katholischen örtlichen Gemeinde an. Die Zuordnung zu einer der Kirchen geschieht bei der Einwanderung. Ein Finne, der sich als Protestant bezeichnet, wird in den meisten Kantonen ins Register der reformierten Kirche eingetragen. Das gleiche geschieht häufig auch dann, wenn er angibt, Lutheraner zu sein. Sofern dies passiert ist, muß sich der Migrant später in einer lutherischen Gemeinde registrieren lassen, wenn er Wert darauf legt, nicht der reformierten Kirche anzugehören.

Für viele hatte die Kirche im eigenen Land keine große Bedeutung, während sie in der Fremde wichtiger wird und einen Teil der Identität darstellt. Für die Schweizerfinnen wurde Anfang der achtziger Jahre die Organisation "Finnischsprachige kirchliche Arbeit in der Schweiz" (Sveitsin suomenkielinen kirkollinen työ, SSKT) gegründet.

Pastor Matti Joensuu besuchte 1980 und 1981 auf Anregung der SVFF die Schweiz und wirkte einige Monate lang als Pfarrer der dort ansässigen Finnen. In dieser Zeit machte er sich mit den kirchlichen

Verhältnissen im Land bekannt und knüpfte Verbindungen zu Finnen in verschiedenen Teilen der Schweiz. Er veranstaltete kirchliche Seminare, deren aus verschiedenen Orten angereiste Teilnehmer eine Art Kontaktnetz bildeten. In Bern, Genf und Zürich wurden kirchliche Gesprächskreise für Finnen eingerichtet, die einmal monatlich zusammenkamen.[39]

Die finnischsprachige kirchliche Arbeit wurde von einigen aktiven Personen initiiert; eine sehr aktive Rolle spielte Riitta Virkkunen, die bei der Kommission für Erziehungsfragen des Lutherischen Weltbunds in Genf arbeitete. Im Herbst 1981 wurde Pekka Vihma Pfarrer der lutherischen Gemeinde von Zürich und setzte sich vor allem in der Region Zürich für das Vorhaben ein. Über die Anfänge der Tätigkeit berichtet er:

Als ich im Herbst 1981 ankam, wurden zuerst alle möglichen Finnen eingeladen, deren Adressen wir von der SVFF erhielten, und dann begannen wir, die kirchliche Arbeit in der Schweiz zu planen. Eigentlich stand uns das ja nicht zu, dafür war der dortige lutherische Pfarrherr zuständig, aber das war so eine Art Freizeitbeschäftigung, die wir in Zürich und Umgebung betrieben, aber auch in Bern, Basel und Luzern – eigentlich in der ganzen Ostschweiz, weil es damals keine finnischen Pfarrer gab. In Genf war einer tätig, aber das schien so weit entfernt zu sein. Es gab auch sehr viele Taufen, Trauungen, Beerdigungen und Weihnachtsgottesdienste und dergleichen.

Riitta Virkkunen war bis 1987 als Vorsitzende tätig, ihre Nachfolgerin ist Arja Zahnd-Korhonen. Regionale Kirchenausschüsse entstanden in der ganzen Schweiz, meist in den Ortschaften, in denen Ortsgruppen der SVFF bestanden, mit denen man eng zusammenarbeitete. Ein zweiter wichtiger Kooperationspartner sind die Finnischen Schulen. Die kirchliche Arbeit wird auf freiwilliger Basis geleistet und stützt sich in jeder Ortschaft auf einige Aktive. Die Tätigkeit ist vielfältig; sie umfaßt finnischsprachige Gottesdienste, Bibelkreise, Kindergottesdienste, Konzerte und Singabende, Seminare usw.

Lutherische Gottesdienste, insbesondere in finnischer Sprache, sind vielen Schweizerfinnen wichtig. Die einfache Liturgie im reformierten Gottesdienst wird oft als trocken und langweilig empfunden, so daß man sich in der reformierten Kirche nicht zu Hause fühlt. Deshalb kommt den von der SSKT organisierten Gottesdiensten große Bedeutung zu. Auch die seelsorgerische Arbeit der SSKT ist für viele Menschen, die das Leben im Ausland psychisch belastet, eine wertvolle Hilfe.

In den schweizerisch-finnischen Ehen ergeben sich aus der unterschiedlichen Konfessionszugehörigkeit der Ehepartner im allgemeinen keine größeren Probleme. Vor der Taufe entscheiden die Eltern, ob sie ihr Kind in der katholischen, lutherischen oder reformierten Kirche taufen lassen wollen. Einige Finninnen gehören in der Schweiz keiner Gemeinde an, sondern sind weiterhin Mitglied ihrer alten Gemeinde in Finnland, in der dann auch die Kinder registriert werden. Andere wiederum lassen ihre Kinder zunächst heranwachsen und später selbst entscheiden, ob und in welcher Gemeinde sie getauft werden möchten.

Die Finnischen Schulen in der Schweiz

Im Ausland lebende Finnen legen im allgemeinen Wert darauf, daß ihre Kinder die Sprache ihres alten Heimatlandes nicht verlernen. Wenn beide Ehepartner Finnen sind, bleiben die Sprachkenntnisse eher erhalten, da zu Hause finnisch (oder schwedisch) gesprochen wird. In binationalen Ehen in einer ganz fremden sprachlichen Umgebung ist es für das Kind schwieriger, seine Finnischkenntnisse zu bewahren. Der bloße Dialog zwischen einem Elternteil und dem Kind reicht nicht aus; das Kind braucht eine größere sprachliche Umwelt mit finnischsprachigen Spielkameraden und Erwachsenen, um seine Sprachfähigkeit zu entwickeln. Eine solche Umwelt bieten die Finnischen Schulen. Sie sollen den Kindern Unterricht in finnischer Sprache und Kultur erteilen und ihnen Grundkenntnisse über die finnische Gesellschaft und Geschichte sowie generell über Finnland vermitteln.

Finnische Schulen findet man überall in der Welt, wo Finnen leben, die meisten in Nordamerika. Offizielle Gründungen gibt es in

110 Orten in 34 Ländern.[40] Die ersten Finnischen Schulen entstanden in den sechziger Jahren in den finnischen Siedlungsgebieten Kanadas. In der ersten Hälfte der siebziger Jahre wurden auch in Europa Finnische Schulen gegründet, einerseits infolge der zunehmenden innereuropäischen Migration, andererseits wohl auch, weil in den siebziger Jahren weltweit ein steigendes Interesse an den eigenen Wurzeln zu verzeichnen war. Die ersten europäischen Finnischen Schulen wurden in England gegründet, dann in Frankreich, am Ende des Jahrzehnts in Deutschland und Anfang der achtziger Jahre in der Schweiz. Die Schülerzahlen stiegen schnell, und neue Schulen entstanden in rascher Folge. Nach der Schülerzahl pro Land aufgegliedert, stand Deutschland 1997 mit gut 700 Schülern an der Spitze.[41] Die Schweiz hat weltweit die fünftgrößte Schülerzahl; setzt man allerdings die Anzahl der Schüler in Relation zur Einwohnerzahl des betreffenden Landes, so rückt die Schweiz auf den ersten Rang.

Die Schulen sind sehr unterschiedlich organisiert; in einigen Fällen haben sie einen eigenen Trägerverein, in anderen Fällen stellen kirchliche Organisationen, Vereine von Auslandsfinnen oder Freundschaftsvereine die organisatorische Basis zur Verfügung.[42] Obwohl die Finnischen Schulen formal einer Organisation angeschlossen sind, hängen ihre Existenz und ihre Tätigkeit von der Aktivität und freiwilligen Mitarbeit der Eltern, insbesondere der Mütter ab.

Die Tätigkeit der Schulen beruht auf dem Gesetz über die dem finnischen Unterrichtsministerium unterstehenden sog. ergänzenden Schulen. Das finnische Unterrichtsministerium bewilligt den Schulen jährlich Mittel für ihre Arbeit. Von dieser Unterstützung können in der Regel zwei Drittel der Lehrergehälter bezahlt werden. Die restlichen Mittel, z. B. für Mieten und Unterrichtsmaterial, erhalten die einzelnen Schulen meist von ihrem Förderverein und verschiedenen anderen Organisationen. Die Schulgebühren decken im allgemeinen rund 20 Prozent der Kosten.

Regionale Gegebenheiten, etwa Gesetze und Verordnungen, behördliche Praxis und Kultur, bilden den Rahmen für die Tätigkeit der Schulen, so daß die Finnischen Schulen in verschiedenen Ländern sowohl Gemeinsamkeiten als auch Unterschiede aufweisen. Eine Besonderheit gegenüber anderen Ländern ist die Tatsache, daß die

Finnischen Schulen in Zürich, Winterthur, der Ostschweiz, Basel und Bern nach Anweisung des kantonalen Unterrichtsministeriums einen sog. offiziellen Status haben und als fremde Muttersprache unterrichtende Schulen anerkannt und den örtlichen Schulaufsichtsbehörden unterstellt sind. Aufgrunddessen können die Lehrkräfte an Fortbildungsmaßnahmen des Kantons teilnehmen und die Schüler haben die Möglichkeit, ihre Benotung aus dem Finnischunterricht in ihr schweizerisches Zeugnis eintragen zu lassen.

Die Gründungsjahre spiegeln die Altersstruktur der Migranten wider; als die Kinder der in die Schweiz ausgewanderten Angehörigen der geburtenstarken Jahrgänge ins Schulalter kamen, empfand man es als wichtig, Finnische Schulen zu gründen. Sie wurden in zentral gelegenen Orten eingerichtet, in deren Umkreis die meisten finnischen Kinder lebten.

Auch an den Schülerzahlen läßt sich die Altersstruktur der finnischen Bevölkerung ablesen; die Kinder, deren Eltern zu den geburtenstarken Jahrgängen gehören, sind bereits herangewachsen, so daß die Schülerzahlen gegenüber den Spitzenjahren nach der Gründung gesunken sind. Die Größe der Unterrichtsgruppen wechselt von Schule zu Schule und von Jahr zu Jahr; manche Klassen sind überfüllt, während andere zu wenig Schüler haben.

Nicht alle Kinder besuchen die Schule so lange, wie es möglich wäre. Vor allem Kinder und Jugendliche im Schulalter brechen die Finnische Schule oft ab, weil die reguläre Schule und die Hobbies viel Zeit beanspruchen. Sprachliche Schwierigkeiten können ein weiterer Grund sein.

Die meisten Schulen erhalten einen Teil ihrer Finanzierung von der SVFF, doch die Zusammenarbeit mit der Vereinigung gestaltet sich von Ort zu Ort anders. Die Schulen in Winterthur und Zürich arbeiten selbständig, die Zusammenarbeit mit der SVFF beschränkt sich auf die finanzielle Unterstützung, und die Eltern gehören nicht unbedingt der Ortsgruppe der SVFF an, während die Schulen von Basel, Bern und der Ostschweiz eng mit den entsprechenden SVFF-Gruppen zusammenarbeiten. Die Finnische Schule in Neuchâtel wird von der SVFF nicht finanziell unterstützt, da es in der Stadt keine Ortsgruppe gibt. Es ist durchaus einleuchtend, daß die Finnischen

Die Finnischen Schulen in der Schweiz 1998–1999

Schule	Schüler	Lehrer	Klassen	Gründungs- jahr
Basel	23	3	3	1987
Bern	29	3	3	1982
Genf	27	2	3	1988
Ostschweiz	14	2	2	1990
Lausanne	29	2	4	1986
Neuchâtel	8	1	2	1990
Winterthur	25	3	3	1991
Zürich	60	5	5	1982
Insgesamt	*215*	*21*	*25*	

Quelle: Tätigkeitsberichte der Finnlandschulen

Schulen in kleineren Orten enger mit den Ortsgruppen zusammen-arbeiten als in den größeren Städten. In Schaffhausen, Luzern und Solothurn hat die SVFF Ortsgruppen, dort gibt es jedoch keine Finnischen Schulen. Kinder aus diesen Orten werden häufig in die nächst-gelegene Schule gebracht. Die Mütter empfinden den Finnischun-terricht als so wichtig, daß sie ihre Kinder oft über weite Strecken zur Finnischen Schule fahren.

Die Tätigkeit der Finnischen Schulen in der Schweiz stützt sich auf die freiwillige Mitarbeit der Eltern in enger Kooperation mit den Lehrkräften und dem Schulvorstand. Mütter und Lehrkräfte orga-nisieren gemeinsam Feste und Basare zugunsten ihrer Schule, ver-anstalten Ausflüge mit den Kindern u. ä.

Der Unterricht soll den Kindern Kenntnisse über Finnland vermit-teln und sie befähigen, sich auf finnisch auszudrücken. An den Finni-schen Schulen wird auf finnisch gelesen und geschrieben, gesungen, gespielt und gebastelt. Die Kinder lernen die Geographie und Geschichte Finnlands, die finnische Kultur und die traditionellen Feste kennen. Durch die Schule gewinnen sie zudem einen finnischen Freundeskreis, der dazu beiträgt, daß sie ihre finnische Herkunft schätzen lernen. Beim Unter-richt wird viel in Gruppen gearbeitet, der Lehrer oder die Lehrerin liest

Märchen oder kurze Geschichten vor, es gibt Diskussionen und einfache Schreibübungen. In den Spielgruppen für die jüngeren Kinder wird die Sprache spielerisch, mit Liedern, Spielen und Musikkassetten gelehrt. Die Kinder im Schulalter verwenden die Bücher der finnischen Elementarstufe, auch deshalb, damit vorübergehend in der Schweiz lebenden Kindern nach der Rückkehr der Wiedereinstieg in die finnische Schule leichter fällt. Die Lehrerin einer Klasse für Kinder im schulpflichtigen Alter berichtet:

Als Lehrmittel verwende ich Finnland- und Weltkarten, vervielfältigte Aufgabenblätter, Bildkarten und aus der Natur oder von zu Hause mitgebrachtes Anschauungsmaterial. In den Stunden unterhalten wir uns, singen finnische Lieder, spielen traditionelle Spiele, lesen Erzählungen und Sagen und basteln. Wir lernen die fünfsaitige Kantele kennen. Die Kinder arbeiten auch paarweise oder in Gruppen, damit sie sich besser kennenlernen und sich gegenseitig helfen können.[43]

Man bemüht sich, den Unterricht so ansprechend zu gestalten, daß die Kinder gern in die Finnische Schule kommen. Von den Lehrkräften werden die muttersprachliche Beherrschung des Finnischen, eine Lehrerausbildung oder vergleichbare Qualifikation und Erfahrung in der Arbeit mit Kindern verlangt. Manchmal muß man jedoch auf einen Teil der formalen Anforderungen verzichten, vor allem, wenn die bisherige Lehrkraft fortzieht.

Die Schulen stoßen auf zahlreiche Probleme, unter denen Geldmangel oft das vordringlichste ist. Die größten Ausgabeposten sind die Mieten für die Klassenräume und die Lehrergehälter. Um einen vielseitigen Unterricht zu erteilen und vor allem das Interesse der älteren Schüler wachzuhalten, muß Zusatzmaterial beschafft werden, und da die verfügbaren Mittel nur die notwendigsten Anschaffungen abdecken, wird in vielen Schulen zusätzliches Unterrichtsmaterial von zu Hause mitgebracht. Auch die heterogenen Gruppen erschweren die Unterrichtsplanung:

Es wäre völlig unrealistisch und würde automatisch zu Enttäuschungen führen, wollte man für eine heterogene Grup-

*pe ein einziges, gemeinsames Unterrichtsziel ansetzen, wenn
in dieser Woche zwei Schüler fehlen, in der nächsten Woche
drei, oder wenn mitten im Schuljahr ein neuer Schüler hin-
zukommt, der kein Wort finnisch versteht, oder ein direkt aus
Finnland kommendes Kind, das das heutige Finnisch wesentlich
besser beherrscht als die Lehrerin.*[44]

Obwohl Finnisch Unterrichtssprache ist und die Kinder im Unterricht finnisch sprechen, schalten sie in der Pause meist auf Schweizerdeutsch um. Wenn die Kinder auf deutsch lesen gelernt haben,
kommen sie auch im Finnischen mit dem Lesen zurecht, während
beim Schreiben Schwierigkeiten auftreten.[45]

Der Besuch der Finnischen Schule fordert eine starke Motivation,
denn die Kinder kommen meist direkt aus der regulären Schule und
haben keine Zeit, zwischendurch zu Hause zu essen. Die schweizerischen Lehrer geben zudem für den unterrichtsfreien Mittwochnachmittag gern umfangreiche Hausaufgaben, so daß die Finnische Schule
nicht zu hohe Ansprüche stellen darf. Deshalb ist der Unterricht meist
spielerischer angelegt, und es werden wenig Hausaufgaben gegeben,
um die Kinder keinem übermäßigen Streß auszusetzen. Die Mütter
wenden viel Zeit auf, um ihre Kinder zur Schule zu bringen, und stellen Anforderungen an das Unterrichtsniveau, das infolgedessen auch
nicht zu leicht sein darf. Die Finnischen Schulen haben sich auch zum
Treffpunkt der Mütter entwickelt, die sich bei einer Tasse Kaffee unterhalten, während ihre Sprößlinge im Unterricht sitzen. Für viele finnische Mütter bietet die Finnische Schule gewissermaßen eine Flucht-
möglichkeit aus ihrer sozialen Isolation. Die Schulen tragen dem Rechnung,
indem sie im allgemeinen einen Aufenthaltsraum eingerichtet haben,
wo sich die Mütter unterhalten können.

Lehrtätigkeit ist eine anstrengende und einsame Arbeit; neue
Impulse sind wichtig. Daher werden Tagungen, auf denen man neue
Erkenntnisse gewinnen und sich mit andernorts tätigen Kollegen austauschen kann, als besonders wertvoll empfunden. Die Schulen stehen
miteinander in regelmäßiger Verbindung, und die Finnischen Schulen in der Schweiz veranstalten reihum eine jährliche Lehrertagung.
Die erste, noch recht inoffizielle Tagung fand 1989 in Lausanne statt;

seither haben die einzelnen Schulen die Tagung im Wechsel ausgerichtet. Auf dem Tagungsprogramm stehen Diskussionen über die Probleme der Schulen, etwa über die Räumlichkeiten, die heterogenen Gruppen, die Motivation der Eltern und der Kinder; man spricht über Weiterbildung, Material- und Buchbeschaffung. Ferner werden Probestunden gehalten und neue Projekte, Schauspiele, Singspiele usw. erdacht. Seit 1991 geben die Schulen etwa alle zwei Jahre die gemeinsame Schülerzeitung "Lirularu" heraus, die seit 1996 den Namen "Suomi-koulujen Sanomat" trägt. Mit der Namensänderung wurde die Zeitung inhaltlich erweitert; sie spricht nun neben den Schülern auch die Lehrer an und informiert darüber hinaus auch andere Leser, die sich für die Finnischen Schulen interessieren.

Aus der Zusammenarbeit sind zahlreiche Verbesserungen erwachsen. So wurde etwa 1990 auf der Lehrertagung in Zürich die Einführung eines einheitlichen Zeugnisses der Finnischen Schulen vereinbart. In den Orten, in denen die Finnische Schule offiziellen Status erhalten hat, wird das Fach Finnisch offiziell benotet. Die Finnischen Schulen in Deutschland haben sich dieses Verfahren später zum Vorbild genommen.

Die Finnischen Schulen in der Schweiz entsenden einen Vertreter zur Jahrestagung der finnischen Sprachschulen in Deutschland, an der auch die Finnische Schule in Wien teilnimmt. Die Finnischen Schulen haben eine gemeinsame Kontaktperson, die einerseits für die interne Koordination und andererseits für die Öffentlichkeitsarbeit zuständig ist. Die Kontaktperson pflegt die Beziehungen zu den Behörden in Finnland und der Schweiz, zur finnischen Botschaft und zur SVFF.

Die Finnische Schule in Zürich ist die zweitälteste und nach der Schülerzahl die größte in der Schweiz und eine der größten Finnischen Schulen in Europa. Sie wurde 1982 von zehn finnischen Müttern gegründet, die dafür Sorge tragen wollten, daß ihre Kinder finnischen Sprachunterricht erhielten. Als die Schule ihre Tätigkeit aufnahm, wurden die 28 Kinder in zwei Gruppen aufgeteilt, eine Schul- und eine Kindergartengruppe. Zusätzlich gab es eine Versuchsgruppe für Kinder ohne Finnischkenntnisse, die auf Schweizerdeutsch unterrichtet wurden; bald ging man jedoch dazu über, auch in dieser Gruppe den

Finnischunterricht in finnischer Sprache zu erteilen, eine Praxis, die beibehalten wurde.[46] Träger der Schule ist ein Förderverein, für die Verwaltung ist der Schulvorstand zuständig, dem die Lehrer und ein Elternvertreter aus jeder Klasse angehören.

In Zürich wie in den meisten anderen Städten findet der Unterricht in der Finnischen Schule alle zwei Wochen am Mittwochnachmittag statt, an dem die Schüler in der Schweiz schulfrei haben. Der unterrichtsfreie Nachmittag ist mit der allgemeinen Arbeitszeitregelung in der Schweiz verknüpft; er soll den Kindern und ihren Müttern gemeinsame Erledigungen ermöglichen.[47]

1998 wurden die Kinder in Zürich in fünf Gruppen unterrichtet: zwei Gruppen für Kinder im Schulalter, eine für Vorschulkinder, eine für Kinder im Vorschul- und Kindergartenalter und eine für das Kindergartenalter. Die Finnischkenntnisse der Kinder variierten von befriedigend bis ausgezeichnet. Die Schülerzahl wechselt; anfangs, als die Kinder der Migranten ins Schulalter kamen, war ein starker Anstieg zu verzeichnen, während heute die Einwanderung zurückgegangen ist und die Kinder der während der großen Migrationswelle Eingewanderten herangewachsen sind, was sich in sinkenden Schülerzahlen niederschlägt. Als die Finnische Schule in Zürich 1992 ihr zehnjähriges Jubiläum feierte, hatte sie 82 Schüler, im Schuljahr 1998–99 waren es 60.

Das Schülerverzeichnis der Finnischen Schule in Zürich (1995–96) zeigt, daß die überwiegende Mehrheit der Kinder aus Familien kommt, in denen der Vater Schweizer und die Mutter Finnin ist. Von sechzig Kindern haben 27 die finnische und die Schweizer Staatsangehörigkeit, 17 nur die finnische, wobei meist beide Elternteile finnisch sind. Die anderen Kinder haben andere Staatsangehörigkeiten in unterschiedlicher Kombination. Zwei Kinder haben ausschließlich Schweizer Staatsangehörigkeit. Diese Zahlen zeigen, wie stark an der finnischen Staatsangehörigkeit festgehalten wird.

Die Finnische Schule in Zürich wird, wie in anderen Städten auch, vom finnischen Unterrichtsministerium, dem Förderverein und der SVFF finanziert. Der Mitgliedsbeitrag des Fördervereins beträgt 20 Fr. jährlich, die Semestergebühr für die Schüler 100 Fr. Zusätzliche Einkünfte werden durch Feste, Kaffeeveranstaltungen, Basare usw.

erzielt. Auch die Stadt Zürich gewährt der Finnischen Schule eine finanzielle Unterstützung.

Die Finnische Schule in Bern begann bereits 1978 mit einer Spielgruppe und nahm 1983 offiziell ihre Tätigkeit auf. Der Anfang war recht typisch: zunächst veranstalteten die Mütter reihum einen Spielnachmittag in der eigenen Wohnung, wobei die jeweils zuständige Mutter den anderen Müttern Kaffee und den Kindern eine Zwischenmahlzeit anbot. Nach etwa einem Jahr fand man einen Raum in einem privaten Kindergarten, der mittwochs nachmittags leerstand. Man veranstaltete Feste und finanzierte mit den Einnahmen die Spielgruppe. Dann wurde festgestellt, daß die Spielgruppe die Anforderungen erfüllt, die das finnische Unterrichtsministerium an die von ihm unterstützten Finnischen Schulen im Ausland stellt. 1983 lud die SVFF diejenigen ein, die Interesse an der Gründung einer Finnischen Schule hatten; man verfaßte eine Satzung, wählte einen Vorstand, legte den Mitgliedsbeitrag fest und erstellte einen Lehrplan. Dann beantragte man in Finnland Unterrichtsmaterial und Zuschüsse. Die Schule ist als nicht eingetragener Verein innerhalb der SVFF-Gruppe Bern tätig und empfiehlt den Eltern die Mitgliedschaft in der SVFF, die ihrerseits die Schule finanziell unterstützt.

Die Finnische Schule in Bern verfolgt die gleichen Ziele wie die anderen Finnischen Schulen: Verbesserung der finnischen Sprachkenntnisse und Erweiterung des landeskundlichen Wissens. Jährlich werden rund 20 Kinder in drei Gruppen unterrichtet: in der Spielgruppe für 3–4jährige, der Vorschulgruppe für 5–6jährige und der Schülergruppe für 7–12jährige. Die Schule will die Eltern bei der Pflege der finnischen Sprache und Kultur unterstützen. Die Schüler kommen etwa 20mal im Jahr zusammen. Der Unterricht findet an jedem zweiten Mittwoch statt, und für die Mütter wurde ein Aufenthaltsraum eingerichtet, wo sie für die Dauer des Unterrichts miteinander Kaffee trinken können. Das Unterrichtsministerium des Kantons hat der Schule offiziellen Status zuerkannt.

Die Finnische Schule in Genf (Association de Suomi-koulu, Ecole Finlandaise) wurde 1988 gegründet. Ihre Organisationsbasis ist ein fünfköpfiger Ausschuß, der von der Vollversammlung gewählt wird. Vorschulunterricht wird einmal wöchentlich

erteilt, die Lesegruppe trifft sich alle zwei Wochen. Das erste
Tätigkeitsjahr der Schule veranschaulicht, wie schwierig die Finanzierung sein kann. Das finnische Unterrichtsministerium hatte
nur die Hälfte der beantragten Summe (30.000 Finnmark) bewilligt, und man suchte nach einer Lösung:

*Der Vorstand beschloß, eine Weihnachtsfeier zu veranstal-
ten, die die Tätigkeit unserer Schule im Frühjahrssemester
wenigstens teilweise finanzieren sollte. Als Veranstaltungsort
wählten wir die Maison du Quartier in Jonction (...), und das
Fest wurde ein voller Erfolg: die Beteiligung der Eltern mit
Gebäck und Geschenken trug erheblich zum Gelingen bei.
Die größte Attraktion am Verkaufsstand war die Kassette mit
den finnischen Schildbürgergeschichten, die Sini mit den Kindern aufgenommen hatte (...) (Die Herstellung der Kassette
nahm insgesamt 30 Stunden in Anspruch). Etwa 60–70 Besucher kamen. Auf dem Programm standen Kaffee, ein Weih-
nachtsspiel und Musikdarbietungen der Kinder, der Besuch
des Weihnachtsmanns, eine Verlosung, Wichtelspiele und gemeinsames Singen.[48]*

Dieses Beispiel macht deutlich, wie wichtig es den Schweizerfinnen ist, ihren Kindern finnische Kultur zu vermitteln. Nach der ersten Begeisterung, als 41 Schüler angemeldet wurden, ging die Schülerzahl zurück; 1998–1999 betrug sie 27.

Die Finnische Schule in Basel wird jeden Mittwoch von rund 20
Kindern besucht. Wie in den anderen Schulen findet der Unterricht
in Spiel-, Vorschul- und Schülergruppen statt. Die Verwaltung der
Schule liegt bei einem Vorstand, der von der Vollversammlung be-
stätigt wird. Die Schule arbeitet mit der SVFF zusammen, deren
Mitglieder eine Ermäßigung auf die Semestergebühr erhalten.

Die Finnische Schule in Winterthur wurde 1991 gegründet; ihr
Träger ist ein Schulverein, der danach strebt, innerhalb der SVFF
selbständig zu arbeiten. Neben den allen Finnischen Schulen gemeinsamen Zielsetzungen will man auch die Eltern über Reformen in Finnland informieren, die für Schweizerfinnen relevant sind, etwa im Bereich

der Staatsangehörigkeit und der Wehrpflicht, und auf Sprachkurse in Finnland u. ä. hinweisen.

Die Ostschweiz erhielt 1990 eine Finnische Schule mit Sitz in St. Gallen. Eine Besonderheit dieser Schule sind Finnischkurse für Erwachsene. Die SVFF-Gruppe hatte diese Kurse vorgeschlagen, da in der Region sehr viele schweizerisch-finnische Ehepaare lebten; tatsächlich war das Interesse bei den schweizerischen Ehemännern groß, und der erste Kurs war sofort ausgebucht. Später meldeten sich auch Schweizer und Schweizerinnen ohne finnischen Ehepartner zu den Kursen an.

Die Finnische Schule in Lausanne unterscheidet sich insofern von den anderen, als sie Unterricht bis zur Altersstufe 16–17 Jahre anbietet. Im Tessin und in Graubünden gibt es keine Finnische Schule; im Tessin wird jedoch zur Zeit ermittelt, ob ein Bedarf besteht. Die Tessinerfinnen gehören zur SVFF-Gruppe Zürich.

Neben den Finnischen Schulen stehen auch Spiel- und Krabbelgruppen zur Verfügung. So trifft sich z. B. in Zürich die Spielgruppe "Tenavat" alle zwei Wochen zum Spielen und Singen. Gruppen dieser Art sind für Kinder gedacht, die für die Finnische Schule noch zu klein sind.

Wenn Schweizerfinnen ihr Kind in der Finnischen Schule anmelden, zeigen sie damit, daß sie die finnische Identität als wichtig empfinden. Nicht alle Eltern schicken ihre Kinder auf die Finnische Schule, was jedoch nicht unbedingt bedeutet, daß sie ihnen ihr sprachliches und kulturelles Erbe nicht vermitteln wollen; hinter der Entscheidung können vielmehr die unterschiedlichsten Gründe stehen.

Für die Mutter bedeutet das eine ziemliche Anstrengung. In meinem Bekanntenkreis sind Frauen, die ihre Kinder nicht auf die Finnische Schule geschickt haben, oder erst, als es schon zu spät war, und nun können sie kein Finnisch. Die Kinder lernen in der Schule Hochdeutsch und sprechen Schweizerdeutsch, und dann wird noch eine ganz fremde, nicht-germanische Sprache obendrauf gepropft.

Von denjenigen, die unseren Fragebogen beantworteten und Kinder in der Finnischen Schule hatten, nannten die meisten als wichtig-

sten Grund das Erlernen der finnischen Sprache, an zweiter Stelle
Kontakte zu anderen finnischen Kindern, an denen vor allem die rein
finnischen Familien interessiert waren. Unter denjenigen, die ihre
Kinder nicht auf die Finnische Schule schickten, nannten die finnisch-schweizerischen Familien als wichtigsten Grund, daß es in der
näheren Umgebung keine Finnische Schule gab, während der wichtigste Grund bei den rein finnischen Familien darin bestand, daß sie
von der Existenz dieser Schulen gar nichts wußten. Daran wird deutlich, daß die letzteren die Finnische Schule nicht im gleichen Maß
als wichtig empfinden, da ihre Kinder ohnehin ihre finnischen Sprachkenntnisse bewahren.

Die kulturellen Aktivitäten der Schweizerfinnen[49]

Im Akkulturationsprozeß verändert sich die Beziehung zwischen der
eigenen nationalen Identität und der dominierenden Kultur. In der
Praxis sind die Möglichkeiten, sich eine neue Identität anzueignen,
begrenzt; eine nationale Gruppenidentität ist oft wichtig als Alternative oder mindestens als Ergänzung der Identifikationsmöglichkeiten
am neuen Wohnort, im neuen Land. Auf emotionaler Ebene kristal-
lisieren sich die Gruppenbindungen häufig in verschiedenen Schlüs-
selsymbolen, mit deren Hilfe sich die Auslandsfinnen von der ein-
heimischen Bevölkerung des jeweiligen Landes abgrenzen. Die Schlüsselsymbole sind zugleich ein Verteidigungsmechanismus gegen die
Verschmelzung mit der dominierenden Kultur; die eigenen Traditionen und Bräuche werden dabei unter Umständen so stark betont,
daß man geradezu von Notwehrüberschreitung sprechen kann. Es
gibt unzählige Schlüsselsymbole, von der organisierten, aktiven kulturellen Betätigung bis zu kleinen Details des Alltagslebens. Es kann
sich um Bräuche, Hobbies und Veranstaltungen handeln – etwa die
finnischen Feiertage, finnische Musik oder die regelmäßige Tätigkeit eines Kulturvereins – oder um Orte und Gegenstände mit ho-
hem ideellen Wert – von Gedenkstätten bis hin zu kleinen Gebrauchs-

gegenständen in der eigenen Wohnung. Beide Symboltypen haben gemein, daß sie Zeit und Raum gliedern; sie schaffen bekannte und vertraute "Fixpunkte" in dem Umfeld, in dem sich die Lebenspfade der Finnen kreuzen. Schlüsselsymbole sind ein wesentliches Element des Alltagslebens und der Projekte der Auslandsfinnen.

In der Schweiz haben das Finnentum und die damit verknüpften Symbole eine etwas andere Bedeutung als in anderen Ländern, in denen Auslandsfinnen leben, da bis zu einem gewissen Grad auch die Vorstellungen der Schweizer von Finnland und vom finnischen Wesen mit einfließen. Die organisierten kulturellen Aktivitäten der Finnen bauen nämlich weitgehend auf dem Fundament auf, das die Schweizer Finnlandfreunde geschaffen haben, zudem nehmen viele Schweizer daran teil. Die Aktiven in den kulturellen Zusammenschlüssen haben im allgemeinen enge Verbindungen zur SVFF; häufig wird ein kulturelles Projekt von dem in der SVFF tätigen Schweizer Ehemann einer der daran beteiligten Finninnen unterstützt. Infolgedessen befinden sich kulturelle Aktivitäten, die an das traditionelle Finnlandbild anknüpfen, in einer Vorzugsstellung. Die meisten Amateurgruppen sind verhältnismäßig spät entstanden, nämlich seit Anfang der siebziger Jahre, als die Zahl der Finnen in der Schweiz groß genug war, um eine ausreichende Basis für eine solche Tätigkeit zu bieten.

Der Volkstanz

Musik und Tanz sind für die Auslandsfinnen generell gefühlsbetonte Schlüsselsymbole, und auch die Schweizerfinnen bilden keine Ausnahme. Die größte finnische Population lebt in Zürich und Umgebung, wo sich denn auch schon früh Amateurgruppen bildeten. 1975 fragte die SVFF-Gruppe Zürich ihre Mitglieder nach deren Interesse an finnischen kulturellen Aktivitäten; in den Antworten wurde vor allem Volkstanz gewünscht. Riitta Frey-Juvonen, die bereits in Finnland Volkstanz betrieben hatte, setzte das Projekt in Gang. In der Zürcher Steinerschule fand sich ein geeigneter Raum, wo sich zehn Frauen alle zwei Wochen zum Training trafen. Die Gruppe gab sich den Namen "Wenlat". Der Anfang war nicht leicht, da die Trainingsleiterin als einzige über Tanzerfahrung verfügte. Die Frauen wollten jedoch schon für das Mittsommerfest im selben Jahr einige Tänze einstudieren. Zum Glück besaß jede von ihnen eine Nationaltracht oder hatte die Möglichkeit, sie sich zu leihen, und nach hartem Training war die Gruppe bereit für ihren ersten Auftritt.

Bald darauf ging die Gruppe zum wöchentlichen Training über, nunmehr im Gemeindesaal der lutherischen Kirche. Neben dem Tanz stellte die Möglichkeit, einmal wöchentlich andere Finninnen zu treffen und finnisch zu sprechen, einen weiteren Anreiz für die Gruppenmitglieder dar. Die Größe der Gruppe schwankte über die Jahre hinweg zwischen 12 und 16, und da die Teilnehmerinnen nach und nach wechseln, haben bis 1998 mehr als 60 Frauen bei den Wenlat getanzt. Die SVFF-Gruppe Zürich leistete von Anfang an finanzielle Unterstützung und ermöglichte damit die notwendigen Anschaffungen. Aufgabe der Leiterin war es, sich in Finnland weiterzubilden und neue Tänze von dort mitzubringen. 1984 konnten mit Unterstützung der Finnair und des Vereins "Suomi-Seura" zwei erfahrene finnische Volkstanzlehrer zu einem Wochenendkurs in die Schweiz eingeladen werden. Danach kamen sie fast jedes Jahr von neuem, hielten einen Wochenendkurs und übten mit Volkstanzgruppen in Zürich, Basel und Bern neue Volkstänze ein. Diese Kurse erwiesen sich als sehr wichtig für die Aufrechterhaltung und Weiterentwicklung des schweizerfinnischen Volkstanzes.

Die Gruppe "Wenlat" wurde sehr populär; sie trat bei Veranstaltungen der SVFF und der Kirche auf sowie im Rahmen von Finnlandwochen in Kaufhäusern und Hotels in der Schweiz und in Deutschland. Männer einzubeziehen war schwierig – es gab weniger finnische Männer als finnische Frauen, und diese wenigen zeigten kein Interesse. Erst 1988 tanzten Männer mit, nachdem es einigen Gruppenmitgliedern gelungen war, ihre Schweizer Ehemänner zu überreden. Die Männer übten separat in der Gruppe "Jussit", da sie keine Zeit für ein wöchentliches Training hatten und nicht genügend finnisch verstanden. Gemeinsam tanzten beide Gruppen nur, wenn alle anwesend sein konnten, in der Regel sonntags. Die Beteiligung der Männer brachte eine neue Dimension in den Volkstanz, und die gemischte Gruppe trat bei vielen großen Veranstaltungen auf. Bald tauchte jedoch ein unerwartetes Problem auf: aus dem gemeinsamen Tanz waren Beziehungen entstanden, die zu Spannungen zwischen den Paaren und den "Wenlat"-Frauen führten. 1990 mußte die Gruppe reorganisiert werden. Die Ehepaare bildeten eine eigene Gruppe, "Kulkurit", und die Gruppe "Wenlat" setzte ihre Tätigkeit als reine Frauengruppe fort.

"Kulkurit" bestand anfangs aus nur fünf Paaren, doch da es sich ausnahmslos um tanzbegeisterte Ehepaare handelte, waren organisatorische Fragen leicht zu lösen. Die unregelmäßigen Sonntagsproben wurden durch wöchentliche Übungsabende ersetzt, und im Gegensatz zur sonst üblichen Praxis wählte man Deutsch als Unterrichtssprache. Zeitweise besuchten qualifizierte Lehrer aus Finnland die Gruppe, in die dank intensivem Training und gutem Unterricht auch neue Paare integriert werden konnten. "Kulkurit" wurde bald zu zahlreichen Veranstaltungen eingeladen. Bei Auftritten tragen die Frauen Volkstrachten aus den verschiedenen finnischen Provinzen und die Männer die Tracht von Valkeala. Honorare werden für die Fortbildung der Mitglieder verwendet. Auch rein schweizerische Paare haben sich um Aufnahme in die Gruppe bemüht, wurden aber abgewiesen, da "Kulkurit" ein finnisches Ensemble bleiben soll.

Ein Jahr nach der Gründung der Volkstanzgruppe in Zürich gründeten Finninnen in Basel die Gruppe "Katrilli". Die anfangs mangelnde Erfahrung wurde durch umso größeren Eifer wettgemacht; da sich keine erfahrene Leiterin fand, lernten die Frauen den Volkstanz mit Hilfe von Büchern und Kassetten. Der Kreis der Volkstanzbegeisterten war groß, und trainiert wurde einmal wöchentlich. In der Gruppe Katrilli tanzen nur Frauen. Die Gruppe wird sowohl von der SVFF-Gruppe Basel als auch von Sponsoren unterstützt. Sie tritt häufig bei Mittsommerfesten, Adventsfeiern, Dorffesten und anderen Veranstaltungen auf. "Katrilli" veranstaltet traditionell mit der Finnischen Schule in Basel alle zwei Jahre einen Basar, dessen Ertrag zur Anschaffung von fertigen Volkstrachten und Stoffen zum Selbernähen verwendet wird.

In Bern bestand seit 1976 die Turngruppe "Bernin Sisu"; auf Vorschlag des Präsidenten der SVFF-Gruppe Bern, des Schweizers Fritz Pulfer, nahm die Turngruppe Volkstanz in ihr Programm auf. Das regelmäßige Training wurde 1982 aufgenommen: im Anschluß an

Die Gruppe "Wenlat" wird für viele Feste mit finnischem Motiv engagiert. Hier tanzt sie bei der Eröffnung der Lapponia-Schmuckwoche in der Stadt Brugg 1992. Der zweite Tänzer von rechts ist Divisionär Werner Frey, der sechs Jahre später bei einem Volkstanzauftritt einem Herzinfarkt zum Opfer fiel. – *Foto: Leena Pulfer.*

die Sportstunde folgten 45 Minuten Volkstanz. Allmählich entstand daraus eine separate Gruppe, die sich den Namen "Sirmakka" gab und sich einen eigenen Übungsraum suchte. Die Sportleiterin von "Bernin Sisu", die in der Schweiz verheiratete Sportlehrerin Lilja Matzler-Pajunen, übernahm auch die Leitung der Volkstanzgruppe, leistete also doppelte Arbeit. Wie die anderen Leiterinnen der schweizerfinnischen Volkstanzgruppen besuchte sie Fortbildungskurse in Finnland und nutzte die Besuche finnischer Volkstanzlehrer in der Schweiz, um neue Anregungen zu gewinnen. Sirmakka wird von der SVFF finanziell unterstützt und tritt bei Veranstaltungen der Ortsgruppe auf. Offiziell wurde die Trennung von "Bernin Sisu" 1991 vollzogen. In der nunmehr selbständigen Gruppe tanzen Männer und Frauen.

Volkstanz betreiben nicht nur die Schweizerfinnen der ersten Generation, sondern auch Kinder. 1978 begann man, die Töchter der

"Wenlat"-Frauen und andere interessierte Kinder im Volkstanz zu unterrichten. 1990 erhielt diese Kindergruppe den Namen "Muku-lat". Der Anfang war schwierig, nicht zuletzt deshalb, weil die Kinder aus einem großen Umkreis kamen und es für die Eltern anstrengend war, sie nach Zürich zu bringen. Einigen Müttern, die nicht selbst bei den "Wenlat" tanzten, erschien der Aufwand zu hoch, so daß die Kindertanzgruppe mit etwa zehn Kindern im Alter von 5–12 Jahren immer recht klein war. Die Kindergruppe wird von einem Mitglied der "Wenlat" unterrichtet, und beide Gruppen arbeiten eng zusammen. Problematisch sind die Altersunterschiede und die unterschiedlichen Kenntnisse der Kinder. Wenn sie heranwachsen, verlassen die Kinder im übrigen die Gruppe, so daß es schwierig ist, das Niveau zu steigern. Für Auftritte ist "Mukulat" sehr begehrt.

Es gibt noch eine zweite finnische Kindervolkstanzgruppe in der Schweiz, nämlich in Basel. Sie wurde 1993 an der Finnischen Schule gegründet und ist eine Unterabteilung der Gruppe "Katrilli". Rund 15 Kinder im Alter von 3–9 Jahren tanzen mittwochs vor Beginn der Finnischen Schule jeweils eine halbe Stunde lang.

Die bereits erwähnte "Bernin Sisu" war einer der ersten in der Schweiz gegründeten finnischen Freizeitvereine. Er wurde von Lilja Matzler-Pajunen ins Leben gerufen, nachdem sie zehn interessierte Frauen zum Training um sich geschart hatte. Schon im Gründungsjahr 1976 konnte der Verein zu günstigen Bedingungen eine Turnhalle von der Stadt Bern mieten, was ein wöchentliches Training ermöglichte. Die Zeitschrift "Suomen Sanomat" schrieb in dem ihr eigenen Stil über die Entstehung der Gruppe:

Lilja Matzler, eine schwungvolle Finnin, überlegte irgendwann im letzten Frühjahr, ob man den Finnen nicht zusätzlich zum Obstberger Stammtisch irgendwelche anderen Aktivitäten anbieten könnte. Gymnastik kam ihr spontan in den Sinn (...), bei ihren finnischen Bekannten fand die Idee großen Beifall, und mit Hilfe von Frau Ritva Schlag verfaßte Lilja ein Informationsblatt, das mit dem Rundschreiben der Schweizer Freunde Finnlands an alle Mitglieder versandt wurde (...) Da man ihr im Sportamt keine Turnhalle vermitteln konnte, schrieb

Lilja einen Brief an den Berner Stadtpräsidenten Reynold Tschäppät. Und der brachte das Projekt dann auch in Fahrt. So geschah es denn, daß die Finnen in die Turnhalle der Schule von Matte einzogen, obwohl 36 andere Gruppen den Raum nur zu gern genutzt hätten. (...) Beim Sport wird gleichzeitig auch die finnische Sprache gepflegt, damit sie im neuen Heimatland nicht gänzlich in Vergessenheit gerät.[50]

Der Schwerpunkt liegt auf dem Turnen, und beim Training wird finnisch gesprochen. Neben dem regelmäßigen Sporttraining organisiert "Bernin Sisu" auch Veranstaltungen für einen größeren Teilnehmerkreis, für die SVFF-Gruppe Bern z. B. Herbstwanderungen und Grillfeste in einer Waldhütte.

Das Musikleben

Chorgesang ist bei den Auslandsfinnen ein sehr beliebtes Hobby. Im Zuge des Aufblühens der schweizerfinnischen Kulturarbeit versuchte man in Zürich bereits Ende der siebziger Jahre, einen Chor zu gründen. Es mangelte nicht an begeisterten Sängern; einen geeigneten Chorleiter zu finden, erwies sich dagegen als schwierig. Da sich niemand fand, sang man ohne Leiter. Der Chor probte regelmäßig und hatte auch einige Auftritte. Mit der Zeit erlahmte das Interesse jedoch. Die Chortätigkeit belebte sich erst wieder, als sich Pastor Pekka Vihma 1984 der Angelegenheit annahm und den Opernsänger Hannu Niemelä überredete, den Chor zu leiten. Niemelä, der damals am Opernhaus Zürich engagiert war, war ein ausgezeichneter Chorleiter. Bald versammelten sich regelmäßig einmal in der Woche 20 Menschen im Gemeindesaal der Luther-Kirche, um unter Niemeläs Leitung zu singen. Der Chor entwickelte sich rasch und trat mit finnischer Chormusik öffentlich auf.

Im Lauf der Jahre hat der Chor viele Leiter gehabt, denn die finnischen Sänger, die seit Anfang der achtziger Jahre am Opernstudio Zürich engagiert wurden, bleiben in der Regel nur ein Jahr in der Schweiz. Den Fortbestand hat auch der Musiker Erkki Korhonen gesichert, der sich jederzeit als Begleiter zur Verfügung gestellt hat, wenn er gebraucht wurde. Der Chor hat mehr als 40 Mitglieder und ist auf finnische Musik spezialisiert, wenngleich sein Repertoire nicht nur finnische Lieder umfaßt. Auch diese Tätigkeit wird von der SVFF finanziell unterstützt; weitere Mittel erhält der Chor von Sponsoren, durch Mitgliedsbeiträge sowie vor allem durch seine Einnahmen bei der Maifeier. Der Chor ist ein Teil des kulturellen Lebens in Zürich; er gibt jährlich Frühjahrs- und Weihnachtskonzerte und singt in Gottesdiensten sowie auf Einladung bei verschiedenen Veranstaltugen.

Der Finnä-Chor Basel entstand ursprünglich im Kreis der Finnlandfreunde in Basel und trat 1979 erstmals zusammen. Er trat in den achtziger Jahren bei vielen Veranstaltungen erfolgreich auf und hatte gewissermaßen den Scheitelpunkt seiner Entwicklung erreicht, als er 1989 auf seiner 10-Jahrfeier gemeinsam mit dem Finnair-Chor und dem Zürcher Chor auftrat. Danach folgte eine Flaute, da die Männer einer nach dem anderen aus beruflichen Gründen den Chor verließen. Schließlich blieben nur noch Frauen übrig; ihr Versuch, als reiner Frauenchor weiterzumachen, scheiterte. Es wurde auch erwogen, sich dem schwedischen Chor in Basel anzuschließ, doch dieser Gedanke wurde nicht verwirklicht. Da auch die Frage der Chorleitung nicht gelöst werden konnte, wurde 1992 beschlossen, den Chor aufzulösen. In der Zeit seines Bestehens war es ihm jedoch bereits gelungen, die finnische Chormusik bekannt zu machen.

Es mag manchen überraschen, daß ein so kleiner Ort wie St. Gallen einen finnischen Chor hat. Man könnte sagen, daß die Traditionen der Ortschaft bei der Gründung des Chors eine Rolle spielten. Das Verdienst daran gebührt dem Violinisten Juhani Palola, der 1982 an das Städtische Orchester von St. Gallen verpflichtet wurde. St. Gallen kann auf eine stolze Tradition in der Musikgeschichte verweisen; sein Kloster gehörte einst zu den wichtigsten Zentren der gregorianischen Kirchenmusik, und das St. Galler Orchester ist eins der ältesten der Schweiz.

1991 ging Palola als Lehrer für Violine und Kammermusik nach Rorschach; neben der Lehrtätigkeit spielte er als erster Geiger im St. Galler Arioso-Quartett. Als aktives Mitglied der SVFF-Gruppe Ostschweiz schlug er vor, einen Chor zu gründen, und stieß damit

Der blau-weiß gekleidete Finnische Chor Zürich konzertierte 1988 unter Leitung von François Lilienfeld in Bern. – *Foto: Leena Pulfer.*

auf ein reges Echo. Bereits 1991 fanden sich 30 Sänger und Sängerinnen. Der Chor, dem sowohl Finnen als auch Schweizer angehören, probt einmal wöchentlich und tritt, wie die anderen Chöre auch, bei Weihnachts- und Mittsommerfesten und anderen Veranstaltungen auf. Der St. Galler Chor knüpfte enge Kontakte zum Zürcher Chor, mit dem er 1993 und 1995 gemeinsam auftrat. Über die Chortätigkeit der Schweizerfinnen berichtet Palola:

Ich habe auch überlegt, einen gemeinsamen finnischen Chor zu gründen, aber die Schweizer sind Lokalpatrioten, und wenn man mit Finnen spricht, die vor Jahrzehnten aus Finnland fortgezogen sind, sind sie genauso lokalpatriotisch geworden, sie wollen nicht nach St. Gallen fahren, weil das doch so weit sei. (...) Als ich sowohl den Zürcher als auch den St. Galler Chor leitete, hatten wir gemeinsame Konzerte. Beim Konzert in Zürich wurde die Wasserkirche so voll, daß wir in eine größere Kirche umziehen mußten, weil der Küster sich an die Polizeivorschriften hielt und niemanden mehr hinein-

ließ – die Schweizer erklärten die Finnen für völlig verrückt.
Die Kirchen wurden größer und die Lieder schwieriger. Später
gab es keine gemeinsamen Konzerte mehr, beide Chöre ha-
ben ihren eigenen Leiter.

Die aktiven finnischen Musiker haben viel dazu beigetragen, die finnische klassische Musik bekannt zu machen, und sind bei den Schweizerfinnen ausgesprochen populär. Wann immer finnische Interpre-
ten klassische Musik – ob von finnischen oder anderen Komponi-
sten – aufführen, sind zahlreiche Finnen im Publikum. Informationen über derartige Konzerte verbreiten sich sehr schnell, und oft
reisen selbst aus größerer Entfernung ganze Gruppen an. Es handelt sich um eine sehr bedeutsame Kulturarbeit; ein Musiker meint
dazu:

Ich halte es für außerordentlich wichtig, daß finnische Kul-
tur auf einer möglichst breiten Ebene gefördert wird. Finn-
land organisiert immer diese großen Projekte, entsendet ein
ganzes Orchester, die Oper usw. Das ist natürlich sehr öf-
fentlichkeitswirksam, aber meiner Meinung nach muß es vor
allem darum gehen, daß ausländische Musiker finnische Musik
in ihr Repertoire aufnehmen, als daß man auf Kosten des Un-
terrichtsministeriums herumreist und die Finlandia-Sympho-
nie spielt. Der verstorbene Martti Talvela sagte schon in den
siebziger Jahren, man müsse immer Partituren bei sich ha-
ben und sie überall verteilen, dann ginge es schon voran.

Eine solche praktische Arbeit an der Basis leistet vor allem das Trio
Fennica, das Juhani Palola, der Basler Cellist Jarmo Vainio und die
Pianistin Helena Maffli-Nissinen aus Lausanne 1985 gründeten. Die
Grundidee war, finnische und schweizerische Musik zu spielen. Den
Platz von Juhani Palola nahm später ein polnischer Geiger ein, doch
das Trio wird dennoch als finnisch empfunden, obwohl sich sein Re-
pertoire keineswegs auf finnische Musik beschränkt. Auch das Arioso-
Quartett, in dem neben Palola zwei Schweizer und ein Deutscher
spielen, hat finnische Musik im Repertoire.

Weihnachtsfeier der Finnischen Schule Bern 1993. Die Eltern führen traditionell ein Schauspiel für die Schüler auf, diesmal steht "Schneewittchen und die sieben Zwerge" auf dem Programm. – *Foto: Leena Pulfer.*

Die Schweizerfinnen spielen auch Theater. Das Interesse daran kam zunächst in Basel auf, wo man 1984 für die Adventsfeier Sketche einübte. Der Leiter der Theatergruppe kehrte im folgenden Jahr nach Finnland zurück, doch die Proben gingen auch ohne ihn weiter, und bei der nächsten Adventsfeier wagte die Truppe sich bereits an das Schauspiel "Die Verlobung" von Alcksis Kivi. Die Theatergruppe arbeitet seither in wechselnder Besetzung weiter und hat verschiedene kleinere Stücke zur Aufführung gebracht. Kostüme und Bühnenbilder fertigt man selbst an. Auch hinter dieser kulturellen Aktivität steht der Wunsch, den lebendigen Kontakt zur finnischen Sprache und Kultur zu bewahren. In der Gruppe sind mehr Frauen als Männer, was die Auswahl geeigneter Theaterstücke erschwert, da die meisten Stücke sehr viele Männerrollen enthalten. Theaterarbeit ist nur in den großen Städten möglich, wo ein ausreichend großes finnischsprachiges oder Finnisch verstehendes Publikum zusammenkommt.

Pesäpallo, der finnische Baseball

Die Finnen sind ein sportbegeistertes Volk, und es würde an ein Wunder grenzen, wenn es nicht auch in der Schweiz einen aktiven finnischen Sportbetrieb gäbe. Die, soweit bekannt, erste finnische Mannschaft wurde in den fünfziger Jahren an der Uhrenfabrik Eterna gegründet, wo damals so viele Finnen arbeiteten, daß ein Fußballspiel "Finnland gegen den Rest der Welt" stattfinden konnte. Daraus entwickelte sich jedoch keine kontinuierliche Aktivität; stattdessen trat später der "Pesäpallo", umgangssprachlich "Pesis", in den Vordergrund. Obwohl erst 1991 einige Finnlandfreunde und Sportbegeisterte in der Ostschweiz die erste Pesäpallo-Mannschaft gründeten, hatten bereits früher, spätestens seit den sechziger Jahren, in den Schweizer Uhrenfabriken beschäftigte Finnen gelegentlich diese finnische Variante des Baseballs gespielt. Nach der Ostschweiz entstanden auch in anderen Orten mit finnischer Bevölkerung entsprechende Vereine. In den neunziger Jahren wurde das Spiel in sechs Städten mehr oder weniger regelmäßig betrieben: in der Ostschweiz, in Solothurn und in Zürich trainieren die Mannschaften den ganzen Sommer hindurch zweimal wöchentlich, ebenso in der Zeit vor dem Meisterschaftsturnier auch in Basel, Baden und Neuchâtel. Man spielt – mit Ausnahme von Zürich – auf Fußballplätzen und verwendet die für Frauenmannschaften gültigen Spielfeldabmessungen, da in den Mannschaften meistens Männer und Frauen gemeinsam spielen. Das Spielfeldproblem stellt in vielen Ortschaften ein Hindernis für die weitere Verbreitung des Spiels dar. So wären zum Beispiel in den großen SVFF-Gruppen, etwa in Bern, viele Mitglieder daran interessiert, eine Mannschaft zu bilden, aber trotz intensiver Suche konnte kein passendes Spielfeld gefunden werden. Im Winter betreibt man meist einen anderen Mannschaftssport, in Zürich wird beispielsweise Floorball gespielt. Das Pesäpallo-Training beginnt im allgemeinen im April-Mai.

Seit 1992 werden Pesäpallo-Turniere veranstaltet. Am ersten Turnier nahmen drei Mannschaften teil. Im folgenden Jahr fand das Turnier in Heerbrug, in der Nähe von St. Gallen, statt; vier Mannschaften nahmen daran teil: zwei aus der Ostschweiz, die Solothurner Mannschaft sowie die vereinte Mannschaft der Finnischen Schule von Solothurn

Auslosung des Spielfelds beim "Pesäpallo"-Turnier in Zürich 1997. Links Solothurn, rechts Zürich. – *Foto: Olli Saarinen.*

und der SVFF-Gruppe Bern. Seither wird das Turnier jährlich am letzten Wochenende im September veranstaltet und seit 1994 von sechs Mannschaften ausgetragen. Nach drei aufeinanderfolgenden Siegen der Mannschaft "Finn-Pesis Solothurn" errang 1997 die Mannschaft "Zürichin sini-valkoiset" ("Blau-Weiß Zürich") die Meisterschaft. Freundschaftsspiele wurden auch gegen deutsche Mannschaften ausgetragen, und der erste Länderkampf Schweiz – Deutschland wurde 1998 ausgerichtet.

Der Pesäpallo vereint Schweizerfinnen und -finninnen aller Altersstufen; die Zahl der aktiven Spieler und Spielerinnen wurde 1998 auf rund 80 geschätzt. Das Spiel in gemischten Mannschaften läuft sehr gut, auch wenn manche Frauen aufhören, wenn das Spiel zu hart wird. In letzter Zeit begeistern sich in manchen Orten mehr und mehr Schweizer für den Pesäpallo und erobern ihn gewissermaßen für sich:

Der Pesäpallo ist so eine Art Kulturtransfer; hier leben zu wenig Amerikaner, als daß der Baseball Fuß fassen könnte, aber der Pesäpallo hat sich eingebürgert, er ist eher ein Hobby der Schweizer als der Finnen. (...) Eine Mannschaft trainiert in der Mehrzweckhalle bei uns im Dorf, junge Schweizer Burschen, die von 'pesepallo' sprechen.

Pesäpallo ist die einzige in größerem Umfang betriebene, institutionalisierte Sportart der Schweizerfinnen. Zwar gibt es in einigen Ortschaften auch andere finnische Sportvereine, etwa den Badmintonverein "Bad-Finn-Ton Club" in Bern, doch sie haben meist Schwierigkeiten, kontinuierlich zu arbeiten.

Von denjenigen, die den Fragebogen beantworteten, gaben nur 26, d. h. knapp drei Prozent an, daß sie sich aktiv an einer der hier genannten Aktivitäten beteiligen. Nur ein kleiner Teil der Schweizerfinnen ist in einer der verschiedenen Hobbygruppen aktiv, doch die kumulative Teilnehmerzahl im gesamten Untersuchungszeitraum ist wesentlich größer als die derzeitige; zudem ziehen Auftritte und Spiele eine Vielzahl von Zuschauern an. Daher erreichen diese kulturellen Aktivitäten eine große Schar von Schweizerfinnen, die zum Teil nicht an der sonstigen finnischen Vereinstätigkeit, etwa in der SVFF, teilnehmen. Die kulturelle Tätigkeit gibt den Finnen nicht nur die Möglichkeit, beisammenzusein, ihre eigene Sprache zu sprechen und ihre nationale Identität zu festigen, sondern macht darüber hinaus die finnische Kultur in der Schweiz bekannt.

Wie sieht die Zukunft der kulturellen Tätigkeit aus? Da sie in aller Regel von einigen Aktiven organisiert wird, kann ihre Kontinuität gefährdet sein, wenn sich keine Nachfolger finden. Es gibt drei mögliche Entwicklungen: Unter den Schweizerfinnen finden sich neue aktive Mitarbeiter, in der Schweiz siedeln sich weitere Finnen an, die neue Impulse mitbringen und bereit sind, eine aktive Rolle zu übernehmen, oder die Schweizerfinnen der zweiten Generation interessieren sich für ihre Wurzeln und führen die kulturelle Tätigkeit fort. In den Immigrationsländern, in denen seit langem Finnen leben, variiert die Kontinuität der kulturellen Arbeit von Ort zu Ort. Die günstigsten Aussichten bestehen in den Ortschaften, in denen zahlreiche Finnen leben.

Akkulturation und Identität der Schweizerfinnen

Akkulturation läßt sich nicht unmittelbar messen. Das gleiche gilt für die nationale und ethnische Identität. Man kann sie jedoch mit Hilfe verschiedener Indikatoren abschätzen. In den vorhergehenden Kapiteln wurde die Akkulturation im Wechselspiel von struktureller und individueller Ebene im Leben der Schweizerfinnen behandelt. Im folgenden soll der Blick stärker auf die individuelle Ebene gerichtet und eine Antwort auf die Frage gesucht werden, ob die Schweizerfinnen sich integriert haben und welche Gestalt ihre Identität angenommen hat.

Die Verbindungen zu Finnland

Neben der Teilnahme an gemeinsamen Aktivitäten der Auslandsfinnen stärkt auch die Aufrechterhaltung der Kontakte zu Finnland die finnische Identität. Die Schweizerfinnen reisen häufig in ihr altes Heimatland, wie die bereits erwähnte Beliebtheit der Charterflüge zeigt. Ein Drittel der Frauen, die den Fragebogen beantworteten, reist einmal, ein Drittel zweimal jährlich nach Finnland. Die Männer besuchen ihr altes Heimatland noch öfter, allerdings meist aus beruflichen Gründen. Nur 15 Prozent der Frauen wie der Männer verbringen nur alle zwei oder drei Jahre einige Zeit in Finnland.

Die bisherige Dauer des Aufenthalts in der Schweiz hat keinen wesentlichen Einfluß auf die Häufigkeit der Finnlandreisen. Über 90 Prozent der Befragten waren in den letzten zwölf Monaten vor der Umfrage in Finnland gewesen. Die Schweizerfinnen pflegen ihre Kontakte zum alten Heimatland. Häufig kommen auch ihre Eltern zu Besuch in die Schweiz. Fast die Hälfte der Umfrageteilnehmer stehen in ständigem Kontakt mit Finnen in Finnland. Auch darauf hat die Dauer des Aufenthalts in der Schweiz keinen Einfluß.

Auf die Frage, in welchem Maße sie die Ereignisse in Finnland verfolgen, antworteten 10 Prozent „sehr intensiv" und ebenfalls zehn Prozent "sehr wenig". Die Dauer des Aufenthalts in der Schweiz wirkte sich in diesem Punkt nur geringfügig aus. Die Männer verfolgen die Ereignisse in Finnland etwas genauer als die Frauen.

Um ihre Finnlandkenntnis auf aktuellem Stand zu halten, müssen Auslandsfinnen die finnischen Medien verfolgen. In der Schweiz wurde dies Anfang der neunziger Jahre dadurch erschwert, daß der Verkauf skandinavischer Zeitungen eingestellt wurde. Seither sind die Schweizerfinnen darauf angewiesen, Zeitungen in Finnland zu abonnieren oder von anderen zu leihen. Aus der Befragung geht hervor, daß 28 Prozent sehr oft oder ziemlich oft finnische Zeitungen lesen. 16 Prozent hatten eine finnische Zeitung abonniert; es zeigte sich, daß diejenigen, die erst seit kürzerer Zeit in der Schweiz wohnen, häufiger Abonnenten sind als die seit langer Zeit im Land Ansässigen. Die finnischen Zeitungen zirkulieren sehr stark unter den Schweizerfinnen. Als Vermittler von Informationen aus Finnland spielt die Zeitungspresse eindeutig die Hauptrolle: Finnische Radiosendungen hörten nur 15 Prozent der Befragten sehr oft oder ziemlich oft, 66 Prozent dagegen nie.

Integration oder Assimilation?

Die Anpassung des Migranten auf der individuellen Ebene läßt sich auf vielerlei Weise messen. Die bereits analysierten Umstände, etwa die strukturellen Faktoren in der Gesellschaft, Bildungsgrad, Beruf, Familienstand und Lebensumstände der Migranten, schaffen die Grundlage für den Akkulturationsprozeß, doch zu welcher Art von Akkulturation führt dieser Prozeß? Das läßt sich aus den Angaben schließen, die bei der Umfrage gemacht wurden. Ein wichtiger Maßstab ist die Vorstellung von der Dauer des Aufenthalts. Wenn man nicht die Absicht hat, in der Schweiz zu bleiben, ist die Motivation, sich zu integrieren, naturgemäß geringer als bei denjenigen, die davon überzeugt sind, für immer zu bleiben.

Aufenthalt in der Schweiz	Frauen	Männer
Bleibend	42	32
Sehr lange	33	29
Schwer zu sagen	19	31
Vorübergehend	4	8
Keine Antvort	2	0
Insgesamt (%)	*100*	*100*
n	*862*	*117*

Die Tabelle zeigt einen deutlichen Unterschied zwischen Frauen und Männern; die Frauen haben sich endgültiger niedergelassen, und die Männer sind weniger sicher, ob sie in der Schweiz bleiben werden. Diese Verteilung ist vorwiegend auf die mit Schweizern verheirateten Finninnen zurückzuführen, von denen über die Hälfte angaben, sie hätten sich endgültig in der Schweiz niedergelassen. Von denjenigen, die mit einem Finnen verheiratet sind, wollten nur 7 Prozent für immer bleiben und knapp ein Drittel vermutete, daß sie sich länger oder möglicherweise für immer in der Schweiz aufhalten würden.

Das Wohlbefinden ist ein wesentlicher Faktor im Akkulturationsprozeß. An früherer Stelle wurde geschildert, wie die verschiedenen Gruppen der Schweizerfinnen ihren Alltag erleben. Anhand der Antworten auf die Umfrage ist nun die Beziehung zwischen Wohlbefinden und Lebenssituation zu betrachten:

	Ab- hängig erwerbstätig	Privat unter- nehmer	Stud.	Hausfrau	Rentner	Sonstige
Fühlt sich sehr wohl	20	35	41	29	43	21
Angepaßt und zu- frieden, obwohl nicht alles so, wie erwartet	56	43	27	45	41	48
Positives und Negatives im Gleichgewicht	22	22	18	24	12	28
Fühlt sich gar nicht wohl, weil zu viele Gründe zur Unzu- friedenheit	2	0	5	2	4	3
Fühlt sich nicht wohl und möchte wegziehen	0	0	0	0	0	0
Kein Antwort	1	1	9	1	0	0
Insgesamt (%)	*100*	*100*	*100*	*100*	*100*	*100*
n	*532*	*108*	*22*	*231*	*56*	*29*

Aus der Tabelle läßt sich ablesen, daß die Schweizerfinnen sich zum überwiegenden Teil sehr wohl fühlen; am größten ist das Wohlbefinden bei den Rentnern. Die Verteilung bei den Hausfrauen zeigt, daß diejenigen, die Negatives in ihrem Leben konstatieren, in dieser Gruppe häufiger sind als in den anderen. Der Anteil der sehr Zufriedenen ist bei den Privatunternehmern höher als bei den abhängig Erwerbstätigen. Wahrscheinlich ist das Gesamtbild der Tabelle etwas zu rosig; wie eingangs erwähnt, nahmen vor allem diejenigen an der Umfrage teil, denen es gut geht. Die Frage nach dem Wohlergehen ist zudem mit dem Selbstwertgefühl verknüpft; mancher ist daher sich selbst gegenüber nicht ganz ehrlich und gibt eine zu positive Antwort. Bei der Interpretation der Ergebnisse darf außerdem nicht übersehen werden, daß Wohlbefinden und Akkulturation nicht ganz dasselbe sind, auch wenn beide korrelieren.

Aus der Umfrage geht deutlich hervor, daß der Grad des Wohlbefindens vor allem von der Dauer des Aufenthalts in der Schweiz abhängt. Je länger ein Finne in der Schweiz gelebt hat, desto wohler fühlt er sich. Die Schweizerfinnen passen sich mit der Zeit an und integrieren sich, und diejenigen, die sich nicht genügend anpassen, um in der Schweiz leben zu können, ziehen fort. Das wird auch bei der Betrachtung nach dem Zivilstand ersichtlich: am wohlsten fühlen sich die Verwitweten, dann folgen die Verheirateten, während unter den Alleinstehenden und Geschiedenen der Anteil der Unzufriedenen am größten ist. Die Ergebnisse der Umfrage zeigen, daß die Ehe mit einem Schweizer bzw. einer Schweizerin der beste Weg ist, sich zu integrieren. 12 Prozent der mit Finnen Verheirateten gaben an, sich wohlzufühlen und im Land bleiben zu wollen, während die entsprechende Zahl bei finnischen Ehepartnern von Schweizern 33 Prozent betrug. Diejenigen, die mit Angehörigen anderer Nationalität verheiratet sind, waren mit 19 Prozent zwischen diesen beiden Polen angesiedelt.

Diejenigen, die davon ausgehen, daß sie für immer oder für sehr lange Zeit in der Schweiz bleiben werden, fühlen sich erwartungsgemäß wohler als diejenigen, die mit einem kürzeren Aufenthalt rechnen. Es handelt sich dabei um einen zweiseitigen Effekt. Wer überzeugt ist, länger oder für immer zu bleiben, wird sich bemühen, sich möglichst gut einzurichten. Wer sich nicht wohlfühlt, wird kaum daran denken, sich fest in der Schweiz niederzulassen; wenn man weiß, daß man auf längere Sicht nicht in der Schweiz bleiben will, braucht man andererseits nicht ernsthaft zu versuchen, sich wohlzufühlen.

Fast 70 Prozent der von der Untersuchung erfaßten Schweizerfinnen verspüren wenig oder gar kein Heimweh nach Finnland. Diese Ziffer wird von keiner der Hintergrundvariablen nennenswert beeinflußt, sie ist in allen Gruppen recht konstant.

Heimweh nach Finnland	Frauen	Männer
Sehr stark	4	2
Ziemlich stark	25	27
Nur wenig	54	51
Gar nicht	14	17
Keine Antwort	3	3
Insgesamt	*100*	*100*

Aufgrund der obigen Betrachtung kann man feststellen, daß sich die große Mehrheit der Schweizerfinnen sehr gut in ihr neues Heimatland eingefügt hat. Sie halten enge Verbindung zu Finnland, sehnen

sich jedoch nicht ständig zurück, obwohl die meisten eine eventuel-
le Rückwanderung nicht völlig ausschließen.

*Ich sehne mich nur selten nach Finnland, das ist aber eigent-
lich keine Sehnsucht, sondern eine leise Wehmut, weil dort auch
das Material für ein ganzes Leben wäre, man müßte nur zu-
packen. Aber man hat eben nur ein Leben... Heimat, Wurzeln,
eine starke Identifikation, aber ich habe nicht das Bedürfnis,
physisch dort zu sein. Ich passe mich überall an. Ich sehne mich
nicht nach Finnland oder nach Joroinen. Wenn ich dort bin,
wundere ich mich, wie ich es fertigbringe, anderswo zu leben.*

Bei der Umfrage wurde auch nach dem Ort gefragt, dem sich die
Probanden am engsten zugehörig fühlen; gut 60 Prozent nannten ihren
derzeitigen Wohnort. Bei denen, die seit langem in der Schweiz leben, war das Zugehörigkeitsgefühl zum Wohnort am stärksten ausgeprägt, während diejenigen, die sich seit weniger als fünf Jahren
in der Schweiz aufhalten, noch stark in Finnland verankert waren:
ein Drittel von ihnen fühlte sich weiterhin dem früheren Wohnort in
Finnland zugehörig. Bei der Frage, ob man sich eher als Finne oder
als Schweizer empfinde, ergab sich folgende Verteilung:

| Empfindet sich | Lebt in der Schweiz seit | | | | |
	weniger als 5 Jahren	6–10 Jahren	11–30 Jahren	über 30 Jahren	insgesamt
als Finne	83	68	40	26	46
eher als Finne denn als Schweizer	13	22	32	31	29
ebenso sehr als Finne wie als Schweizer	4	10	22	35	20
eher als Schweizer denn als Finne	0	0	5	6	4
als Schweizer	0	0	1	2	1
Insgesamt (%)	*100*	*100*	*100*	*100*	*100*
n	*109*	*115*	*627*	*128*	*979*

Aus der Tabelle geht deutlich hervor, daß die Schweizerfinnen sich zum größten Teil als Finnen empfinden. Diejenigen, die sich als reine Schweizer fühlen, sind in der Schweiz geboren. Der Freundeskreis hat starken Einfluß auf die nationale Identifikation. Wenn er ausschließlich aus Finnen besteht, wird die finnische Identität in ganz anderem Maß gefestigt als im Umgang mit Schweizern. Die Umfrage zeigt, daß 36 Prozent der Beteiligten mehr Umgang mit Schweizern als mit Finnen haben, während 32 Prozent mehr mit Finnen als mit Schweizern verkehren. Im Freundeskreis der Berufstätigen sind mehr Schweizer als in dem der Hausfrauen. Etwas überraschend ist die Feststellung, daß der Anteil der Finnen am Freundeskreis bei den Rentnern am höchsten ist. In Verbindung mit den oben angeführten Variablen würde dies darauf hindeuten, daß das Anpassungsmodell der Schweizerfinnen fast immer die Integration ist.

Etwa ein Viertel der erfaßten Personen betätigt sich in irgendeiner Form aktiv in schweizerischen gesellschaftlichen Organisationen. Zwölf Personen sind politisch aktiv, und zwanzig sind in einer schweizerischen gewerkschaftlichen Organisation tätig. Die meisten Aktivitäten sind dem Freizeitbereich zuzuordnen, beispielsweise in verschiedenen Hobbyclubs. Die Schweizerfinnen sind häufiger in den finnischen Organisationen in der Schweiz tätig als in rein schweizerischen.

Die Schweizerfinnen der zweiten Generation fügen sich ganz anders in die schweizerische Gesellschaft ein als ihre Eltern; die Schweiz ist ihr Heimatland. Viele haben jedoch eine starke finnische Identität, die in rein finnischen Familien von Natur aus und bei aktivem Einsatz der Mutter (oder des Vaters) auch in schweizerisch-finnischen Familien erhalten bleibt. Viele der Kinder verbringen einen Teil des Sommers in Finnland, das für sie leicht zu einem Idealland wird, in dem die Großeltern leben und in dem man seinen Urlaub in der freien Natur verlebt.

Die finnische Identität bleibt beim ersten Kind der Familie am stärksten erhalten, während bei den nachfolgenden die schweizerische Identität mehr Gewicht erhält. Wenn man das Alter der Kinder berücksichtigt, zeigt sich, daß sich im Lauf der Zeit die schweizerische Identität verstärkt und die finnische schwächer wird. Von

den über 20jährigen Schweizerfinnen der zweiten Generation emp-
findet sich gut ein Viertel ganz als Schweizer. Diese Ergebnisse müssen
jedoch mit Vorbehalt betrachtet werden, da sie auf die Angaben der
Eltern zurückgehen. Die Teilnehmer an der Umfrage machten folgende Angaben über das Identitätsbewußtsein ihrer Kinder:

Empfindet sich	Erstes Kind	Zweites Kind	Drittes Kind
als Finne	14	11	10
eher als Finne denn als Schweizer	8	6	4
ebenso sehr als Finne wie als Schweizer	27	24	22
eher als Schweizer denn als Finne	32	37	44
als Schweizer	19	22	20
Insgesamt (%)	*100*	*100*	*100*
n	*637*	*465*	*121*

Die Schweizerfinnen der zweiten Generation beherrschen nach Angabe
ihrer Eltern die finnische Sprache folgendermaßen:

	Erstes Kind	Zweites Kind
Vollständig	16	13
Gut	23	16
Ziemlich gut	26	23
Ziemlich schlecht	12	17
Fast gar nicht	23	31
Insgesamt %	*100*	*100*
n	*676*	*490*

Bei weitem nicht allen Schweizerfinnen ist es gelungen, ihren Kindern ihre eigene Muttersprache weiterzuvermitteln. Die obigen Zahlen
geben jedoch insofern ein etwas verzerrtes Bild, als sie auch die
Kinder schwedischsprachiger Finnen einbeziehen und zudem nicht
bekannt ist, wie die Eltern die Sprachbeherrschung bei Kleinkindern
eingeschätzt haben.

Die meisten Kinder aus finnisch-schweizerischen Ehen haben doppelte Staatsangehörigkeit. Etwa ein Viertel von ihnen besitzt nur die Schweizer Staatsangehörigkeit. Man könnte den Schluß ziehen, daß sich die Schweizerfinnen der zweiten Generation mit der Zeit zu einem großen Teil assimilieren. Insbesondere gilt dies für jüngere Geschwister; die Wahrscheinlichkeit, daß die finnische Identität erhalten bleibt, ist beim ersten Kind schweizerfinnischer Familien am größten.

Schlußfolgerung: das "Porträt" des Schweizerfinnen

Wie sieht der typische Schweizerfinne, die typische Schweizerfinnin aus? Eine einfache Antwort auf diese Frage gibt es nicht, da die Skala sehr weitgespannt ist, vom Unternehmensleiter bis zur Schwesternhelferin. Das Umfragematerial und die oben erläuterten Angaben erlaubt jedoch eine Grobklassifizierung. Wenn man mehrere Variablen einbezieht, ergeben sich verschiedene Gruppen, die jeweils mehrere gemeinsame Eigenschaften aufweisen. Für die folgende Aufstellung wurden 40 verschiedene Variablen benutzt - neben dem Migrationsgrund unter anderem Geschlecht, Alter, Migrationsjahr, Familientyp, Beruf und Branche, Bildung, Wohlbefinden, Einschätzung der nationalen Identität. Die vom Computer erstellten Gruppierungsanalysen lassen, durch intuitive Schlüsse ergänzt, die folgenden vier Gruppen hervortreten:

Die alten Hasen

Diese Gruppe ist vor der Migrationswelle in den sechziger Jahren in die Schweiz gekommen; ihr gehören etwa 10 Prozent der in der vorliegenden Untersuchung erfaßten Personen an. Viele Angehörige dieser Gruppe sind bereits aus dem Arbeitsleben ausgeschieden und sind heute Hausfrauen oder Pensionäre. Ihr Bildungsgrad liegt etwas unter dem Mittelwert. Zur Migration wurden sie durch vielfältige Gründe veranlaßt, der häufigste Grund war die Eheschließung. Die lange Ansässigkeit in der Schweiz hat zur gesellschaftlichen Integration geführt; die Zufriedenheit mit dem Leben in der Schweiz ist in dieser Gruppe am größten, das Heimweh nach Finnland am geringsten. Von allen in dieser Untersuchung behandelten Schweizerfinnen empfinden sie sich am stärksten als Schweizer; dennoch haben sie in ihrem Freundeskreis Finnen und legen großen Wert auf die finnische Kultur. Häufig waren sie aktiv am Aufbau verschiedener Zusammenschlüsse von Schweizerfinnen beteiligt und sind an ihrem jeweiligen Wohnort gewissermaßen eine "Institution".

Die in der Schweiz Verheirateten

Dies ist die größte deutlich zu unterscheidende Gruppe unter den Schweizerfinnen und zugleich die mit dem höchsten Frauenanteil. Ihr Anteil an den hier betrachteten Schweizerfinnen beträgt 35 Prozent. 72 Prozent von ihnen sind vor 1955 geboren, und ein großer Teil ist zur Zeit der Migrationswelle in den sechziger und siebziger Jahren eingewandert. Der Grund für die Ansiedlung in der Schweiz war die Ehe mit einem Schweizer. Meist haben sie zwei Kinder. Sie sind etwa zur Hälfte berufstätig, zu einem Drittel Hausfrauen. Rund 25 Prozent haben eine Universitätsausbildung. Wegen ihrer Familien haben sie sich dauerhaft in der Schweiz niedergelassen; allerdings träumt etwa ein Fünftel davon, nach Finnland zurückzukehren, um dort den Ruhestand zu genießen. Bei der Umfrage gab jedoch mehr als die Hälfte an, gar kein Heimweh nach Finnland zu verspüren. Die Angehörigen dieser Gruppe befinden sich im letzten Stadium der Akkulturation und sehen die Vor- und Nachteile beider Kulturen: obwohl nicht alles so ist, wie sie es sich wünschen würden, haben sie sich gut angepaßt und sind mit ihrem Leben in der Schweiz zufrieden. Meist fühlen sie sich eher als Finnen denn als Schweizer, und ihre finnische Identität ist etwas stärker ausgeprägt als die der „alten Hasen". Dies zeigt sich zum Beispiel darin, daß viele von ihnen aktive Mitglieder der SVFF und anderer finnischer Vereine sind und häufig Kontakt zu anderen Schweizerfinnen haben: mehr als 40 Prozent gaben an, sehr oft andere Finnen zu treffen. Sie halten Verbindung zu Finnland, wohin sie mindestens einmal im Jahr reisen. Da die Eltern der meisten noch leben, sind sie trotz ihrer schweizerischen Familie weiterhin auch in Finnland verwurzelt. Die alltägliche Umgebung ist bei fast allen multinational; zum Freundes- und

Kollegenkreis gehören neben Schweizern auch Angehörige anderer Nationalitäten. Sehr oft haben sie finnische Kolleginnen oder Kollegen. Die meisten fühlen sich am stärksten ihrem jetzigen Wohnort verbunden, während 10 Prozent eine enge Bindung an ihren früheren Heimatort in Finnland bewahrt haben.

Die Karrierebewußten

Die Finnen, die ihre berufliche Karriere in den Vordergrund stellen, sind in der Regel nach der Mitte der siebziger Jahre in die Schweiz eingewandert. Ihr Anteil an den Befragten beträgt etwa 15 Prozent; in dieser Gruppe sind die Männer stark vertreten. 37 Prozent der Männer in der Erhebung gehören zu diesem Kreis. Die wichtigsten Gründe für die Migration in die Schweiz waren ein attraktives Stellenangebot, gute Verdienstmöglichkeiten, der Wunsch, sich beruflich weiterzuentwickeln und seine Sprachkenntnisse zu verbessern. Die Angehörigen dieser Gruppe sind häufig unzufrieden mit den Verhältnissen in Finnland. Fast die Hälfte von ihnen kann auf Auslandsaufenthalte in anderen Ländern zurückblicken, es handelt sich also um einen international orientierten Personenkreis. 60 Prozent glauben, daß sie lange oder sogar für immer in der Schweiz bleiben werden, die anderen sind unschlüssig oder nur vorübergehend im Land. Sie fühlen sich nicht ganz so wohl wie die anderen Schweizerfinnen. Häufig sind sie nicht aufgrund einer besonderen Vorliebe für das Land in die Schweiz gekommen, sondern aus anderen Gründen. Ihre finnische Identität ist stark ausgeprägt, nur wenige empfinden sich in stärkerem Maß als Schweizer, obwohl sich mehr als die Hälfte dem jetzigen Wohnort verbunden fühlt. Man mag dies als Zeichen ihrer Flexibilität ansehen: Sie fühlen sich dort wohl, wo sie gerade leben. Sie sehnen sich nicht nach Finnland; 62 Prozent gaben an, sehr wenig oder gar kein Heimweh zu verspüren. Vor diesem Hintergrund erscheint es etwas überraschend, daß sie ihre Verbindungen zu Finnland intensiv pflegen und vorwiegend mit Finnen befreundet sind. Die Hälfte von ihnen beteiligt sich an den Aktivitäten der finnischen Vereine in der Schweiz, ein Fünftel regelmäßig.

Mehr als 70 Prozent der Angehörigen dieser Gruppe sind verheiratet, vorwiegend mit Nichtschweizern; die meisten haben einen finnischen Ehepartner. Der Anteil der Hausfrauen ist – wie zu erwarten – in dieser Gruppe am niedrigsten: ihre Anzahl beträgt nur 22, d. h. 16 Prozent. Die meisten, knapp 70 Prozent, sind abhängig erwerbstätig. Kennzeichnend für die Karrierebewußten ist ein hoher Bildungsgrad, der über dem schweizerfinnischen Durchschnitt liegt: 35 Prozent haben eine Universitätsausbildung.

Die Fachkräfte

Die größte Gruppe der Schweizerfinnen, die rund 40 Prozent umfaßt, ist sehr heterogen und läßt sich nur schwer mit eindeutigen Kriterien charakterisieren; dieser Personenkreis ist aus Abenteuerlust und auf der Suche nach Abwechslung oder zum Studium in die Schweiz gekommen, weniger wegen eines verlockenden Stellenangebots oder um zu heiraten. Die meisten Männer gehören zu dieser Gruppe. Der Anteil der Ledigen ist höher als in den drei anderen Gruppen. Knapp die Hälfte ist mit einem Schweizer oder einer Schweizerin verheiratet. Der Anteil der Hausfrauen beträgt rund ein Fünftel, und etwa 60 Prozent sind abhängig erwerbstätig. Beachtenswert ist, daß diese Gruppe mit fast 15 Prozent den höchsten Anteil an Privatunternehmern aufweist. Die meisten haben eine Fachschulausbildung, und viele sind im Gesundheitswesen tätig. Sie haben sich nicht so fest in der Schweiz angesiedelt wie die Angehörigen der beiden ersten Gruppen, sondern leben ebenso "vorläufig" im Land wie die Karrierebewußten. Sie haben ihren Wunsch nach neuen Erfahrungen mit dem hohen Lebensstandard und den guten Verdienstmöglichkeiten in der Schweiz verknüpft, haben Finnland jedoch nicht aus Unzufriedenheit mit den dortigen Verhältnissen verlassen, wie es viele der Karrierebewußten getan haben, und sind mit ihrem Leben in der Schweiz etwas zufriedener als diese. Die Fachkräfte besitzen ebenfalls eine ausgeprägte finnische Identität und eine starke Bindung an Finnland, haben sich aber zugleich gut in die schweizerische Gesellschaft integriert.

Diese Aufgliederung trägt dazu bei, die Akkulturation der Schweizerfinnen in der Wechselwirkung struktureller und individueller Faktoren zu verstehen. Die Gruppe der in der Schweiz Verheirateten hat sich schon in einem frühen Stadium eindeutig gebunden, während die Karrierebewußten und die Fachkräfte eher die Freiheit besitzen, gegebenenfalls andere günstige Gelegenheiten zu ergreifen. Die wechselnden Migrationsströme aus Finnland in die Schweiz und umgekehrt zeigen, daß es eine beträchtliche Anzahl von Schweizerfinnen gibt, die in keinem der beiden Länder endgültig verankert sind.

Die Schweiz hat zu verschiedenen Zeiten unterschiedliche Gruppen von Finnen angezogen. Diejenigen, die bereits seit langem in der Schweiz leben, sind im allgemeinen gut integriert und haben sich eine eigene finnisch-schweizerische Identität geschaffen, auf der ihr Leben aufbaut. Da es im Lauf der Jahre immer auch eine Rückwanderung aus der Schweiz nach Finnland gegeben hat, darf man diejenigen, die in der Schweiz geblieben sind, in gewisser Weise als eine exklusive Gruppe ansehen. Viele der später Eingewanderten haben die Schweiz noch nicht im gleichen Maße zu ihrer Heimat gemacht, sondern sind eher unschlüssig über ihren weiteren Verbleib im Land. Daß die frühen Ankömmlinge sich besser integriert haben als die späteren, ist nicht nur auf den Zeitfaktor zurückzuführen, sondern auch darauf, daß sie häufig einen "schweizerischeren" Arbeitsplatz haben als die später Eingewanderten. In den großen internationalen Unternehmen, etwa bei ABB, ist das Englische die wichtigste Arbeitssprache, und bei den Kollegen handelt es sich zu einem großen Teil um andere Ausländer.

Die Zuwanderung von Finnen in die Schweiz hält kontinuierlich an. Charakteristisch für die Migration in die Schweiz ist in den neunziger Jahren der Zuzug von hochqualifizierten Fachkräften, die in finnischen oder internationalen Unternehmen tätig sind. Für Schweizer Arbeitgeber ist es sehr schwierig, Mitarbeiter im Ausland zu rekrutieren, so daß nur wenige auf direktem Weg aus Finnland in ein rein schweizerisches berufliches Umfeld ziehen. Häufig bringen die Migranten ihre Familie mit; die Voraussetzungen für ihre Integration sind also anders als bei den früheren Einwanderern, die oft allein kamen und in der Schweiz ihren Lebensgefährten fanden. Die neuen Migranten finden jedoch ein solides Fundament vor, auf dem sie ihr Leben in der Schweiz aufbauen können: Die Finnen haben von jeher einen ausgezeichneten Ruf, und die Vereins- und Freizeitaktivitäten der Schweizerfinnen ermöglicht die Pflege der finnischen Identität. Andererseits ist es für die Neuankömmlinge aus den genannten Gründen schwieriger, sich in die schweizerische Gesellschaft zu integrieren, und die Wahrscheinlichkeit der Separation ist größer als bei denjenigen, die während der großen Migrationswelle in die Schweiz kamen.

Da die Schweiz nicht der EU angehört, wird die finnische Migration in dieses Land vermutlich nicht zunehmen. Wahrscheinlich wird sie nicht wesentlich über hundert Zuwanderer pro Jahr steigen. Eine interessante Frage ist, ob die Rückwanderung zunimmt, wenn die geburtenstarken Jahrgänge das Rentenalter erreichen; viele von ihnen träumen insgeheim von ihrer Heimat in Finnland. Die kulturelle Tätigkeit der Schweizerfinnen ist in vielen Orten von der Aktivität dieser Altersgruppe und der älteren Generation abhängig. Ob die neuen Migranten und die Schweizerfinnen der zweiten Generation die besondere schweizerfinnische Identität werden bewahren können, muß die Zukunft erweisen.

Anmerkungen*

Einleitung

1 Malmberg 1997:22–23.
2 Siirtolaisuusasiain neuvottelukunta 1990, Korkiasaari 1992.
3 Malmberg 1997:28.
4 Hägerstrand 1975:11.
5 Hägerstrand 1970:4–17.
6 Giddens 1984:17, Åquist 1992:109.
7 Giddens 1984, Huttunen 1997.
8 Berry et al. 1992:271.
9 Berry et. al. 1992:278–279.
10 Sue & Sue 1990:94–107.
11 Straubhaar 1991: 40–41.
12 Sopemi 1995.
13 Hampshire 1997:61.
14 Korkiasaari 1992:4.

Finnen in der Schweiz vor 1950

1 Laaksonen 1991:43–44.
2 Laaksonen 1991:47–53.
3 Saure & Huhtala 1992:169.
4 Der Schweizer Henri Biaudet war als Kind nach Finnland gekommen und machte sich später einen Namen als Historiker;
sein Spezialgebiet waren die Auseinandersetzung zwischen Ka-
tholizismus und Protestantismus in der Reformationszeit. In Rom,
wo er hauptsächlich lebte und forschte, gründete er ein Finnisches Institut, obwohl Finnland damals noch kein unabhängiger
Staat war. In den sog. Jahren der Unterdrückung Anfang des
20. Jahrhunderts war er aktiv in der finnischen Widerstands-

bewegung tätig und betonte in seiner politischen Arbeit die internationalen Aspekte der finnischen Unabhängigkeitsbestrebungen, insbesondere den Propagandakrieg, den Finnland und Rußland im Ausland gegeneinander führten. Helen:1991.

5   Saure & Huhtala 1992:166.
6   Laaksonen 1991:53–54.
7   Dieses Kapitel beruht vor allem auf folgenden Quellen: Meri 1990, Jägerskiöld 1982, Myyrä 1998.
8   Paasonen 1989:238–239.
9   Schaper & von Salis 1981:29–37.
10   Strebel 1991:314.
11   Nevanlinna 1976:115.
12   Nevanlinna 1976:176.
13   Strebel 1991:322.
14   Kallio 1991:241.
15   Strebel 1991:330.
16   Meriluoto 1991:234.
17   Laaksonen 1993.
18   Külling-Kaijanmäki:1991.
19   Der Grundstein blieb allerdings nicht lange an seinem Platz. Ein Stier, der in der folgenden Nacht über die Wiese lief, warf ihn um, was von der ortsansässigen Bevölkerung als schlimmes Vorzeichen angesehen wurde.
20   Schärer-Paloniemi:1978.
21   Külling-Kaijanmäki:1991.
22   Löfman:1985.
23   Finnisches Nationalarchiv.
24   Interview Riitta Wegelius 20.4.1998.
25   Metelinen:1988.
26   Finnisches Nationalarchiv.
27   Schärer-Paloniemi:1978.

Die Schweizerfinnen im Licht und im Schatten der Statistiken

1   Kallio 1991:240.
2   Strebel 1991:316–317.

3   Nevanlinna:1976.
4   Statistisches Jahrbuch für Finnland LXI, 1965.
5   Statistisches Zentralamt VI A:148:16.
6   Für 1971 sind keine Angaben verfügbar, offenbar wegen der Umstellung der statistischen Erfassung.
7   Straubhaar:1991.
8   Korkiasaari:1992.
9   Zentrales Standesregister: Statistik der abwesenden Bevölkerung.
10 Bundesamt für Ausländerfragen, Zentrales Ausländerregister: Statistischer Bericht 1996:1.
11 Statistisches Zentralamt: Unveröffentlichte Statistiken 1997.
12 Kultalahti:1996.
13 Der Mangel an Pflegepersonal hat in Norwegen derartige Ausmaße angenommen, daß die Norweger aktiv Krankenschwestern aus Finnland anwerben, wie u. a. die Zeitung "Helsingin Sanomat" am 28.3.1998 berichtete.
14 Hummel:1988.
15 Tuomi-Nikula:1989.
16 Dobler-Mikola:1979.
17 Bundesamt für Ausländerfragen, Zentrales Ausländerregister: Statistischer Bericht 1996:2B.
18 Bei dieser Ziffer wurden auch die Teilzeitkräfte einbezogen.
19 Statistisches Jahrbuch für Finnland 1997.
20 Bundesamt für Ausländerfragen. Zentrales Ausländerregister. Unveröffentlichte Statistiken.
21 Bei dieser Ziffer wurden auch die Teilzeitkräfte einbezogen..
22 Dobler-Mikola:1979.
23 Statistisches Jahrbuch für Finnland 1997.
24 Tuomi-Nikula:1989.
25 Dobler-Mikola:1979.
26 Dobler-Mikola:1979, Tuomi-Nikula:1989.
27 Bundesamt für Ausländerfragen, unveröffentlichte Statistiken.
28 Nach Schätzungen der Registraturen der genannten Universitäten.
29 "Bundesamt für Industrie, Gewerbe und Arbeit", seit Anfang 1998 "Bundesamt für Ausländerfragen".

30 Kiehelä J.:1985.
31 Kiehelä A.:1981.
32 Kiehelä A.:1981.
33 Kiehelä J.:1985.
34 Appendix 1981
35 Miettinen:1985
36 Paakkari:1995.
37 Kovanen:1985.
38 Kiehelä J.:1981.
39 Ilta-Sanomat 19.1.1968.
40 Fleig:1991.
41 Finnischer Architektenverband 1997.
42 Hampshire 1997:35–36.
43 Nissas:1988.

Das Leben in der Schweiz

1   Asplund 1992:9–10.
2   Korkiasaari 1989:80
3   S. Malmberg: 1997.
4   Tuomi-Nikula 1989:52
5   Aus der Untersuchung von Dobler-Mikola (1979:82–83) über
    die Finninnen in der Schweiz ging hervor, daß mehr als die Hälfte
    bereits in Finnland fünf oder sieben Jahre Deutsch gelernt hat-
    te und nur ein Fünftel keine Vorkenntnisse besaß.
6   Tuomi-Nikula 1989:49
7   Lee 1969.
8   Gould and White:1986.
9   Die Computerläufe wurden mit BMDP-Software durchgeführt;
    zur Clusteranalyse s. Korkiasaari 1983, zur Software s. BMDP
    statistical software 1981.
10 Hampshire 1997:61.
11 Ausländeramt und Finnische Botschaft in der Schweiz, Inter-
    view.
12 S. Häggman:1995.
13 Loetscher:1988.

14 Honkela:1976.
15 Käser:1979.
16 Statistisches Jahrbuch für Finnland 1997.
17 Tuomi-Nikula:1989.
18 Sertore-Pokkinen:1995.
19 Sertore-Pokkinen:1995.
20 Honkela:1976.
21 Käser:1967.
22 Vgl. Tuomi-Nikula 1989:120.
23 Arnold-Marila:1986.
24 Puntila:1977.
25 Doepfner:1989.
26 Pulfer:1990.
27 Pulfer:1990.
28 Pulfer:1990.
29 Pulfer:1990.
30 Walther:1959.
31 Finnland Magazin 55/1996.
32 Tuomi-Nikula 1989:43.
33 Landis-Laitiala:1996.
34 Landis:1988.
35 Myyryläinen:1998.
36 Scheiber:1992.
37 Suomen Sanomat 10/1977.
38 Arnold-Marila:1985.
39 Joensuu:1981.
40 Ylänkö:1998.
41 Ylänkö:1998.
42 Korkiasaari:1989.
43 Lehrplan der Finnischen Schule Zürich für das Schuljahr 1992–93.
44 Ullman:1996.
45 Schärer-Paloniemi:1988.
46 Finnland Magazin 47/1992.
47 Neben den Finnen halten auch viele andere Einwanderer mittwochnachmittags Sprachunterricht für Kinder.

48 Tätigkeitsbericht der Finnischen Schule Genf für das Schuljahr
    1988-1989.
49 Die Angaben beruhen auf Interviews, auf der unveröffentlich-
    ten Seminararbeit von Riitta und Werner Frey-Juvonen über die
    schweizerfinnischen Kulturgruppen (1995) und auf den Aufzeich-
    nungen von Olli Saarinen über die Geschichte des schweizer-
    finnischen Pesäpallo.
50 Suomen Sanomat 10/1977.

---

* Zitate ohne Quellenangabe wurden den Interviews entnommen,
    die der Verfasser 1997–1998 in der Schweiz mit Schweizerfin-
    nen führte. Zum Schutz der Anonymität werden keine Namen
    genannt.

Literaturverzeichnis

Appendix, jäsenlehti 1981.

Åquist, Ann-Cathrine: Tidsgeografi i samspel med samhällsteori. Meddelanden från Lunds universitets geografiska institutioner 115. Lund: Lund University Press, 1992.

Arnold-Marila, Riitta: "30 Jahre Bibliotheca Fennica". Typoskript, 1985.

Arnold-Marila, Tino: "Was Finnland für die Schweiz bedeutet". Finnland Magazin 30/1986.

Asplund, Johan: Storstäderna och det forteanska livet. Göteborg: Bokförlaget Korpen, 1992.

Berry, John; Poortinga, Ype & Segall, Marshall & Dasen, Pierre: Cross-Cultural Psychology. Research and Applications. Cambridge: University Press, 1992.

BMDP Statistical Software 1981. Berkeley: University of California Press, 1981.

Dobler-Mikola, Anja: Probleme der socialkulturellen Integration. Eine empirische Studie über die Stellung der Finninnen in der Schweiz. Pro gradu, Universität Zürich, Soziologisches Institut, 1979.

Doepfner, Andreas: Finnlands Winterkrieg 1939/40. Dokumentation aus neutraler Sicht. Drei Akte eines Freiheitskampfes. Neurose und Glasnost. Zürich: Verlag Neue Zürcher Zeitung, 1989.

Eskola, Seikko: "Der finnische Fortsetzungskrieg in der Neuen Zürcher Zeitung." Schellbach-Kopra Ingrid & von Grünigen, Marianne (Hrsg.): Bausteine. Die Schweiz und Finnland im Spiegel ihrer Begegnungen. Jahrbuch für finnisch-deutsche Literaturbeziehungen Nr. 23/1991. Zürich: Verlag Neue Zürcher Zeitung, 1991:171–179.

Fleig, Karl: "Alvar Aalto – eine Begegnung." Schellbach-Kopra Ingrid & von Grünigen, Marianne (Hrsg.): Bausteine. Die Schweiz und Finnland im Spiegel ihrer Begegnungen. Jahrbuch für finnisch-deutsche Literaturbeziehungen Nr.23/1991. Zürich: Verlag Neue Zürcher Zeitung, 1991:360–378.

Frey-Juvonen, Riitta & Werner: Entstehung und Entwicklung der finnischen kulturellen Gruppen in der Schweiz. Seminararbeit im Rahmen des Volkstanzlehrer-Lehrganges Nr. VII/1994–1995. Typoskript. Baden, 1995.

Giddens, Anthony: The Constitution of Society. Cambridge: Polity Press, 1984.

Gould, P. & White, P.: Mental Maps. Boston: Allen and Unwin, 1986.

Hägerstrand, Torsten: "Tidsanvändning och omgivningsstruktur". SOU 1970:14. Urbaniseringen i Sverige, en geografisk samhällsanalys. Stockholm 1970.

Hägerstrand, Torsten: "Survival and Arena. On the lifehistory of individuals in relation to their geographical environment, Monadnock, Vol. 49/1975.

Häggman, Larserik: "Kansalaisuuden säilyttäminen." Suomen Silta 6/1995.

Hampshire, David: Living and Working in Switzerland. A Survival Handbook. Hampshire: Survival Books, 1997.

Helen, Tapio: "Henri Biaudet – Ein Schweizer als Historiker und Widerstandskämpfer in Finnland." Schellbach-Kopra, Ingrid & von Grünigen, Marianne (Hrsg.): Bausteine. Die Schweiz und Finnland im Spiegel ihrer Begegnungen. Jahrbuch für finnisch-deutsche Literaturbeziehungen Nr. 23/1991. Zürich: Verlag Neue Zürcher Zeitung, 1991:76–86.

Honkela, Kari: "Päivä pieksuilla Alppimaassa", Suomen Sanomat 1976.

Hummel, Peter: "Die grosse Zahl finnischer Krankenschwestern in der Schweiz ist nicht ganz zufällig. Nach 3 bis 4 Jahren fällt ein Zurück sehr schwer". Finnland Magazin 37/1988.

Huttunen, Rauno: Anthony Giddens. Typoskript. Jyväskylän yliopisto 1998.

Jägerskiöld, Stig: Viimeiset vuodet, Mannerheim 1944–1951. Helsinki: Otava, 1982.

Joensuu, Matti: Raportti kirkollisesta toiminnasta suomalaisten parissa Sveitsissä. Typoskript. 1981.

Kallio, Sinikka: "Das schöne Damals in Zürich. Erinnertes". Schellbach-Kopra, Ingrid & von Grünigen, Marianne (Hrsg.): Bausteine. Die Schweiz und Finnland im Spiegel ihrer Begegnungen.

Jahrbuch für finnisch-deutsche Literaturbeziehungen Nr.23/1991. Zürich: Verlag Neue Zürcher Zeitung, 1991:240–245.

Käser, H.U. "Das Saunaschiff auf dem Zürichsee." Finnland Magazin 13/1978.

Käser, Kaija: "Sveitsiläinen mies", Finnland Magazin 15/1979.

Kiehelä, Annikki: "Operaatio, ulkomainen lääkärikoulutus onnistui hyvin". Appendix 1981.

Kiehelä, Juha: "Sveitsistä valmistuneet lääkärit Suomessa". Appendix 1985.

Koivukangas et al. (toim): Suomi Euroopassa – maassamuuton uudet ulottuvuudet, Turku, Siirtolaisuusinstituutti, Siirtolaisuustutkimuksia A19, 1996.

Korkiasaari, Jouni: Ruotsista Suomeen vuosina 1980–81 palanneet. Siirtolaisuustutkimuksia A 9. Turku: Siirtolaisuusinstituutti, 1983.

Korkiasaari, Jouni: Suomalaiset maailmalla. Turku: Siirtolaisuusinstituutti, 1989

Korkiasaari, Jouni: Liikkuvuus ja rakennemuutos. Maassamuutto ja työvoiman liikkuvuus osana yhteiskunnan rakennemuutosta. Helsinki: Työministeriö, työpoliittinen tutkimus, 1991.

Korkiasaari, Jouni: Siirtolaisia ja ulkosuomalaisia . Suomen siirtolaisuus ja ulkosuomalaiset 1980-luvulla. Helsinki: Työministeriö, työpoliittinen tutkimus 33, 1992.

Kovanen, Petri. Appendix 1985.

Külling-Kaijanmäki, Rolf: Protokoll aus dem Gedächtnis meiner Mutter und von mir selbst. Schweizerische Vereinigung der Freunde Finnlands. Ortsgruppe Schaffhausen. Manuskript 1991.

Kultalahti, Olli: "Karkaako koulutettu työvoima Suomesta?". Kuntalehti 11/1996.

Laaksonen, Hannu: "Pilger, Dichter, Krankenschwestern – die Finnen in der Schweiz". Schellbach-Kopra, Ingrid & von Grünigen, Marianne (Hrsg.): Bausteine. Die Schweiz und Finnland im Spiegel ihrer Begegnungen. Jahrbuch für finnisch-deutsche Literaturbeziehungen Nr. 23/1991. Zürich: Verlag Neue Zürcher Zeitung, 1991:41–59.

Laaksonen, Hannu: "Ein Schokoladenland – Finnische Vorstellungen über die Schweiz". Hannu Laaksonen (Hrsg.): Die Schweiz und

Finnland. Menschliche Wechselwirkungen. Henrik Gabriel Port-
han Instituutti, julkaisuja 14. Turku 1993.

Landis, Theo: "40 Jahre Schweizerische Stiftung für Stipendien an
Förderer und Bewahrer finnischer Kultur", Finnland Magazin 36/
1988.

Landis-Laitiala, Pirkko: "Vereinsreisen einst und jetzt", Finnland
Magazin 55/1996.

Lee, Everett: "A theory of migration". Jackson, J.A. (ed.):
Migration. Sociological Studies 2. Cambridge: Cambridge University
Press, 1969.

Loetscher, Hugo: Der Waschküchenschlüssel oder was – wenn Gott
Schweizer wäre. Zürich: Diogenes, 1988.

Löfman, Anna-Leena: "Täällä kaikki ovat kavereita". Kaks' Plus
6/1985.

Malmberg, Gunnar: "Time and Space in International Migration".
Hammar, Tomas et al. (ed.): International Migration, Immobility
and Development, Oxford: Berg, 1997:21–48.

Meri, Veijo: Suomen marsalkka C.G. Mannerheim. Juva:WSOY, 1990.

Meriluoto, Aila: "Rilkes Birnen. Jugenderinnerungen an die Schweiz".
Schellbach-Kopra, Ingrid & von Grünigen, Marianne (Hrsg.):
Bausteine. Die Schweiz und Finnland im Spiegel ihrer Begegnungen. Jahrbuch für finnisch-deutsche Literaturbeziehungen Nr.23/
1991. Zürich: Verlag Neue Zürcher Zeitung, 1991:234–239.

Metelinen, Tarmo: "Pestalozzi-lastenkylän Jukola 40 vuotta."
Finnland Magazin 36/1988.

Miettinen, Matti A: "Tästä se alkoi. Appendix 1960–1985",
Appendix 1985.

Myyrä, Jarmo: "Mannerheim Sveitsissä." Sveitsin Ystävä. Sveitsin Ystävät Suomessa r.y. 1998.

Myyryläinen, Pentti: "Suomen ja Sveitsin välinen stipendiaattitoiminta",
Sveitsin Ystävä, Sveitsin Ystävät Suomessa r.y. 1998.

Nevanlinna, Rolf: Muisteltua. Helsinki: Otava, 1976.

Nissas, Inga-Lill: "Als Au-pair in der Schweiz", Finnland Magazin
37/1988.

"Norjalaiset tehostavat sairaanhoitajien värväystä Suomessa", Helsingin Sanomat 28.3.1998.

Paakkari, Ilari: "Kiitos sinulle Veikko!" Appendix 1995.

Paasonen, Aino: Äänettömyyden toinen puoli. Helsinki: Otava, 1989.

Pulfer, Leena: "Verena von Schoultz – eine vitale Mitgründerin der SVFF". Finnland Magazin 44/1990.

Puntila, L.A.: "Gubert von Salis", Suomen Sanomat 10/1977.

Saure, Hilpi & Huhtala, Liisi: Sinisen junan ikkunasta. Matkakuvia Euroopasta. Helsinki: Suomalaisen kirjallisuuden seura, 1992.

Schaper, Edzard & v. Salis, Gubert: Die Gedenkstätte in Montreux. Mannerheim. Marschall von Finnland. Weinfelden: Schweizerische Vereinigung der Freunde Finnlands, 1981.

Schärer-Paloniemi, Katriina: "Jo 30 vuotta on Sveitsissä seissyt Jukolan talo", Finnland Magazin 13/1978.

Schärer-Paloniemi, Katriina: "Kymmenen vuotta Bernin Suomi-koulun toimintaa", Finnland Magazin 37/1988.

Scheiber, Siv: "Varken fågel eller fi(n)sk", Finnland Magazin 48/1992.

Sertore-Pokkinen, Marja: Suomalainen ruokaperinne Sveitsissä. Tanhunopettajan peruskurssi nro. 7. Kenttätyö 1995. Typoskript.

Siirtolaisuusasiain neuvottelukunnan mietintö XIV. Suomi ja ihmisten liikkuvuus muuttuvassa Euroopassa. Komiteanmietintö 1990:46. Helsinki.

Sopemi: Trends in International Migration, Annual Report 1994. Paris 1995.

Straubhaar, Thomas: Schweizerische Ausländerpolitik im Strukturwandel. Strukturberichterstattung. Studienreihe, herausgegeben vom BFK, Basel 1991.

Strebel, Kurt: "Die finnische mathematische Schule an der Universität Zürich. Erinnerungen an Rolf Nevanlinna". Schellbach-Kopra, Ingrid & von Grünigen, Marianne (Hrsg.): Bausteine. Die Schweiz und Finnland im Spiegel ihrer Begegnungen. Jahrbuch für finnisch-deutsche Literaturbeziehungen Nr. 23/1991. Zürich: Verlag Neue Zürcher Zeitung, 1991:307–332.

Sue, Derald Wing & Sue, David: Counseling the Culturally Different. Theory & Practice. New York: Wiley, 1990.

Suomen Arkkitehtiliitto, Mitgliederverzeichnis 1997.

"Sveitsissä valmistuneet eivät ole B-lääkäreitä." Ilta-Sanomat 19.1. 1968.

Tuomi-Nikula, Outi: Saksansuomalaiset. Helsinki: Suomalaisen Kirjallisuuden Seura, 1989.

Ullman, Kaija: "Ajatuksia tavoitteiden ja päämäärien asettamisesta Suomi-koulun opettajana", Suomi-koulujen Sanomat 1/1996.

Walther, Hans: Artikel. Zürichsee Zeitung (ref. Mitteilungsblatt 4/1959).

Ylänkö, Anneli: "Suomi-koulut maailmalla". Suomen Silta 1/1998

Sonstige

Bundesamt für Ausländerfragen. Zentrales Ausländerregister: Statistischer Bericht 1996:1, 2A, 2B, 3. Unveröffentlichte Tabellen.

Finnisches Nationalarchiv: Fürsorgeabteilung des Sozialministeriums, Referat Arbeitsfürsorge, Archiv der Kriegswaisenversorgung im Pestalozzidorf in der Schweiz.

Finnisches Statistisches Jahrbuch, 1944–97.

Offizielle Statistik Finnlands für die Jahre 1944–97. Statistisches Zentralamt.

Statistik der abwesenden Bevölkerung 1996–1997, Zentrales Standesregister.

Statistisches Zentralamt. Unveröffentlichte Tabellen.

Suomen Sanomat 1972–1978, Finnland Magazin 1978–1998.

Tätigkeitsberichte der Finnischen Schulen in der Schweiz.